RAPID URBANIZATION:
MECHANISM AND STRATEGIES

快速城市化的动力机制 与应对策略

叶立梅 著

知识产权出版社

全国百佳图书出版单位

图书在版编目（CIP）数据

快速城市化的动力机制与应对策略 / 叶立梅著. —北京：知识产权出版社，2017.11
ISBN 978-7-5130-5277-1

Ⅰ.①快… Ⅱ.①叶… Ⅲ.①城市化－研究－中国 Ⅳ.①F299.21

中国版本图书馆CIP数据核字(2017)第281644号

内容提要

我国正处于快速城市化中后期，如果说前期的重点在于打开城市大门和通过制度创新为农民进城"松绑"的话，目前则急需将重点放在推进城市化健康发展方面，这需要对城市化前期积累的矛盾与问题进行研究并找到疏解的方向和路径。本书首先对我国城市化的历史过程进行回顾梳理，对我国快速城市化的动力机制进行理论探讨；其次就目前我国特大城市、小城市(镇)和农村等不同类型区域在快速城市化中所面对的问题、矛盾与挑战进行分析，提出应对的战略思路、施政方向或公共治理策略建议等，并讨论了生态城市建设议题；最后对国外快速城市化案例进行了研究。以广域视角和历史眼光来认识和解释快速城市化的演进现象与动力机制，以问题为导向进行城市化对策研究，是本书的两大特色。

责任编辑：李　婧　　　　　　　　　　　　　　责任出版：孙婷婷

快速城市化的动力机制与应对策略
KUAISU CHENGSHIHUA DE DONGLI JIZHI YU YINGDUI CELÜE

叶立梅　著

出版发行：	知识产权出版社 有限责任公司	网　　址：	http://www.ipph.cn
电　　话：	010－82004826		http://www.laichushu.com
社　　址：	北京市海淀区气象路50号院	邮　　编：	100088
责编电话：	010－82000860转8594	责编邮箱：	549299101@qq.com
发行电话：	010－82000860转8101	发行传真：	010－82000893
印　　刷：	北京九州迅驰传媒文化有限公司	经　　销：	各大网上书店、新华书店及相关专业书店
开　　本：	720mm×1000mm　1/16	印　　张：	18
版　　次：	2017年11月第1版	印　　次：	2017年11月第1次印刷
字　　数：	280千字	定　　价：	54.00元
ISBN 978-7-5130-5277-1			

目 录
·contents·

第一章

导 论

第一节　研究背景、认识基础和研究重点

一、研究背景与立意

改革开放以来，中国城市化进入了持续发展期，特别是20世纪90年代中期城市化率达到30%以来，更是进入了快速城市化的发展轨道。这是一场深刻的社会变革，涉及人口之众世所罕见。以城市化率达到50%为初步实现城市化为标准，中国在2010年就已初步实现了城市化，然而这并不意味着城市化之路已走完大半，事实上我国的城市化之路，在不同的历史阶段，既有不同的重点推进领域，也有不同时期的难点。

改革开放近40年来，我国城市化发展在各个不同阶段所面对的主要问题、矛盾与挑战是不同的。改革开放前期面对的主要挑战是如何运用公共政策工具重启乡城人口流动大门和清除进城农民就业方面的制度性障碍，以及如何让农民进城后在城里初步"安家"；后期所面对的挑战更多的则是城市，特别是特大城市如何在人口规模大幅增加情况下保持可持续发展能力，农村地区如何在精英人口大量流失情况下保持活力，以及如何增强中小城市对城市化人口的吸引力等。所以，如果说我国自改革开放以来的城市化发展，前期的重点在于打开城市大门和通过制度创新为农民进城"松绑"的话，那么当前和今后一个时期急需将重点放在推进城市化的健康发展方面。城市化的健康发展需要对前一阶段城市化中积累的矛盾与问题进行研究并找到疏解的方向，对相对比较"粗糙"的政策措施进行细化与完善，对不同类型区域在城市化中遇到的难点与困境进行疏理与分析，使

区域城市化质量得到持续提升。本书的研究正是在以上背景下展开的。

　　本书的研究写作立意在于，通过在理论层面的相关讨论、对中华人民共和国成立以来城市化过程的回顾梳理、在区域类型划分框架下的应对策略研究，以及对大致相同历史阶段国外快速城市化案例的研究，为我国快速城市化中后期的城市化实践提供理论观点与实践建言。

二、本书城市化研究的认识基础

　　城市化是人类社会适应工业化要求在聚落空间形式上的一种演变现象。工业化引发了人类生产方式、生活方式和社会组织方式的巨大变革，城市化正是为了适应大工业生产方式在规模经济和集聚经济方面的要求，所发生的人类生存和活动空间的集聚性演变，它代表了人类适应大工业时代的聚落演变方向，其本质是人类生存空间对工业化生产空间要求的自适应过程。此外，大工业生产还对市场规模有要求，巨大的消费市场规模是工业生产的动力，而大工业生产和消费市场的组织都需要市场机制，在这个意义上城市化又与市场机制发生联系，城市化的健康发展需要与工业化和市场化有机地衔接起来。

　　推拉力理论深刻揭示了城市化的动力机制，其内在的逻辑是，城市化是城市与乡村互动的产物，它既需要城市中工业及非农产业发展产生的拉力，也需要农村中在农业劳动生产率提高后产生的对剩余劳动力的推力。只有推拉力保持平衡，才会出现健康与协调的城市化局面，如果推力大于拉力，会出现过度城市化现象；反之则城市发展停滞，整个社会的文明演进被延迟。因此，城市化的健康发展必须依赖于推拉力在城乡之间的动态平衡才可维系。

　　城市化这一人类历史上超大规模的迁徙行动，既遵循共同的发生、演进规律，也由于其发生演进"土壤"和外部环境的差异，表现出一定的地域或国家特征。"土壤"与外部环境主要指的是，进入城市化历史阶段前后的国家经济社会基础、历史与文化传统、国家政治经济制度，以及既有空间格局等。因此，促进一个国家或区域城市化的健康发展，必须将城市化普遍规律与本国国情或本区域区情结合起来进行综合考虑，所提出的推进战略才是正确的和可奏效的，忽视城市化普遍规律或忽视区域特点，其战略都将在城市化的实践中受阻。

城市化是一种经济发展到一定阶段后的"自然"产物，其发展遵循非农产业发展对城市发展的客观需要，以及农村发展所能提供的支持能力。因此城市化的历史进程有自身的规律，这一规律必须被尊重与遵循，违反这一规律，人为提速或拉慢城市化进程，都将受到客观规律的"报复"；但同时在正确认识城市化规律，准确把握本区域或本国城市化演进的阶段特点基础上，制定符合城市化演进规律和本区域或本国特点的公共政策，对城市化加以引导，又存在着适度的"可调控空间"。这种调控通过制度与政策的作用，为城市化发展清除障碍和提供助力。

快速城市化阶段是城市化进程中最为重要的一个阶段，大规模工业化、非农产业发展和农业现代化，是快速城市化发生发展的动力和支撑条件。在这之前城市化也有缓慢发展，在这之后城市化进入基本稳定阶段，唯有此阶段，由于其发展的迅猛态势，对城乡都造成了巨大而深刻的影响，这种影响与工业化、非农产业发展和农业现代化带来的影响相互叠加，成就了人类发展史上一次重要而深刻的经济社会大变革。这一阶段城市化的发展既遵循城市化的普遍规律，也由于其超乎寻常的迅猛和超大规模，而使其具有了某些独有的规律。由于快速城市化特殊历史阶段对人类社会所产生的巨大影响，所以非常有必要对这一阶段进行专门研究，以便摸准规律，增强把握与应对能力。

在快速城市化过程中，不同区域受到的影响和承受的压力是不同的。经济社会发展水平高的大城市是城市化人口流入的重点区域，小城市则对城市化人口缺乏吸引力，区域发展水平差距越大的国家，情况越是如此。因此，在快速城市化的早中期，往往是大城市的人口首先进入快速膨胀期，这些大城市普遍承受着由此带来的各种压力，小城市则由于人口进入动力不足而发育迟缓，这种情况直到区域发展水平差距逐渐缩小才会得以化解。农村在城市化快速发展过程中面临着人口尤其是劳动人口的大量流失。尽管是剩余劳动力在向城市转移，但在实际的城市化过程中，首先迁往城市的多是农村中的精英人才和优质劳动力，所以快速城市化时期农村面临的主要挑战是如何规避凋敝现象和保持活力。城市化的健康发展是不同类型区域在面对快速城市化过程中的不同挑战时，采取正确应对策略的结果。

三、研究重点

本书的研究重点放在以下两个方面：

第一，从研究的历史阶段看，本书将研究重点放在快速城市化这一阶段。根据城市化的一般规律，当城市化率在30%~70%时，这个国家或地区正处于快速城市化的历史阶段。❶在这个阶段，因城市化的高速发展，对国家或区域的经济社会发展、区域空间格局、城市化所涉及的个体及家庭等方面，都产生了巨大而深刻的影响。中国自20世纪90年代中期进入快速城市化阶段后，目前城市化水平达到了56%（2015年），本书将研究重点放在快速城市化这一阶段，围绕这一阶段中国城市化的相关问题进行研究。由于这一历史阶段的城市化发展存在着规律性的特征，所以也把对案例国家城市化问题的研究重点聚焦在这个历史阶段，以便从中获得对中国此阶段城市化问题更有针对性的借鉴与启发。

第二，从研究的范畴看，本书将重点圈定在快速城市化的动力机制与快速城市化过程中的区域应对策略两个范畴。快速城市化动力机制的研究是通过对中外快速城市化历史阶段的还原，来找寻快速城市化内在动力机制的方法进行的，其为深刻理解城市化的本质奠定了基础，也为后续提出不同类型区域的城市化应对策略提供理论层面的支撑和实践层面的事实基础。在探讨快速城市化动力机制的基础上，本书的另一个重点是针对快速城市化过程中的困难、矛盾与问题进行研究，探讨其形成原因并提出解决问题或走出困境的公共政策思路和措施建议。因此，如果说第一个研究范畴重在回答快速城市化的动力机制"是什么"的问题，那么第二个研究范畴则主要侧重于回答在快速城市化推进过程中不同类型区域"应该怎么办"的问题，属于推进城市化健康发展在实践层面的方略研究。

---

❶Ray M. Northam，Urban Geography[M]. John Wiley & Sons，1975：66.

第二节 架构与特点

一、架构

本书以研究中国的快速城市化问题为主题，以不同类型国家或地区快速城市化时期的发展演进为案例，为中国城市化研究提供参照和经验教训。为此，从整体结构上本书首先分为两大部分研究内容，一个研究内容是中国的快速城市化问题，另一个研究内容是国外城市化参照案例（本书研究内容与架构如图1-1所示）。

（一）中国快速城市化问题研究

对中国快速城市化问题的研究由两部分组成。

第一部分研究并回答中国快速城市化的动力机制问题。为了回答这一问题，本书从多个视角出发，考察了自中华人民共和国成立以来城市化的发展变化情况及其对城市化的影响与作用，并在此基础上进行了概括与理论总结。

第二部分回答快速城市化中的区域应对策略问题。这一部分针对快速城市化中不同类型城市和农村所面临的不同问题与困境进行了专题研究，提出了在我国快速城市化时期，不同类型区域的应对策略和建议。

（二）国外快速城市化案例研究

本书选取了4个典型案例，其中英国是第一个出现快速城市化现象的国家；美国是继英国之后在大规模工业化带动下实现了快速城市化的世界头号经济强国；拉丁美洲过度城市化现象的产生及其原因值得认真分析；韩国则是与中国地缘接近，在历史与文化等方面有诸多相似之处的国家，其快速城市化过程及所采取的应对措施对我国多有启迪。

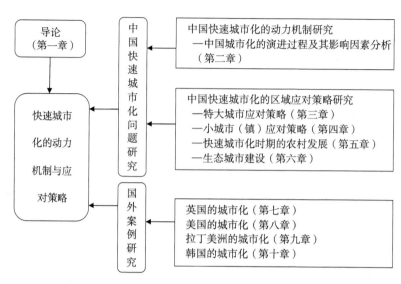

图1-1　研究内容与逻辑架构

二、特点

（一）以广域视角和历史眼光来认识及解释快速城市化的演进现象与动力机制

本书采用广域与历史纵深的研究视角对快速城市化动力机制问题进行讨论与分析。

城市化，特别是快速城市化的发生，从来都不是单独的历史事件。从横向来说，快速城市化的产生与发展受到经济、社会、文化、政治制度等多方面因素的影响；从纵向来说，快速城市化的产生与发展受到不同国家或地区既有历史基础的影响，这是因为任何一个历史阶段所形成的经济社会发展状态，都会成为下一个阶段发展的初始条件的缘故。这些复杂因素的共同作用和相互作用，成就了每一个曾经经历过或正在经历快速城市化阶段的国家或地区的城市化道路。因此，对一个国家或地区快速城市化道路的认知，离不开对以上这些影响因素的了解和对其共同和彼此相互作用的分析。

基于这一认识，本书对城市化，特别是快速城市化发展变化的解释是从一个较为宽泛的广域视角展开的。通过对快速城市化时期整个国家的经济发展、社会变迁、制度变革，文化传统与科技进步等领域的分析，寻找其与快速城市化之间的有机联系，这一特点在本书对中外快速城市化的分析中一以贯之。同理，本书也广泛采取了历史视角的分析方法，将中外快速城市化的形成与发展建立在由于历史原因所形成的初始条件的规定性基础上，对其进行解释和归因分析。

（二）以问题为导向进行对策研究

自20世纪90年代中期中国进入快速城市化阶段以来已有20多年。由于城市化之迅猛，引起的社会巨变之广泛，使城市化研究成为相关学科的研究重点，相关的理论和实证研究成果大量涌现，这些成果对更好地认识城市化规律，掌握我国城市化进展和促进城市化健康发展，起到了积极的作用。当前，我国的快速城市化出现了不少新的情况，面对实践中的新情况、新问题和新矛盾，持续的、有针对性的研究不仅是不可或缺的，更是推动我国城市化健康发展所迫切需要的。

本书以问题为导向，直面当前我国城市化发展中的问题、矛盾与挑战，对其进行对策研究，对相关问题从现象到产生的原因都进行了讨论，最后落脚到对策研究上，提出了缓解矛盾和走出困境的战略思路、施政方向或公共治理策略，以及规划设想及建议等。

（三）采用区域分类方法进行应对策略研究

我国城市化在蓬勃发展的同时，也不可避免地存在各种问题、矛盾与挑战，这些问题、矛盾与挑战除具有历史阶段性的特点外，还存在另一种规律性特点，那就是从地域的角度看，快速城市化在不同类型区域的发展程度不同，造成的影响也不同，使得不同类型区域在城市化快速发展中所面对的问题、矛盾与挑战也有很大不同。因此，不同类型地区在快速城市化时期所应采取的应对策略也应该因"城"而异。进行差别化的研究，能够使城市化研究更为贴近现实需要。

经过几十年的大规模城市化，我国在城市化发展中面临着如下问题：许多较大规模城市面临"城市病"的困扰，而小城市则发展动力不足、吸引力不够，作为城市化重要一"极"的农村地区，出现了萧条与"空心化"现象，以及城市快速发展与扩张中面临的生态环境危机等。

本书从以上认识与快速城市化中存在问题的区域差异出发，将我国在快速城市化时期的区域划分为城市与乡村分别进行研究。在城市研究中又以城市规模为划分标准，对其中的特大型城市和小城市分别进行了单独研究。之所以做这种分类研究的内在逻辑是，本书认为城市规模的差异是造成城市化中各类城市遇到不同问题、矛盾与挑战的重要原因，这种分类研究也是基于相同规模城市在城市化中所面临挑战具有相似性的客观现实。而介于特大型城市与小城市之间的大中城市，因其所面对的矛盾与问题可依具体情况参阅特大城市或小城市的有关分析与论述，故未再对其进行单独研究。

本书针对不同类型区域提出了在快速城市化中的应对策略与建议。

（四）聚焦快速城市化历史时期进行国外案例研究

本书对国外案例的研究不追求对最新情况的反映，而是注重选取该国或地区快速城市化历史时期的情况与资料进行分析，意在用大致相同历史时期的国外案例与中国进行对比，增加案例的参考价值。

对国外案例的研究也遵从广域视角和历史眼光的研究方法，意在能够从更宏大的经济社会发展图景和更深刻的历史渊源上探究其快速城市化的动力机制，用以加深对中国快速城市化动力机制和快速城市化规律的认识与理解。

三、几个需要说明的技术性问题和称谓约定

本书中所使用的若干术语或资料选取等，受到研究目的和数据统计口径等的制约，故先行进行如下说明和约定。

第一，由于本书聚焦快速城市化特定时期，所以在对国外城市化问题的分析研究中并不追求数据与情况的"新"，而是尽可能贴近该国或地区快速城市化时期的情况来进行相关讨论。

第二，本书中的城市化起始年为城市化率达到10%[1]，本书在对国外案例的

---

[1] 我国主流的学术观点认为，城市的产生与城市化是两个不同的概念。城市化起源于18世纪中叶开始的英国工业革命，而其时英国的城市化率为10%左右，因此有研究将城市化率10%作为城市化的起始点。见高珮义.城市化发展学原理[M].北京:中国财政经济出版社,2009:73.

讨论和对中国城市化的分析中，都以这一时间节点为城市化的起始点。

第三，由于我国统计年鉴统计口径的缘故，本书中所使用的"城市化"与"城镇化"意义等同。

第四，基于同样的原因，在本书的分析讨论中，"流动人口"与"常住外来人口"意义等同。

第三节　主要研究内容

一、中国城市化历史演进过程及其影响因素分析

本书第二章通过对中国城市化的演进过程及其影响因素进行分析，探讨了中国城市化的动力机制问题。本章将研究视角延伸至引发和影响中国城市化进程的几大重点领域，试图将城市化现象放在中国的广域变化和历史演进中进行考察，寻找其中的内在逻辑，提高对中国城市化现象的归因解释能力。

（一）中国的城市化过程

城市化率的变化。中国的城市化是从1949年起步的，当年的城市化率为10.64%，60多年来中国走过了一条曲折的城市化道路。20世纪50年代呈现发展态势，特别是中后期有一个短暂的城市化小高潮，20世纪60年代到70年代中期出现了倒退现象。改革开放后城市化从倒退与徘徊中走了出来，至20世纪80年代初城市化率恢复到50年代中后期的历史最高水平，达到了20%左右，此后进入了持续发展期，并在20世纪90年代中期达到30%的水平之后，进入了快速城市化阶段，到2015年城市化率提高到56.1%。

城镇净增人口的变化。20世纪80年代以后，我国城镇年均净增人口进入千万人时代，1995年之后更是进入了两千万人时代。

（二）对中国城市化过程的归因解释

1.制度变革因素的影响

中国是处于转型期的国家，就经济制度转型来说，中华人民共和国成立以来经历了两次重大转型。第一次是从中华人民共和国成立前的半封建半殖民地经济向计划经济转型，第二次是改革开放以来从计划经济向市场经济转型。

第一次转型中计划经济体制的确立，特别是其中的统购统销、市镇粮食与生活必需品按本地户籍凭票供应、劳动就业由国家统包统配、在城市中取缔自行就业和自谋出路就业等制度安排，虽然在当时特定历史条件下有其必要性与合理性，但从城市化角度看的确产生了负面影响。在人口迁徙与管理制度方面，1958年出台的《中华人民共和国户口登记条例》对户籍由乡村迁往城市进行了严格的限制和管控。总体来看，第一次转型中的一系列制度变革对城市化产生的作用是将城乡壁垒制度化，这也是改革开放前城市化长期裹足不前的重要原因。

第二次转型在经济方面最为重要的是市场化方向的改革。其中在农村推行家庭联产承包责任制、取消统购统销制度、放开城市农副产品市场、在城市中推动实现多种所有制共存、产品价格的市场化定价机制改革、在用工制度上取消国家"统包统配"等，都是对城市化产生重要影响的制度变革。在人口迁徙与管理制度方面，20世纪80年代中期户籍管理制度开始松动，允许农民自理口粮进集镇落户，并对在城镇务工给予合法身份认定等。总体来看，第二次转型的一系列制度变革对城市化产生的作用，对农村人口来讲是"松绑"，对城市来讲是"打开大门"，这些改革措施的实施是之后城市化取得超常规发展的重要原因。

地方政府在城市化中发挥的作用不容小觑。这既是因为地方政府是中央制定的各项制度政策的执行者，其执行力度直接影响制度政策的贯彻落实情况外，也是因为地方政府作为城市化中的利益攸关方，而成为城市化重要推手的缘故。20世纪80年代中期出台的《中华人民共和国土地管理法》和90年代中期推出的分税制改革，使得地方政府成为了城市化的利益攸关方。这两项制度在特定历史时期的耦合，是城市化发展中地方政府强劲发力的重要推手，并与城市化率达到30%之后即进入快速城市化阶段的城市化规律相叠加，共同推动了90年代中后期以来我国城市化浪潮的持续高涨。

2.工业化和非农产业发展的拉动作用

虽然制度因素在我国城市化推进过程中发挥了极为重要的作用，但工业化是城市化的根本动力这一点并未改变。这是因为，工业等非农产业发展对劳动力的需求，才是推动城市化的原始动力，而我国在特定历史时期的某些抑制乡城人口流动的制度安排，究其根本原因，也还是为了应对当时国家工业化对城市化的拉力不足所做出的适应性制度安排。

本部分以改革开放的时间点为界，分前后两段进行了历史回顾，并就工业化和非农产业发展对城市化的拉动作用进行了分析。对改革开放前工业化和非农产业发展情况的分析表明，"大跃进"中工业的超常规发展，是形成20世纪50年代后期短暂城市化高潮的原因，此后若干年，城市化陷入停滞甚至倒退。由于这一时期经济发展处于调整期，经济发展速度放缓，这就是城市就业需求减少的缘故。对改革开放后的分析表明，我国三次产业就业结构已经从1978年的70.5：17.3：12.2转变为2015年的28.3：29.3：42.4，第二产业就业人口自2012年达到历史高点后开始下降。这说明我国由工业化拉动城市化的潜力已经基本释放完毕，中国城市化的主要拉动力，不仅在过去几年时间主要依靠了第三产业，未来也还将主要依靠第三产业的发展来带动。

（三）中国城市化的动力机制与耦合效应

对中国城市化的动力机制与耦合效应问题，本章从以下三个方面给出了观点与解释：①给出了中国城市化演进多重视角的解释框架；②回答了中国城市化的动力机制问题，认为中国的城市化演进过程与经典的城市化推拉力动力机制理论相吻合，工业化、非农产业发展及农业劳动生产率的提高，是城市化发展的决定性因素，制度改革或制度约束则加剧了发展大趋势的变动幅度或成就了叠加在发展大趋势之上的小波动，并左右了事件发生的具体年份节点；③提出了中国城市化的演进轨迹是多种影响因素耦合结果的观点，认为左右中国城市化的力量主要来自经济社会发展的客观需要，以及公共政策的引导和约束。作为社会治理方的中央政府和地方政府，作为与城市化直接相关群体的农村人口和城市人口，以及作为劳动力需求方的企业或机构，5个方面的互动与博弈，共同绘就了中国城市化演进的历史轨迹。

二、快速城市化中的区域应对策略

本书第三、第四、第五章分别对特大型城市、小城市和农村在快速城市化中的应对策略进行了专题研究，第六章对生态城市建设问题进行了讨论。

（一）特大城市的应对策略

第三章以北京为例，讨论了特大城市面对的人口膨胀情况和应对策略。本章首先回顾了北京主要由流动人口导致的城市人口急速扩张情况，分析了人口膨胀给北京带来的压力，并对上海与北京流动人口及城市治理状况进行了比较，在此基础上提出了北京应对巨大人口规模压力的策略。最后，对严重困扰北京发展的"大城市病"问题进行了专题讨论。

改革开放后，国家经济制度和人口管理制度改革重启了农村人口进入城市的大门，然而流动人口进入哪个城市则取决于进入城市后的生活改善程度与进入成本之间的对比。经济收入、就业机会和公共服务等方面的巨大优势，使北京成为流动人口的主要流入地，这对北京的资源环境、城市建设和管理，以及各项公共服务设施等造成了巨大压力。

北京出现的问题，既有人口规模急剧膨胀的客观原因，也有在城市发展与治理方面存在认识误区与措施不到位的主观原因。减少人口规模压力，除直接减少人口数量外，提升城市治理的精细化与科学化水平也是重要途径，与上海的比较分析也说明，北京在这方面仍存在较大改进空间。北京应对人口膨胀的策略主要有：①疏解城市功能带动就业岗位和人口外迁，提升周边地区公共服务水平和打破区域分割制度壁垒，引导人口自愿外迁；②通过扩大资源供给和提高资源使用效率来提高人口承载力；③通过提高城市管理水平来减轻人口压力。

"大城市病"是由城市个别构成要素或子系统在短期内大幅改变所导致的城市整体发展失衡现象，因此增强城市协调性就成为治理"大城市病"的基本方向。增强城市发展的协调性在实践中其实就是一个综合治理问题，这需要在"分而治之"与"综合协调"之间找到适宜方法和路径及部门合作方式。"城市病"治理中面对多方利益诉求，制定公共政策时应遵循科学施策、公共利益为上和统筹兼顾三项基本原则。

（二）小城市（镇）的应对策略

第四章讨论小城市（镇）的应对策略问题。小城市（镇）是城镇化战略的重要环节，其既是分流我国巨大城市化人口压力的重要载体，也是向乡村提供基本公共服务的基层辐射源。城市化中小城市（镇）面临的主要挑战集中在以下两方面：①由非农产业发展动力不足所导致的对人口的吸引力不足；②在城市建设与管理方面缺乏经验和能力。

义乌是依靠自身资本积累实现经济腾飞和城市化快速发展的小城市，故选其为例进行案例研究并从中获得三点启示：一是非农产业大发展是实现城市化的根本驱动力，二是自身比较优势与市场需求相结合是做大非农产业的根本途径，三是地方政府的制度供给是促进本地区非农产业发展的重要条件。

小城市（镇）应围绕以下几个方向来推进本地的城镇化发展：扩大城镇人口规模、提高城镇建设管理水平、提高为周边农村地区提供服务的能力，以及注重生态涵养和文化传承。在此基础上，本章提出了如下的小城镇发展推进战略：①产业发展带动人口集聚战略；②强化城镇建设与管理战略；③以体制机制创新促进城镇化发展战略；④城乡一体联动发展战略。

（三）快速城市化时期的农村发展

第五章从发展农村经济、提升农村公共服务水平角度讨论了快速城市化时期的农村发展问题。讨论从现状、存在问题与困境切入，提出了走出困境的政策思路、规划设想和路径选项。

在讨论城市化对农村经济发展的影响时，市场化不仅是一个重要的关联因素，在我国也是一个与快速城市化同期推进的重大制度变革因素。缩小城乡教育差距有利于提升农村儿童与青少年的人力资本水平和就业竞争力，是弥合城乡差距的重大基础性社会工程。医疗服务是治病救人的重要公共服务事项，农村居住分散凸显医疗服务"可及性"的重要性，所以应高度重视基层医疗卫生机构的建设。温饱问题解决之后，对公共文化服务的需求将大幅增加，应重视农村公共文化服务的能力建设。快速城市化背景下农村老龄化形势异常严峻，农村家庭的养老功能急剧衰退，这使农村产生了强烈的社会化养老需求，但目前我国农村养老在经济保障和设施条件方面与需求之间都存在巨大缺口，亟待改进与提升。

（四）生态城市建设

第六章讨论了生态城市的建设问题。人类及其活动主导了城市演化过程是城市生态系统的本质特征。城市生态系统是非自律系统，高度依赖于外界的能量和物质供给，且内部的净化还原能力严重不足，需要通过向外界输出废物和采取多方面的人工调节措施才能得以维系。运用人工调节手段针对城市生态系统的缺陷进行干预，使其协调性获得质的改善、可持续发展能力获得显著提升，是生态城市建设的根本目的，为达此目的所需人工干预的全部内容，构成了生态城市的建设内容。

本章提出了建设生态城市应遵循的六个基本理念：城市发展与运行的低碳理念；城市规划建设的"低冲击"理念；城市区位选择与规模确定要以生态服务能力为依据的理念；城市绿化应以生态功能为先的理念；资源循环利用理念；适度物质消费和倡导健康文化消费理念。

本章认为建设生态城市应首先从构建与生态文明要求相适应的法律制度、科学技术，以及生活方式三大支柱做起。除此之外还要在以下几个方面同步推进：①以政府倡导、社会各界广泛参与为基本模式，搭建起推进生态城市建设的组织框架；②以市场与非市场手段的有机结合为基本形式，推进生态城市建设项目的实施与落实；③注重公共政策的统筹与协调，确保其形成提升城市生态化水平的合力等。

三、不同国家和地区的快速城市化之路

(一) 英国

第七章讨论英国的快速城市化问题，并对伦敦进行了个案研究。作为世界上最早走上快速城市化发展道路的国家，英国道路所揭示的规律即使在今天看来，仍具有深刻的启迪意义。

英国是工业革命的发祥地，工业生产过程的集聚性特征和规模化偏好，引发生产组织方式的改变，进而导致社会组织方式和空间聚落方式都发生了深刻变化，人类历史上浩大的城市化进程由此开启。本章在对工业文明前期酝酿阶段的英国进行多视角回顾，以及简述工业革命过程后，讨论了工业革命引发的经济社会全面转型，认为工业革命在创造了巨大生产力的同时，也深刻改变和重塑了英国社会及其结构。其中最突出的表现是，与大机器和工厂化生产方式共生的新社会群体不断壮大，并取代农业社会中农村群体在社会中的主体地位，成为工业社会中的社会构成主体，并就此开启了规模浩大的城市化征程，从而使社会主流形态从传统的乡村社会形态向城市社会形态转变。

接下来回顾了英国的城市化过程，并对其与工业革命和经济社会变革的对应进程进行了叠加分析，意在还原作为经济社会整体发展和变迁中的社会现象和空间现象的城市化，是如何与经济社会发展互动，并对经济社会发展做出响应的。

本章最后还讨论了快速城市化时期伦敦的变迁，指出了当时伦敦在城市治理方面存在的主要困境与问题。

(二) 美国

第八章讨论美国的快速城市化问题，时间段集中在19世纪中前期至20世纪中期的100多年间，并对纽约和芝加哥进行了个案研究。

在经历了早期的工业革命、西进运动和交通革命后，19世纪后期美国经济呈现高速增长，20世纪20年代实现了全面工业化。这一时期也是美国城市发展

与扩张的高潮期，至初步实现城市化，美国的城市化共经历了三个阶段：酝酿准备阶段（1840年前，城市化率10%以下）、快速发展阶段（1840—1920年之前，城市化率10%~50%）和初步实现城市化阶段（1920年，城市化率51.2%）。美国早期中西部城市发展的动力较多源自西部拓荒的需要，东部城市和后期全美大多数城市发展的动力则主要源自于工业化水平不断提高的需要。此外，一般性的农村人口城市化和特殊性的移民城市化双重因素相叠加，是美国城市化的一个特点。

纽约是早期欧洲移民进入美国的重要登陆城市之一，后由于伊利运河的开通，纽约迅速超越其他东海岸城市成为全美经济"心脏"。纽约的主导城市功能经历了滨海商埠、欧洲移民进入美国的门户城市、水（海洋与内陆水系）陆交通枢纽、工商业中心和国际金融中心几个阶段，纽约的持续繁荣正是得益于在不同发展阶段都能站在时代潮流前端。对芝加哥的研究着重在分析其土地扩张与地产价值的变动情况，从中可见在芝加哥快速发展的百年间，其地产呈现出长期增值趋势上叠加着若干次短期剧烈波动的变化特点。

（三）拉丁美洲

第九章讨论拉丁美洲的快速城市化问题，并对巴西进行了个案研究。

从拉美殖民时期的经济社会发展和现代化历程，以及城市化的过程和特征看，拉美走的是一条依附型发展道路，这是它长期不能摆脱在世界政治经济格局中边缘化地位的主因。拉美的城市化有两大特征：一是相比工业化水平的提高速度，存在明显的"过度城市化"现象；二是人口在大城市的集聚程度非常高，并由此引发了一系列问题。产生这些现象的原因在于拉美城市化中工业化的拉动力较弱，更多的是农业现代化对劳动力的"挤出"效应所带来的社会现象，也就是说，拉美城市化的推拉力之间存在着显著的失衡现象。

巴西的现代化是在葡萄牙对其进行了300多年统治后留下的经济、社会和文化"遗产"基础上起步的，殖民"遗产"在相当程度上规定了巴西现代化起步时的出发点和后来的路径。咖啡经济在巴西发展中发挥了重要作用，带动了早期的经济繁荣和资本积累，并对城市化产生了两个方面的重要影响：一是通过促进早期工业化引领巴西进入城市化快速发展阶段，二是咖啡经济集中在东南沿海的空间格局奠定了今日巴西城市空间分布的大势和基本的城市体系与结构。

（四）韩国

第十章讨论韩国的快速城市化问题，并对首尔进行了个案研究。

韩国自20世纪60年代初经济开始起飞，用30年时间完成了工业化并实现了现代化。在此过程中工业重镇成为人口产业集聚区，首尔、釜山和东南沿海城市带及北部仁川等城市，都在这一时代背景下获得快速发展。韩国工业化的区域格局塑造了城市的空间分布格局。韩国城市化最直接和最初的动因是国家工业化水平的快速提高，20世纪70年代中期以后又发生了从工业拉动向第三产业拉动的变化。

首尔在韩国城市化高潮期的30年时间里，承受了巨大的人口压力。通过多方调整与政策干预，首尔在20世纪80年代末达到人口高峰后，90年代人口开始出现负增长，与此同时首都圈其他地区人口则增长显著。"大城市病"曾困扰首尔，住房短缺、交通拥堵、环境污染是三大主要问题。韩国政府对抑制首尔城市过度膨胀采取了以下措施进行干预：①加大郊区住宅建设及在周边建设新城，推动郊区化和大都市区建设；②运用法律法规手段引导城市功能外迁，带动就业岗位随迁；③采取经济手段提高市域经营生活成本，引导资本外溢和人口外迁；④运用差别化区域政策和规划重构市区平衡。

第二章

中国城市化的演进过程及其影响因素分析

中华人民共和国成立后，中国从政治制度、经济制度、社会结构等方面都发生了革命性变革和翻天覆地的变化，这些变革和变化对其后的经济社会发展与建设及城市化进程，都产生了极其重要的影响；另一方面，文化传统、中华人民共和国成立前夕的经济社会基础以及既有空间格局等因素，又作为初始条件对中华人民共和国成立后的经济发展和社会演变，进而对中国的城市化进程，同样产生了不容忽视的重要影响。中华人民共和国成立60多年以来中国城市化的轨迹，就是在这样的基础和背景下展开，并受到这些因素的影响而形成的。

本章对演进过程的梳理和分析将不仅仅局限于城市化现象本身，而是将其触角伸向引发和影响中国城市化进程的几大重点领域和范畴，力图通过多视角的回顾和分析，从中国广域变化角度来考察，将城市化现象放在同一时空内寻找其中内在的历史逻辑，提高对中国城市化现象的归因解释能力。

城市化动力是影响城市化速度最为直接的因素，二者之间存在着逻辑上的因果关系和耦合机制。本章试图通过对城市化率和城市人口净增长数量两个指标的回顾和分析，对中国城市化速度及其波动的情况进行梳理，并将其放在同时段内那些与城市化有密切关联的经济社会变迁和制度与公共政策等的背景下来考察，探究其中存在的因果关联，试图重现其中的历史必然性，并以此作为提出中国城市化动力特征的依据。

第一节　中国城市化速度变化轨迹的历史回顾

一、中国城市化率的变化轨迹与阶段划分

城市化率是反映一个国家城市化水平的重要指标。在研究中一般将城市化率

10%作为城市化的起点，以此标准来看的话，由于中华人民共和国成立时我国的城市化率正处于这一历史节点，所以以下对中国城市化历史进程的梳理在时间上也将以中华人民共和国成立为起始点。

1949年中国的城市化率为10.64%，到2015年达到了56.1%（见图2-1）。

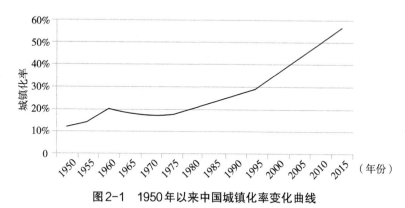

图2-1　1950年以来中国城镇化率变化曲线

资料来源：根据国家统计局.中国统计年鉴（2016年）[M].北京：中国统计出版社，2016相关数据绘制。

1949年以来中国的城镇化率情况参见表2-1。

表2-1　1949年以来中国的城镇化率

年份	城镇化率	5年城镇化率提高（下降）百分点
1949	10.64%	——
1950	11.18%	——
1955	13.48%	上升2.30个百分点
1960	19.75%	上升6.27个百分点
1965	17.98%	下降1.77个百分点
1970	17.38%	下降0.60个百分点
1975	17.34%	下降0.04个百分点
1980	19.39%	上升2.05个百分点
1985	23.71%	上升4.32个百分点
1990	26.41%	上升2.70个百分点
1995	29.04	上升2.63个百分点
2000	36.22	上升7.18个百分点

续表

年份	城镇化率	5年城镇化率提高（下降）百分点*
2005	42.99	上升6.77个百分点
2010	49.95	上升6.96个百分点
2015	56.10	上升6.15个百分点

资料来源：国家统计局.中国统计年鉴（2016年）[M].北京：中国统计出版社，2016.

*此列数据为其所对应年份的城镇化率与上一时点年份城镇化率之间的差值。

对图2-1和表2-1给出的数据与情况进行分析，从大势上看可以将中国的城市化速度变化划分为五个阶段[1]。

第一阶段是1949—1955年，为城市化低速发展阶段。这一阶段的城市化率从1949年的10.64%提高到1955年的13.48%，6年间提高了2.84个百分点。第二阶段是1956—1960年，为城市化高速发展阶段。这一阶段的城市化率从1955年的13.48%提高到1960年的19.75%，5年间提高了6.27个百分点。第三阶段是1961—1975年，为城市化倒退阶段。这一阶段的城市化率从1960年的19.75%回落到1975年的17.34%，15年间回落了2.41个百分点。需要说明的是，这个阶段城市化率的回落有着深刻的制度和公共政策原因，不属于"逆城市化"现象，这一点在本章后续分析中将做详细阐述。第四阶段是1976—1995年，为城市化中速发展阶段。这一阶段的城市化率从1975年的17.34%提高到1995年的29.04%，20年间提高了11.7个百分点，其间，1980年时城市化率基本提高到了回落前的最高水平。第五阶段是1996—2015年，为城市化高速发展阶段。这一阶段的城市化率从1995年的29.04%提高到2015年的56.1%，20年间提高27.06个百分点。这一从中速到高速的转折点也与美国城市学者诺瑟姆（Ray.M.Northam）提出的"城市化过程曲线"中，城市化初始阶段与城市化加速阶段的转折点高度一致。诺瑟姆经过实证分析认为，城市化从发展较慢的初始阶段向加速阶段转变的转折

[1] 由于图表中的数据以5年为一个时段来划分,掩盖了5年内的变化,存在某些具体变化的转折时点可能发生在5年时段内其他年份的情况。例如20世纪50年代城市化从低速发展到高速发展的转折点准确地说,是发生在20世纪50年代中后期的。但作为趋势反映,图2-1和表2-1还是反映出了我国城市化率变化的基本大势,据此做出的趋势判断也是可以接受的。

点，正是在城市化率为30%这个历史节点上。1949年以来中国城市化速度变化的阶段划分参见表2-2。

表2-2　中华人民共和国成立以来城市化速度变化的阶段划分

起止年份	持续时间（年）	城市化率变化幅度	城市化发展速度阶段划分
1949—1955	6	上升2.84个百分点	低速发展阶段
1956—1960	5	上升6.27个百分点	高速发展阶段
1961—1975	15	下降2.41个百分点	倒退阶段
1976—1995	20	上升11.7个百分点	中速发展阶段
1996—2015	20	上升27.06个百分点	高速发展阶段

二、中国城镇净增人口的数量变化与特点

城镇净增人口是表示城市人口规模变化幅度的指标，这一指标虽然不像城市化率指标那样可以反映城市人口在国家或区域人口中的相对比例，从而显示出城市化的程度和水平，但它却可以反映城市人口规模的变化幅度。尤其是对于像中国这样的人口大国，同样是城市化率提高一个百分点，实际的城市人口增量要远大于其他国家，对新增就业岗位的要求相应也要大许多。如以城市化率均为40%时不同人口规模国家的情况来看，同样增加一个城市化率百分点，实际增加的城市人口规模情况是："中国是英国的48倍，法国的32倍，德国的30倍，苏联的11倍，日本的15倍"。[1]城市化是否健康发展，很重要的一个方面就是在城市化推进过程中，城市对劳动力的吸纳能力与其供给大致匹配，城市基础设施、住房等条件能够基本满足新增城市人口的需要。因此，城市净增人口量也是一个反映城市化状况的数量指标，对其进行考察是必要的，对于中国这样的人口大国，更是尤为必要。[2]

---

[1]陆大道.中国城镇化应循序渐进[N].北京科技报,2007-12-3(5).

[2]当然，在城镇净增人口的变化中，还包括了城镇人口自然增长带来的人口增量，但这一增量与城市化大潮相比，一来变化幅度不大，二来在城镇净增人口中占比也较小(在"一孩"人口政策下更是如此)。所以城镇净增人口数量仍然是一个可以反映我国城市化发展状况的有效指标。

中国自1949年以来的城镇净增人口情况，与城市化率变化的趋势基本吻合，具体数据参见表2-3，直观表达参见图2-2。

表2-3　1949年以来中国城镇净增人口情况*

年份	城镇人口（万人）	各时段城镇净增人口（万人）	各时段城镇年均净增人口（万人）
1949	5765	——	——
1950	6169	404	404.0
1955	8285	2116	423.2
1960	13073	4788	957.6
1965	13045	−28	−5.6
1970	14424	1379	275.8
1975	16030	1606	321.2
1980	19140	3110	622.0
1985	25094	5954	1190.8
1990	30195	5101	1020.2
1995	35174	4979	995.8
2000	45906	10732	2146.4
2005	56212	10306	2061.2
2010	66978	10766	2153.2
2015	77116	10138	2027.6

资料来源：城镇人口数据来源于国家统计局.中国统计年鉴（2016年）[M].北京：中国统计出版社，2016，其他数据据此计算而得。

*各时段净增人口据表中城镇人口计算，每一数值代表对应年份与表中上一年份间隔时段内的净增城镇人口数，各时段城镇年均净增人口数值代表对应年份与表中上一年份间隔时段内的城镇年均净增人口数。

从表2-3和图2-2所显示的情况看，中华人民共和国成立后城镇年均净增人口幅度经历了剧烈的变动。具体来讲，中国城镇人口规模的变化呈现出如下几个特点：①变化幅度大，从1960—1965年的年均人口负增长到1995年以来持续了20年的年均人口净增长幅度超过2000万人，这样的城镇人口跃升规模世所罕见。②相邻年代城镇净增人口变幅大，1955—1960年时段，是中国城镇人口净增规模的一个显著高峰期，其城镇净增人口数量年均达到近千万，几乎达到了1980—1990年代中期的增量水平。但紧随其后的1960—1965年时段，城镇人口净增值为负值。③城镇净增人口规模呈现阶梯状抬升，纵观中国60多年的城镇年均净增人口规模，发现其并不是呈现逐渐上升或基本稳定的态势，而是呈现出阶梯状抬升的特点，每一个相对稳定时段的时间跨度在10—20年左右不等，但也有发生在1955—1960年5年短暂高增长后剧烈下跌的例外，但阶梯状的大势还是成立的。④1995年以来城镇年均人口净增规模均维持在2000万人以上，20年来城镇人口规模急剧扩张，增加人口接近4.2亿，这一个20年也是中国阶梯状城镇人口净增规模迄今最高的一个阶梯。

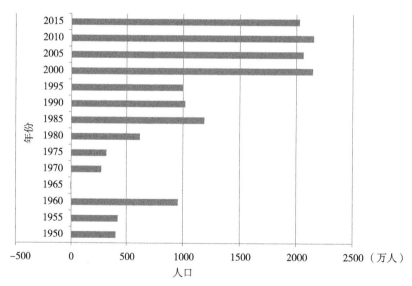

图2-2　1949年以来中国城镇年均净增人口变化情况

资料来源：据表2-3数据绘制。

第二节　基本经济制度的变革及其对城市化的影响

一、中华人民共和国成立前夕的经济形态特征

中华人民共和国成立后中国的经济发展和制度演替是在中华人民共和国成立前遗留下来的经济社会基础上进行的，因此需要对其进行简要概述。

中华人民共和国成立之前，中国是一个半封建半殖民地国家。就经济形态来讲，主要有如下特征。

第一，国家经济命脉掌握在官僚资本主义手中。官僚资本主义经济是与国家政权结合在一起的国家垄断资本主义经济，中华人民共和国成立前夕，国家经济命脉由官僚资本高度垄断：官僚资本拥有全国工矿和交通运输业固定资产的80%，垄断了全国钢铁产量的90%，煤炭产量的33%，发电量的67%，水泥产量的45%，以及全部石油和有色金属的生产。在轻工业方面也是同样，1947年仅中国纺织建设公司一家，拥有的纱锭就占全国纱锭总数的38%，拥有的织布机就占全国机械化织布机总数的60%。同时，官僚资本还控制着全国的金融机构和铁路、公路、航空运输以及44%的轮船吨位，还有十几个垄断性贸易公司。❶

第二，封建地主经济在农村占统治地位。"封建地主经济在1927年前和1927年后国民党政府统治区的农村占统治地位。在那里，占农村人口10%左右的地主、富农，占有70%~80%的土地，而占农村人口90%的贫农、雇农、中农和其他劳动人民，却只占有20%~30%的土地。地主把占有的土地出租给无地和少地的农民进行耕种，收取的地租相当于农作物收获量的一半，有些地方甚至达到80%"。❷

第三，外国资本在中国经济中占有重要地位。帝国主义列强凭借不平等条

❶王玉贵,朱蓉蓉.中国当代史教程[M].北京:群言出版社,2007:37-38.
❷上海财经大学课题组.中国经济发展史(1949—2005)(上)[M].上海:上海财经大学出版社,2007:4.

约在华享有特权，他们控制了中国的海关和对外贸易，并开矿设厂，在华资本庞大。"外国资本家开设的企业在1936年时垄断了中国生铁产量的80%，原煤产量的56%，发电量的76%和棉布产量的57%。外国资本家企业通过借款给中国政府和企业而垄断了中国的金融和财政"。❶"到大陆解放前夕，在华外资企业有1192家，拥有职工12.6万人，资产达12.1亿元"。❷在华资本以美英两国为主。

第四，私人资本主义发展受到压制。由于官僚资本、外国资本及封建势力的强势和强大，私人资本的发展空间受到强烈挤压，在当时中国经济中的地位远逊于前三者。

第五，个体所有经济处于从属地位。劳动者个体所有经济（包括个体农民、小手工业者和小商小贩）虽然是全国最大的从业群体，但由于个体经济资源占有量极少，在国民经济中仍然处于从属地位。

二、中华人民共和国成立后生产资料所有制的变革和计划经济体制的建立

中华人民共和国成立后，基本上在20世纪50年代中期之前，我国进行了生产资料所有制和经济体制的革命性变革，形成了生产资料全民和集体所有制的基本架构，以及计划经济的经济体制。生产资料的全民和集体所有制，以及计划经济的经济体制，这两方面构成了我国改革开放前国家经济制度的基石，它不仅规定了我国同期的经济发展走势，也在相当程度上左右着中国的城市化进程。

（一）生产资料所有制的变革

中华人民共和国成立后，中国的经济制度发生了根本性变革，基础性的变化有二，其中之一就是生产资料所有制的变革。

生产资料所有制的变革是一场深刻的变革。在20世纪50年代前中期，国家进行了对资本主义工商业的改造、农业社会主义改造和手工业社会主义改造，简称"三大改造"。经过"三大改造"，确立了全民所有制和集体所有制在整个国民

❶上海财经大学课题组.中国经济发展史（1949—2005）（上）[M].上海:上海财经大学出版社,2007:4.

❷王玉贵,朱蓉蓉.中国当代史教程[M].北京:群言出版社,2007:40.

经济中的绝对优势地位。1956年"社会主义性质的公有制经济在国民收入中的比重，总计已达到92.9%"。❶这三个方面的改造，核心内容是生产资料所有制的变革，这其中既涉及城市中工商企业的所有制变革，也涉及农村土地制度的变革。

1.工商企业的所有制变革

以没收的官僚资本为基础，建立起国营经济。中华人民共和国成立后至20世纪50年代初期，在没收官僚资本和将外资企业收归国有，以及壮大原解放区公营经济基础上，我国建立起了社会主义国营经济，其中没收改造的官僚资本是中华人民共和国成立初期社会主义国营经济最主要的来源。据统计，到1949年年底，全国工业固定资产中，国营工业占80.7%，全国大型工业产值中，国营占41.3%，国营经济还掌握了全国的铁路和其他大部分现代化交通运输业，以及绝大部分银行和对外贸易。

在此基础上，1954—1956年又对私营工商业进行了大规模的全行业公私合营改造，到1956年年底，私营工业户数的99%、产值的99.6%，私营商业户数的82.2%、资金的93.3%，基本实现了公私合营。公私合营后的企业，国家以10年"定息"（一般为年息5%，自1956年1月1日起）方式，支付私股股东利息。"这使得资本家的生产资料归国家所有，由国家统一使用、管理和分配"。❷经过这种改造，"原来的资本家私有制改变为公私共有制。资本家虽有私股，但已不起资本的作用，它与生产资料已经分离，只在一定时期起领取定息凭证的作用。除留有定息的尾巴外，资本家已不再是企业的占有者。"❸这类公私合营企业实际上已经具有了国营企业的性质，所有权已经变更。

2.农村土地制度变革

中华人民共和国成立后至改革开放前，农村土地制度的改革经历了两次大的方向性变革。两次方向性变革是土地改革运动（没收地主的土地分给农民）和建立农业生产合作组织（建立农业集体所有制）。1947年10月，中国共产党中央委

❶庞松.毛泽东时代的中国(1949—1976).第一卷[M].北京:中共党史出版社,2003:550.

❷王玉贵,朱蓉蓉.中国当代史教程[M].北京:群言出版社,2007:96.

❸庞松.毛泽东时代的中国(1949—1976).第一卷[M].北京:中共党史出版社,2003:549-55.

员会颁布了《中国土地法大纲》，其中规定："乡村中一切地主的土地及公地，由乡村农会接收，连同乡村中其他一切土地，按乡村全部人口，不分男女老幼，统一平均分配"。1950年6月又通过了《中华人民共和国土地改革法》，对富农、小土地出租者和中农的具体改革政策做出规定。到1953年春，全国的土地改革运动基本结束，全国农业人口的90%已经完成土地改革。

1953年2月和12月，中共中央分别通过了《关于农业生产互助合作的决议》和《关于发展农业生产合作社的决议》，开启了农业土地等生产资料所有制改革的历史进程。农业合作化是分步实施的，经历了农业互助组、初级农业生产合作社和高级农业生产合作社三个步骤。互助组是劳动农民在个体经济基础上建立的劳动互助组织，采取共同劳动，进行换工互助方式，组员的土地、耕畜、农具等生产资料及收获的产品仍为私有；初级农业生产合作社社员的私有土地作股入社，耕畜、大农具等主要生产资料入社统一使用，或也作价入社，社员按参加集体劳动和入股土地多少进行分配，初级社是一种"带有私有制基础的劳动群众部分集体经济组织"；❶高级农业生产合作社与初级社的主要区别是，社员土地无偿转为合作社集体所有，社员所得按参加集体劳动多少进行分配。因此说，从初级社到高级社的转变，是根本性质的转变。农业合作化进展很快，1955年之前是初级农业社快速发展的时期，1956年高级农业社获得了快速发展。截至1956年，全国绝大部分地区和农户已经加入了农业生产合作社，农业的集体所有制改造已经基本完成（见表2-4）。

表2-4　1956年加入农业合作社的农户比重

比重	1月底	6月底	12月
入社农户占全国农户比重	80.3%	91.9%	96.3%
其中参加高级社农户所占比重	30.7%	63.2%	87.8%

资料来源：上海财经大学课题组.中国经济发展史（1949—2005）（上）[M].上海：上海财经大学出版社，2007：34.

---

❶庞松.毛泽东时代的中国（1949—1976）.第一卷[M].北京：中共党史出版社，2003：525.

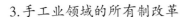

3.手工业领域的所有制改革

大致与农业集体所有制的建立同期，在手工业领域也建立起了集体所有制。中华人民共和国建立时，全国有大量的小商小贩，他们是个体劳动者，全国不雇用职工或只雇用一名职工的零售小商店和摊贩从业人员，占到私营零售商总户数的98.24%、总从业人员数的91.82%。到1956年年底，参加合作社的手工业者人数占手工业者总人数的比重达到了91.7%，产值占手工业总产值的比重上升到了92.9%。

（二）计划经济制度的建立

中华人民共和国成立后中国经济制度发生的根本性变化，除所有制的变革外，另一项就是经济运行与管理体制的变革，即计划经济制度的确立。

在资本主义工商业改造、农业社会主义改造和手工业社会主义改造"三大改造"完成后，我国建立起了由国家统一计划调节国民经济运行的计划经济体制。第一，在经济管理体制上实行了自上而下的、以指令性计划为主要形式的国民经济计划体制。第二，在财政体制上，实行以中央集权为基础，绝大部分资金集中在中央的三级财政（中央、省、县）管理体制。第三，工业以中央直接管理为主。主要工业企业由中央各部直接管理，形成以"条条"为主的工业企业管理体制，另外，对工业物资和民生物资实行计划分配制度。第四，在商业流通方面实行计划流通体制。自上而下建立起国营和供销合作社的商业体系，采取按经济区域分级批发、分级管理的方式组织商品流通，根据不同商品在国民经济中的不同地位或重要性，分别采取统购统销、派购、议购等不同购销形式，对外贸易由国家统制。第五，劳动就业实行由国家统包统配。从学校毕业生到干部、复员退伍军人和工人，都由国家统一安排工作，自行就业、自谋出路被取缔。第六，由国家建立起统一的等级工资制度，工资标准、定级与升级制度等均由国家统一规定，地方、企业无权决定。❶

除一切经济活动纳入国家计划进行管理外，民生领域物资统购统销制度的建立也是计划经济的重要组成部分，并且是一项与城市化关系密切的制度安排。中华人民共和国成立后，经过短期的恢复和休养生息，1953年时国家已基本走出

❶王玉贵，朱蓉蓉.中国当代史教程[M].北京：群言出版社，2007：108–110.

了长期战乱的阴影，国家建设开始恢复生机，城市化开始发力，大量人口涌入城市，导致粮食需求量猛增，粮食供需矛盾十分突出。为了缓解粮食供应紧张的状况和稳定物价，同时也为了把分散的小农经济纳入国家计划经济的轨道，1953年10月中共中央政治局讨论通过了《关于实行粮食的计划收购和计划供应的决议》（以下简称《决议》）。《决议》规定：在农村实行粮食收购计划（统购），在城市实行粮食定量配售计划（统销）；粮食市场由国家严格控制，严格控制私营粮食工商业，严禁私商自由经营粮食；实行中央统一管理下的中央与地方分工负责的粮食管理制度。1953年12月全国农村开始推行粮食统购，1954年9月起城乡开始凭布票供应棉布，凭油票供应食用油。1955年8月，国务院发布《农村粮食统购统销暂行办法》和《市镇粮食定量供应暂行办法》两个文件，1955年11月起，全国城市统一实行了使用全国通用粮票和地方粮票购买粮食和粮食制品的办法。❶

统购统销虽然是在中国物资匮乏的短缺经济时代应对生活物资短缺的重要手段，也确实比较有效地应对了当时的物资匮乏问题，但不可否认的是，其同时也带来了明显的负面效应，主要表现在统购统销割断了生产与消费之间的有机联系，取缔了市场的调节机制，其后果是价值规律无法发挥作用，农民生产积极性受到压抑，农产品供应扩大受限。

三、改革开放以来生产资料所有制的变革和市场经济制度的确立

（一）农村经济制度的改革及其对城市化的影响

1978年12月召开的中国共产党十一届三中全会拉开了改革开放的序幕，这次会议是中国现代史上重要的里程碑。在经济制度方面，主要的变化体现在十一届三中全会在提出把工作重点转移到社会主义现代化建设上来的基础上，对农业问题进行了深入讨论，提出了以为农业和农民"松绑"为导向的若干在当时来讲非常具有突破性的改革措施，"这些措施主要是：恢复和扩大社队自主权，解决多种经营的方针问题；允许实行各种形式的联产计酬责任制；恢复自留地、家庭

❶庞松.毛泽东时代的中国(1949—1976)第一卷[M].北京:中共党史出版社,2003:344-348;齐鹏飞,杨凤城.当代中国编年史(1949.10—2004.10)[M].北京:人民出版社,2007:184.

副业，开放集市贸易，对个体经济予以扶助等"，❶并强调要按照客观经济规律办事和改变闭关自守状态，积极引进国外先进技术，利用外资和进入国际市场。由此，农村成为我国经济制度改革的突破口。

1.20世纪80年代前期农村经济体制改革的主要举措

为了加强农业基础，改善农民生活，必须极大提高农业生产力，这就要求最大限度调动农民的生产积极性，因此需要打破原来生产队的农村生产组织方式的制度樊篱。另外，为了要为在情况更为复杂的城市中进行经济体制改革寻找路径，积累经验，农村的经济制度改革也须先行先试，率先突破。

在1978年党的十一届三中全会提出一系列为农村和农业"松绑"的政策措施后，1982—1986年连续5年，每一年的中共中央一号文件都聚焦农村工作，推出了系列农村改革措施，中国经济体制改革在农村率先展开（见表2-5）。

表2-5　改革开放初期中共中央和中央政府关于农村经济体制改革的主要文件及其要点

时间	文件名称	要点
1982年1月	中央"1号文件"：全国农村工作会议纪要	突破了"三级所有、队为基础"的体制框架，肯定了包产到户、包干到户
1983年1月	中央"1号文件"：当前农村经济政策的若干问题	肯定了家庭联产承包责任制，提出要改革政社合一的人民公社体制，实行政社分设
1983年10月	中共中央、国务院：关于实行政社分开建立乡政府的通知	取消人民公社制度，建立乡政府
1984年1月	中央"1号文件"：关于1984年农村工作的通知	强调要继续稳定和完善联产承包责任制，延长承包期，规定土地承包期一般应在15年以上
1984年2月	国务院：关于农村个体工商业的若干规定	鼓励农村剩余劳动力从事手工业、修理业、服务业、饮食业等经营活动
1984年3月	中共中央、国务院：转发农牧渔业部和部党组《关于开创社队企业新局面的报告》的通知	鼓励农村乡镇企业、各种形式合作企业和个体企业的发展
1985年1月	中央"1号文件"：关于进一步活跃农村经济的10项政策	提出调整农村产业结构，取消实行了30多年的农副产品统购派购制度，将农业税由实物税改为现金税。允许农民进城开店设坊，兴办服务业，提供各种劳务服务

❶齐鹏飞，杨凤城.当代中国编年史(1949.10—2004.10)[M].北京:人民出版社,2007:483.

表2-5清晰呈现了改革开放初期农村经济制度改革的脉络，即便以今天的眼光来看，当年的改革步伐仍然是巨大的，其对当时中国"三农"所产生的影响不可估量。主要的改革内容围绕实行土地所有权与承包经营权的分离（家庭联产承包责任制）、取消国家统购让农业直接面向市场、鼓励兴办集体所有制的乡镇企业、转移农村富余劳动力等方面展开。这其中，对中国城市化有重要影响的经济制度变革，当属推行家庭联产承包责任制、取消农副产品统购派购制度和鼓励农村剩余劳动力从事非农产业与个体经营活动，以及鼓励发展乡镇企业。

2.农村经济制度改革对城市化的影响

（1）家庭联产承包责任制的实行及其对城市化的意义

1978年12月安徽省凤阳县小岗生产队实行"包产到户"，拉开了农村改革的序幕。包产到户这一新的农村生产资料与劳动资源的配置形式，由于打破了"大锅饭"，受到广大农民的普遍欢迎。这种农业生产和组织形式在十一届三中全会后的几年间在全国获得快速推广，1980年年底，全国实行了包产到户、包干到户的生产队已占到25%的比例，这之后，中共中央又多次对家庭联产承包责任制予以肯定，到1983年年底，全国已有95%以上的农户实行了双包到户生产责任制。1986年6月颁布了《中华人民共和国土地管理法》，确认了"土地的承包经营权受法律保护"。到此，农村中劳动者与生产资料的结合方式发生了重大变化，这种变化使农民成为自主决策的经营主体，极大地释放了农民的生产积极性，农业劳动生产力获得巨大提升，改革获得巨大制度红利。仅从1984年的数据就可以看出这一点，1979—1984年，仅用6年时间，我国粮食年产量就由3亿吨增加到4亿吨，而由2亿吨增加到3亿吨，却用了整整20年时间。

家庭联产承包责任制对促进城市化的作用主要体现在两个方面：一方面，家庭联产承包责任制的实行极大地调动了农民的生产积极性，大幅提高了农业劳动生产率，使得农村出现了大量的剩余劳动力，而农业产品产量的大幅增长，也为非农人口增加提供了农副产品供应的保障条件；另一方面，原来生产队的生产组织形式被替换为以家庭为单位的生产组织形式，原来将劳动力与土地"捆绑"在一起的组织机制消失了，代之以家庭与土地的结合形式，这种形式使得农业劳动可以在家庭成员间进行内部调节，为其中一部分家庭成员脱离农业进入非农领域就业提供了通道和可能。

（2）粮食流通体制的改革和统购统销制度的取消及其对城市化的意义

中华人民共和国成立以来，为了适应不同历史阶段的社会发展需要，对粮食流通体制进行了数次制度性改革。1949—1952年实行的是粮食自由购销制度，1953年以后实行了长达30多年的统购统销制度。1985年1月，中共中央、国务院发布《关于进一步活跃农村经济的十项政策》，其政策取向在于促进农村商品经济的发展。政策规定，从1985年起，除个别品种外，国家不再向农民下达农产品统购派购任务，改为按照不同情况，分别实行合同定购和市场收购。粮食、棉花取消统购，改为合同定购，定购以外的可以自由上市。其余多数农产品如生猪、水产品、牛羊肉、禽蛋、蔬菜等，逐步放开，自由交易。1992年国务院决定提高粮食统销价格，实行粮食购销同价，扭转了长期以来粮食统销价格低于统购价格的倒挂现象。在粮食及其他农产品价格逐步放开后，粮油实现了敞开供应，1993年取消粮票，至此，中国的农副产品统购统销制度被取消。

统购统销制度的取消和农副产品市场的放开，对促进城市化发展意义重大：首先，由于取消了与城镇户籍捆绑在一起的粮食定量配给制度，使得农民进城后可以用货币购买口粮，这就为农民进城后的生活提供了最基本的保障，为日后中国城市化得以迅猛发展、大批农村人口得以进城，奠定了最初的基础性条件。其次，也使农民有机会直接到城市销售农副产品，这些生产经营活动增加了农民的货币收入，一定量的货币储蓄，增强了农民走出农村、脱离农业，进行其他尝试的信心。最后，取消农副产品统购，再配之以前几年开始实行的家庭联产承包责任制，这两项重大制度变革，使农民成为自家承包土地的经营主体，并直接面对市场。这使得商品经济观念深入人心，为打破实行了30多年的计划经济樊篱起到了更新观念、教育社会的功效，是后来中国向市场经济体制转型最初的重要社会实践活动，而向市场经济体制的转型，是中国城市化历史进程中重要的促进因素。

（3）乡镇企业的兴起

改革开放后乡镇企业开始萌芽，到1983年年底发展到50万家，有从业人员200万人。在1984年3月中共中央、国务院鼓励乡镇企业发展的文件出台后，乡镇企业更是获得了超常规的迅猛发展。当年的产值比上年增加了489亿元，是1979—1983年年均增加量的3.4倍，企业总数达606万家，职工人数5208万人。

乡镇企业的异军突起，主要得益于两个方面的原因：一是低廉的劳动力成本，当时农村中的大量剩余劳动力就地转移到乡镇企业务工，以当时的农村劳动力成本与城市比较，具有显著的低成本优势；二是当时城市经济体制改革尚未全面展开，或刚刚开始起步，效果尚未完全显现，而计划体制已经在不断萎缩和削弱，人民生活必需品等轻工业产品本来就是国营企业几十年来的产品"短板"，许多市场需求本就存在较大缺口，无法完全满足。在这种情况下，城市那些国营和集体企业或轻工业产品缺乏，或生产经营成本远高于乡镇企业，这些都为乡镇企业的发展提供了机遇和条件，从而使乡镇企业在20世纪80年代中后期获得飞速发展。

进入20世纪90年代以后，随着城市经济体制改革的深入和大量外资企业的进入，对廉价劳动力的需求迅猛增长，而乡镇企业由于起点低，产品技术含量不高以及生产工艺或流程等不规范，导致产品质量较差，又因为规模较小，无法获得规模效益，其比较优势逐渐丧失，乡镇企业的发展日渐式微。

尽管乡镇企业辉煌不再，但其曾对城市化所起到的作用不可低估。乡镇企业的大发展对城市化的促进作用主要体现在：当时乡镇企业吸纳的就业人口，其中的绝大多数人后来都进入到城市就业，从这个意义上说，乡镇企业及其对农村人口非农就业的拉动作用，是后来中国快速城市化某种程度的"预演"，乡镇企业的大发展，是中国快速城市化的前奏和序曲。

（二）对城市化有重要影响的城市经济制度改革

在农村经济制度改革顺利推进背景下，城市的经济体制改革也在酝酿之中。由于城市经济制度改革的内容十分丰富，情况也更为复杂。以下仅从城市化角度，重点分析相关领域的改革举措及其对城市化的影响。

1.城市经济体制改革的基本脉络

城市经济体制改革是从简政放权、扩大企业自主权开始的。这种改革尝试从1978年党的十一届三中全会后就开始了，经过几年的试点和在农村改革取得明显成效的鼓舞下，1984年党的十二届三中全会通过了《中共中央关于经济体制改革的决定》，正式拉开了以城市为中心的经济体制改革大幕，这个决定的出台标志着城市经济体制改革的全面铺开，所提出的"社会主义经济是公有制基础上有计划的商品经济"是其中最核心的理论创新点。继《决定》出台之后，在1992年党的第十四次全国代表大会上，正式确定了建立社会主义市场经济的改革目标。1993年党的十四届三中全会通过了《中共中央关于建立社会主义市场经济体制若干问题的决定》，提出转换国有企业经营机制建立现代企业制度、培育和发展市场体系、转变政府职能建立健全政府宏观调控体系、深化对外经济体制改革、进一步扩大开放等一系列改革举措。《决定》勾勒出社会主义市场经济的基本框架，并明确提出，当前培育市场体系的重点是发展金融市场、劳动力市场、房地产市场、技术市场和信息市场等。国有企业的改革基本寻着放权让利，强化刺激的思路推进，先后进行了利改税，拨改贷，企业承包制、租赁制和股份制试点等多项改革。

总体来讲，城市中的经济体制改革，大的方向是破除计划经济一统天下，通过建立市场经济体系，运用价格规律、市场规律等进行经济调节，激发社会活力，解放生产力。

就与城市化关系密切的改革来说，主要包括所有制、价格机制、劳动力市场，以及引进外资大力兴办制造业等改革措施。

2.多种所有制共存局面的形成

所有制改革是中国经济制度变迁的核心环节。1985年起，以城市为重点的经济体制改革全面铺开，所有制改革取得明显成效。

事实上从1983年开始，对于一些市场上短缺的小商品，就已经允许私人开办小型企业进行生产，因此当时城市中就已经陆续出现了一批个体工商户和私营企业。1988年6月，国务院发布《中华人民共和国私营企业暂行条例》，提出"私营企业是社会主义公有制经济的补充，国家保护私营企业的合法权益"，在这样的制度改革背景下，个体经济和私营经济获得快速发展。"1978年，全国个体工商户约为14万户，就业人数为15万人，在工业总产值中占0.8%，在商品零售总额中占2.1%，对GDP的贡献率为1%左右。经过十年的改革，到20世纪80年代末，全国个体工商户超过1000万户、私营企业达20多万户，就业人数达2500

万人，在 GDP 中的贡献率达到20%。"[1]1997年时，个体工商户上升为2850.9万户，从业人员5441.9万人，私营企业户数上升为96.09万户，从业人员1349.26万人。[2]之后，个体和私营企业快速发展，在国内生产总值中的比重不断提高，逐渐成为国家经济的重要支柱和国民经济增量的主要来源。事实证明，"凡是非公有制经济发达的地方，市场发育就快，市场机制就活，综合实力就强，经济体制就成熟，社会就稳定"。[3]

在鼓励私营经济发展的同时，这一时期对公有制和集体经济也进行了一定调整，包括实行股份制试点和将一部分小国有企业租赁、承包或出售给集体或个人等改革措施。1988年，国务院相继发布了《全民所有制工业企业承包经营责任制暂行条例》和《全民所有制小型工业企业租赁经营暂行条例》两个文件，进一步规范了企业的承包与租赁行为。

至此，城市中多种所有制共存的局面基本形成（见表2-6）。

表2-6　1985—1995年工业总产值经济类型结构变化

年份	国有	集体	城乡个体	其他
1985	64.9%	32.1%	1.8%	1.2%
1990	54.6%	35.6%	5.4%	4.4%
1995	34.0%	36.6%	12.9%	16.6%

资料来源：国家统计局.中国统计年鉴（1996年）[M].北京：中国统计出版社，1996.

所有制改革促进了多种经济成分的发展和所有制结构的调整，塑造了多元化的市场竞争主体，促进市场体系不断发展和完善，加快了市场机制的形成与政府宏观调控方式的转变，为市场结构的演进提供了必需的制度基础。[4]

当时这种多种所有制共存局面的形成对城市化的意义主要体现在大量非全民所有制企业的兴起，创造了大量新的用工需求，而且由于这些企业不属于体制内

❶齐桂珍.改革开放30年我国所有制改革评述[J].经济研究参考，2008(49)：11-23.

❷上海财经大学课题组.中国经济发展史（1949—2005）（上）[M].上海：上海财经大学出版社，2007：114.

❸欧阳日辉.所有制改革的历程、基本经验和未来[J].党政干部学刊，2008(11)：8-10.

❹余东华.制度变迁中的所有制改革与产业组织演进[J].山东大学学报，2006(1)：110-114.

机构，不受当时体制内企业用工的诸多限制，并且由于这类企业需要独立面对市场，所以客观上这些企业需要更多地尊重市场规律，按市场规律办事，因此使用低成本劳动力就成为这些企业普遍的用工策略。这就为大量农民工进城务工提供了就业机会，也为灵活就业提供了制度通道，而灵活就业和非正规就业也都是农民进城就业的重要形式。

3.对外开放，吸引外资企业

自确定了对外开放的基本国策以后，特别是在一波又一波开放经济特区和沿海城市等的措施实施后，由于允许这些地区以优惠政策吸引港澳台投资、侨资投资和外资投资与办厂，我国的外商和港澳台投资企业迅速增加。"从1979年对外开放起，外商和港澳台投资企业从无到有。1979—1982年，境外商人投资项目920个，直接投入资本49.6亿美元。1983—1990年，境外商人投资项目28605个，直接投资356.6亿美元，对GDP的贡献率约为5%左右。"❶对于这些在华投资的企业来讲，中国最重要的比较优势就是劳动力成本优势，大量农村剩余劳动力正是构成这一优势的主体。

从城市化角度解读外资企业大举来华的意义，更多的是体现在其对农村剩余劳动力的吸纳方面。这也是迄今为止，那些更早和更大程度上实行对外开放和外资企业较为集中的地区，仍然是农民工大批聚集地区的重要原因。特别是随着乡镇企业在进入20世纪90年代后发展势头逐渐回落，不断增长的外商投资企业，成为了吸纳大规模城市化就业人口的重要用工主体之一。

第三节　人口迁徙与户籍管理制度的变迁及其对城市化的影响

一、我国人口迁徙管理制度变迁的基本大势

人口在一国内部的迁徙应当是自由的。迁徙原因可以多种多样，如投亲靠友，上学就业，对高收入、良好公共服务和低生活成本的追求，环境气候，个人

---

❶齐桂珍.改革开放30年我国所有制改革评述[J].经济研究参考,2008(49):11-23.

偏好等。但是，在国家尚未达到一定富裕程度和区域经济社会发展不平衡现象仍较为突出的情况下发生的迁徙现象，绝大多数是为了改善生活，追求高的收入或好的公共服务等，可以说是以改善和提升本人或家庭经济状况为主因的迁徙，中华人民共和国成立以来我国的人口迁徙基本上属于此种类型。

与世界趋势相同，我国进入工业化发展阶段以来，全国人口迁徙的主导流向是从乡村流向城市，也正是在这个意义上，人口迁徙现象才被纳入城市化的研究视野。

中华人民共和国成立以来，我国的乡城人口迁徙总态势呈现出变幅大、曲折跌荡的总特点。其基本的变化态势是，改革开放前，与在经济领域实行计划经济的思路相同，在社会领域和人口迁徙领域，治理思路也是以"统"为总基调，人口迁徙管理趋紧与计划经济体制的建立基本同步；而人口迁徙管理的"放"也与计划经济体制被商品经济和市场经济所替代基本同步。就我国人口的乡城迁徙管理制度演变看，经历了三个阶段，分别是1949—1957年的自由迁徙阶段、1958—1985年的限制迁徙阶段和1985年至今的逐渐放开阶段。

户籍制度作为一种有效的人口管控手段，也是在上世纪50年代之后逐渐形成并强化的，在此后相当长的历史阶段内，城乡分隔的户籍制度是形成我国城乡二元结构的重要工具和构成城乡间樊篱的关键制度，随着市场经济取代计划经济，户籍的制度樊篱也逐渐松动。

二、中华人民共和国成立初期我国的人口状况和自由迁徙制度

中华人民共和国成立之前，中国缺乏准确的人口数据，只在20世纪30年代进行过一次不完整的人口调查。中国人口有4万万的说法，就是30年代调查的初步估计结果。1953年，为了进行普选的需要，政务院发布《为准备普选进行全国人口调查登记的指示》和《全国人口调查登记办法》，以1953年6月30日为标准时间，进行了全国第一次人口普查。这次人口普查结果显示，大陆地区共有人口582603417人，其中直接登记人口574205940人，未进行基层选举或交通不便边远地区人口8397477人（根据地方政府资料统计），在直接登记人口中，城镇

人口占13.26%，乡村人口占86.74%。❶

　　中华人民共和国成立最初几年并没有在城乡之间的人口迁徙方面做出硬性的限制规定。尽管解放初期，经过长期战乱后的大中城市里拥挤着大量的难民和失业人员，战后经济开始复苏，又有大量农民涌入城市，但当时"政府对人口流动的管理是通过说服教育、劝导动员、组织生产劳动等柔性方式进行的"。❷当时这些做法确也奏效，许多城市中的失业、无业人员，在政府的动员和组织下迁出城市，或迁向相对边远地区，或回乡参加土改，城市的就业压力和人口压力得到缓解。就全国的情况来讲，当时城市户籍实行的是"事后申报登记办法"，即要求迁入者凭从迁出地开出的迁徙证在3日内向当地派出所申报入户即可。当时各个城市的迁入政策是自行制定的，因此当时也有个别大城市对外地迁入人口进行限制的情况。如上海，就是全国最早开始实行限制外地人口迁入政策的城市，1951年7月上海市规定只有经国家正式批准招工、入学和在上海有工作人员的家属等5类人才能获准迁入。虽然1953年以后，各城市普遍收紧了人口迁入政策，但也主要是针对无正当职业或无生活保障的人进行限制，不存在仅仅由于是农村人口就不准迁入的情况。

三、乡城自由迁徙之门的关闭及其重要制度工具户籍的功能演变

　　我国乡城自由迁徙之门的正式关闭始于1958年，终于1985年，在这27年间，我国的城市化经历了长期的徘徊甚至倒退。迁徙自由的丧失和户籍壁垒的形成，正是城乡二元结构的制度基础，其制度张力和耦合效应深刻影响着中国的经济社会发展面貌，以及数以亿计农村人口的城市化实现路径和我国的城市化发展。

（一）乡城迁徙之门日益收窄直至关闭的背景与过程

　　中华人民共和国成立伊始，城市经济开始复苏，农村进行土地改革，人民收

---

❶齐鹏飞,杨凤城.当代中国编年史(1949.10—2004.10)[M].北京:人民出版社,2007:91.

❷王海光.从政治控制到社会控制:中国城乡二元户籍制度的建立—对中国当代户籍制度的历史渊源和形成建立过程的考察[M]//韩钢,王海光.中国当代史研究(二)北京:九州出版社,2011:3-48.

入有所提高，生活开始逐渐改善。这期间，城市收入水平的提高快于农村，两者的差距拉大。●另外，农村的土地改革在1952年年底已经基本完成，客观上也为农村出现更多的剩余劳动力准备了条件。在上述两个方面因素的作用下，城市的吸引力进一步增强，大量农村人口不断涌入城市，对当时的城市就业形成较大压力。为此，政府开始陆续出台一些政策文件，对农村人口进入城市进行干预。

1952年7月，政务院就解决失业问题召开专门会议进行研究，会议确定了由劳动部门"统一介绍就业"的政策。尽管这一政策当时是针对城镇失业人员提出的，但已呈现出将招工用工事宜纳入"政府事项"的倾向，这种倾向在其后几年逐渐演变为劳动用工的国家"计划化"，并与计划经济体制的建立相辅相成，成为计划经济的重要组成部分。

农民向城市的迁徙不断出现新的高潮，到1957年时，城镇人口与1952年相比有了大幅增长。1957年的城镇人口为9949万人，比1952年增加了2786万人，其中1956年和1957两年的增加人数就达到了1664万人，占5年内增加总人数的60%。面对城镇人口压力增大的局面和国家计划经济体制渐趋成形的制度环境，国家对人口向城市流入的控制也不断加强，1956年年底至1958年年初，国务院连续4次发出"防止、制止农村人口盲目外流"的指示。1957年9月国务院《关于防止农民盲目流入城市的通知》中规定，对盲目进城的农民应采取随到随遣（返）的办法，同年12月，在国务院发布的《关于各单位从农村中招用临时工的暂行规定》中规定，企业、事业、机关、团体、学校等单位需用的临时工，必须贯彻先城市、后农村的原则，尽量使用城市剩余劳动力，少从农村招工。需要从农村招用临时工的，必须经省级人民委员会批准，由劳动部门统一布置，并在县乡人民委员会指导下，才能与农业合作社协商招用，各单位一律不得私自从农村招工和私自录用盲目流入城市的农民。同月，在内务部下达的《中共中央、国务院关于制止农村人口盲目外流的指示》中，提出了"本地的乡政府和合作社不得

❶王海光.从政治控制到社会控制：中国城乡二元户籍制度的建立——对中国当代户籍制度的历史渊源和形成建立过程的考察[M]//王海光.中国当代史研究（二）.北京：九州出版社，2011：19.

给外流人员随便开发证明信件"的明确规定。[1]正是在这些连续发出的政令规范下，进了城的要被送回原籍，在农村的出不来，劳动用工又首先考虑城市群体，农民向城市的迁徙之门一步步收窄，直到1958年城乡分割户籍管理制度的出台，中国乡城自由迁徙的大门被完全关闭。

（二）城乡壁垒的制度构建与功能配套

在城乡人口自由迁徙之门逐渐关闭的过程中，一整套相应的制度也逐渐完成了体系构建和功能配套。其中，统购统销制度、城乡分割的户籍制度和计划招工制度是三大关键制度安排，这三大制度分别从口粮供应、身份证明和就业谋生三个方面，构筑起城乡之间不可逾越的制度壁垒。在这三项制度安排中，由于统购统销制度和计划招工制度是在不同历史时期逐渐加载到户籍制度之上的，所以，了解自1949年至城乡壁垒形成期间户籍制度及其功能的演变过程，就成为理解中国城乡二元结构的形成以及对城市化影响的关键。从这个意义上说，城乡分割户籍制度的建立，是我国改革开放前与城市化关系最为紧密的制度安排。

中华人民共和国成立后的户籍管理制度是从城市开始建立的。中华人民共和国成立初期，与农村相对简单的情况不同，城市面临极为复杂的情况，政府急需摸清城市人口的基本情况，所以当时主要是出于社会治安管理等巩固政权方面的需要，中央政府开始在城市建立户籍制度。1951年7月经政务院批准，公安部颁布实施了《城市户口管理暂行条例》（以下简称《条例》），《条例》规定城市一律实行户口登记，1954年12月内务部、公安部、国家统计局发出联合通知，要求在农村建立户口登记制度，1955年6月国务院发布《建立经常户口登记制度》的指示，对人口的出生、死亡、迁入、迁出等变动登记做了明确规定。至此，尽管当时城市中确也面临大量农村人口涌入造成的各种压力，政府也不断采取各种劝导措施，说服农村迁入人口返回农村，但从制度层面并没有限制居民的迁徙自由。

城乡人口迁徙制度层面的转折是由建立统购统销制度开始的。尽管1953年

---

❶王海光.从政治控制到社会控制:中国城乡二元户籍制度的建立——对中国当代户籍制度的历史渊源和形成建立过程的考察[M]//王海光.中国当代史研究(二).北京:九州出版社,2011:40.

12月中共中央政治局就通过了实行统购统销的决议，并于当年年底在全国农村开始推行粮食统购，但真正在城市中实行粮食统销，则是在1955年8月国务院发布《农村粮食统购统销暂行办法》和《市镇粮食定量供应暂行办法》（以下简称《暂行办法》）两个文件之后的当年11月。文件规定，城镇户口实行按人定量供应粮食的办法，农民吃粮自行解决，为使"在城市中实行粮食按人定量供应"可操作，当年11月国务院颁发了《关于城乡划分标准的规定》，确定将"农业人口"和"非农业人口"作为人口统计指标。《暂行办法》和《关于城乡划分标准的规定》的出台，第一次在制度层面将民生第一大需要——口粮，与户籍联系了起来，并第一次赋予城镇和农村不同户籍身份以不同"待遇"，而这一切的前提则是在制度上将人划分为"农业人口"和"非农业人口"。当然，这时还并未从制度层面堵死从农村户籍转为城市户籍的通道。

最终阻断乡城迁徙自由的关键制度是1958年1月出台的《中华人民共和国户口登记条例》（以下简称《条例》）。《条例》第10条规定，公民由农村迁往城市，必须持有城市劳动部门的录用证明，学校的录取证明，或者城市户口登记机关准予迁入的证明，并向常住地户口登记机关申请办理迁出手续。"《条例》的出台正式确立了户口迁移审批制度和凭证落户制度，并以法规的形式限制农村人口迁往城市，实质上从法律上剥夺了农民的居住和迁徙自由权"。❶至此，我国在计划经济体制逐渐形成的历史过程中，人口迁徙管理制度也完成了与计划体制衔接的重大制度调整，实现了对城乡人口迁移的绝对管控。这部《条例》奠定了我国后来户籍管理制度的基础，成为此后近30年间我国人口流动管理的基本依据。

与通过户籍对城乡人口迁移进行管控的制度构建相向而行的另一制度构建是，城市就业制度日益向"政府管控"而非企业或机构自主决策的方向演变。在建立计划体制的总体思路框架下，从1952年确定由劳动部门"统一介绍就业"的政策开始，城市就业一步步走上了完全由国家劳动部门管控，并且遵循城市居民就业先于农民进城就业的就业安置顺序来操作和实施的道路。

同时，由于统购统销制度的实施，原本活跃在城市农副产品交易市场上的大批小商小贩也没有了合法存在的空间，非正规部门就业也基本消失殆尽。对于农

---

❶齐鹏飞,杨凤城.当代中国编年史(1949.10—2004.10)[M].北京:人民出版社,2007:186.

民来说，要想在城市正规部门就业的机会微乎其微，而在城市非正规部门就业又不具合法性，农民在城市中无法谋生，这就从经济上阻断了农民进入城市的通道。

中华人民共和国成立之后至1957年期间，我国的社会保障制度也逐渐建立起来。由于这些社会保障制度的主要保障对象是城市中有"单位"的人，农民是不被包括在内的。因此，更加深了城乡间的制度沟壑和不平等性。从1950年开始，国家陆续颁布了《革命工作人员伤亡褒恤暂行条例》《中华人民共和国劳动保险条例》等多项法律法规。至1957年年底，社会保障制度基本形成，城市中凡是有"单位"的人，都被纳入到社会保障体系，而除了针对特定群体，如"五保户"等外，广大农民并没有被纳入社会保障的范围，特别是养老和医疗这样的普惠型基本社会保障项的缺失，使得农民身份与城市"单位人"身份在待遇的"含金量"方面大为不同，更不用说城市中各种公共服务的水平远高于农村所造成的不平等。城乡二元的社会结构就此形成并在其后不断被强化。

正是上述多重维度的制度构建，形成了独具特色的乡城人口流动的管理制约机制，其在相当长的历史时期发挥着中国城市化历史进程刚性约束的功效。"乡城人口流动的管理制度与统包统配的劳动就业制度、城镇居民生活必需品计划供应制度、城市居民系列福利制度四位一体，高度协同，不仅严格禁止了农村人口自发流入城市，同时也保证了国家经济发展计划对人口流动行为的强有力制约。"[1]这种制度体系一直延续至改革开放前。改革开放后，与计划经济体制的逐渐破除同步，乡城人口自由迁徙之门开始重启，中国的城市化进入到一个全新的历史阶段。

四、乡城自由迁徙之门重启及其一系列重要制度变革

自1978年国家走上改革开放道路以来，随着计划经济体制向市场经济体制的转型，我国的人口流动管理制度逐渐松动，乡城自由迁徙的封闭之门不断出现

---

[1] 刘传江.当代中国乡城人口流动的中间障碍因素分析[M]//魏津生,盛朗,陶鹰.中国流动人口研究.北京:人民出版社,2002:38.

制度缝隙。重新归还农民自由迁徙权的制度变革，是从对关闭这一大门时所推行的相关制度进行改革开始的。

第一，自1985年取消统购统销制度开始，至1993年取消粮票，城市中的农副产品供应逐渐走向市场调节，这就为农村人口进城的口粮供应提供了解决办法。

第二，城市就业由"国家统包"的制度逐渐出现松动。

1980年全国劳动就业工作会议召开，会议转发了《进一步做好城镇劳动就业工作》的文件。从此次会议开始，城市就业国家"统包统配"的制度开始松动。会议文件提出，要"在国家统筹规划和指导下，实行劳动部门介绍就业、自愿组织起来就业和自谋职业相结合"的方针，企业可根据生产需要增减劳动力，劳动者也可以自主选择工作，并提出要鼓励和扶持个体经济和一切守法的个体劳动者。虽然这是针对当时解决大批知青回城就业安置以及城镇本身新增劳动力安置问题而做出的制度安排，但其打破了已实行几十年的劳动力全部由国家包下来，工作全部由国家分配的计划用工制度，并允许自谋职业和承认个体经营的合法地位，这对后来大量农村人口进入城市就业以及大量农村人口在城市的"非正规就业"打开了制度"口子"。再结合城市经济体制改革，从那些非公有制企业开始，企业的自主用工权从无到有不断扩大。

同时，国家对农民进城自谋生路的就业形式采取了宽容和鼓励的态度，1985年中共中央"1号文件"提出要在各级政府统一管理下，允许农民进城开店设坊，兴办服务业，提供各种劳务，城市要在用地和服务设施方面提供便利条件。这样一来，虽然20世纪90年代许多城市在招工中仍然把"本市户籍"作为录用门槛，但城市中现实存在的对传统服务业的大量需求，使大量农民进城从事这类传统服务业成为可能，这些领域也就成为了大量吸纳城市化人口的重要就业领域。市场化取向的国家经济体制改革以及其劳动就业制度的建立，是还农民乡城迁徙自由的重要制度建设。

第三，代表"身份"的户籍制度的松动与改革。

相比城市生活必需品供应制度和就业制度较快向农民敞开大门，户籍方面的改革起步在后，且受多方掣肘进展较慢。1984年10月，国务院发出《关于农民进入集镇落户问题的通知》，《通知》规定，农民可以自理口粮进集镇落户，并同集镇居民享有同等权利，履行同等义务，户籍严控制度开始松动。1985年7月，公安部《关于城镇暂住人口管理的暂行规定》出台，其中规定对外来开店、办厂、从事建筑安装、联营运输、服务行业的暂住时间较长的人，经一定手续后，可发给《寄住证》，这标志着对农民进城就业给予了合法身份认定。同年9月，居民身份证制度颁布实施。居民身份证制度是一种"一人一证"的身份证明制度，这一制度的实施打破了原来身份证明依靠"一户一册"的户口本进行登记管理的制度，是一种有利于人口流动的人口管理制度。

2001年3月颁布了《国务院批转公安部关于推进小城镇户籍管理制度改革意见的通知》，规定对办理小城镇常住户口不再实行计划指标管理，这标志着小城镇户籍制度改革的全面推进。2012年2月，国务院办公厅发布《关于积极稳妥推进户籍管理制度改革的通知》，提出要引导非农产业和农村人口有序向中小城市和建制镇转移，逐步满足符合条件农村人口的落户需求，逐步实现城乡基本公共服务均等化。这个文件的突破点和意义在于从"不再实行计划指标管理"的"取消管控"型的管理思路向"引导农村人口向中小城市和建制镇转移"的积极鼓励型管理思路的转变，这表明政府对农村人口进入城市的基本态度发生了重大变化。

2013年11月，《中共中央关于全面深化改革若干重大问题的决定》（以下简称《决定》）提出要"创新人口管理，加快户籍制度改革，全面放开建制镇和小城市落户限制，有序放开中等城市落户限制，合理确定大城市落户条件，严格控制特大城市人口规模。"作为对《决定》的具体落实，国务院《关于进一步推进户籍制度改革的意见》（以下简称《意见》）于2014年7月正式发布。《意见》提出了全面放开建制镇和小城市的落户限制、有序放开中等城市落户限制、合理确定大城市落户条件、严格控制特大城市人口规模的户口迁移政策；建立统一的户口登记制度和居住证制度；保障农业转移人口的合法权益，扩大义务教育、就业服务、基本养老、基本医疗卫生、住房保障等城镇基本公共服务覆盖面。《意见》的破冰之举不仅在于进一步明确了不同规模城市的人口迁移户籍政策，更体现在为彻底消弥城乡二元结构，提出建立统一的户口登记制度和居住证制度，并且提出将城市的"户籍福利"向非城市户籍人口延伸，为进城农村人口在享有与城市居民同等公共服务方面，提出了制度层面的改进目标和方向。

第四节　土地管理法和分税制改革背景下的地方政府行为及其对城市化的影响

一、土地管理法的颁布及其对城市化的影响

1986年颁布了《中华人民共和国土地管理法》，后该法进行过3次修改。1988年进行了第一次修改，修改以1986年4月人大通过的《宪法修正案》中"土地使用权可以依照法律的规定转让"的条款为依据，对土地管理法做出"国有土地和集体所有土地使用权可以依法转让；国家依法实行国有土地有偿使用制度"的修改规定；1998年进行了第二次修改，进一步明确规定了"国家依法实行国有土地有偿使用制度"；2004年进行了第三次修改，这次修改也是以2004年3月通过的《宪法修正案》中"国家为了公共利益的需要，可以依照法律规定对土地实行征收或者征用并给予补偿"的条款为依据，对土地管理法做出"国家为了公共利益的需要，可以依法对土地实行征收或者征用并给予补偿"的修改规定。

自20世纪50年代初期以来，我国经济与社会的管理体制都是沿着计划经济的方向和要求构建和运行的，各企业单位、机关、部队、学校等有土地使用需求的机构，只要经政府批准即可无偿使用土地。1988年的土地管理法修改第一次确立了国有土地和集体所有土地使用权可以依法转让，这标志着国有土地有偿使用制度的确立。从这个意义上讲，1988年的修改是三次修改中最具革命性的一次，并成为土地使用权市场建立的制度基础。

土地有偿使用制度的确立，为地方政府推动城市化注入了强大动力，并形成了以土地批租为主要形式的地方土地财政模式，尽管后来的土地有偿使用形式出现了招、拍、挂等出让形式上的变化，但土地财政的总基调没有改变。"据刘守英和蒋省三（2005）对东部发达地区两市一县的调查，土地出让金收入占到预算外收入的58%—69.3%，从土地上产生的收入占地方财政收入1/2以上。"[1]

---

[1] 吴群,李永乐.财政分权、地方政府竞争与土地财政[J].财贸经济,2010(7):51-59.

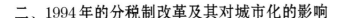

二、1994年的分税制改革及其对城市化的影响

我国财政管理体制的改革也是城市化进程的重要影响因素。我国的财政管理体制历经了高度统收统支体制（1950—1952年）、统一领导分级管理体制（1953—1979年）、分级包干（分"灶"吃饭）体制（1980—1993年）和分税制体制（1994年以后）的制度演替。

总体来看，财政管理体制在改革开放前是以与计划经济体制相配套的思路来进行的财政制度配置。中华人民共和国成立初期，我国曾实行统收统支的财政制度，即地方组织的一切收入全部上缴中央，地方所需支出由中央拨付的预算管理体制。这是一种高度集中的财政管理体制，虽然有利于当时集中有限财力"办大事"，对巩固新生政权确实起到了重要作用。但由于严格的"收支两条线"，地方财政收支完全由中央统一安排，地方收支不挂钩，不利于调动地方政府的积极性。1953年开始实施中央、省（市）和县三级财政管理体制，虽然统一领导、分级管理相较统收统支来讲，地方政府获得了一定的地方固定收入和固定比例分成收入的支配权，但仍然是十分有限的，特别是由于整体上的计划体制性质，地方政府发展地方经济的可为空间依然非常有限。

1980年开始实行的分级包干体制，是改革开放后遵循"简政放权、让利放权"的改革总基调，在中央与地方财政分配基本制度方面进行的改革探索，其主要的改革思路是在中央和地方之间清楚划定"分灶"界线，即"按经济管理体制的隶属关系，明确划分中央和地方财政的收支范围，收入实行分类分成，支出按隶属关系划分"。❶这一财政体制实际上就是中央对地方的分权体制，这种体制对地方的经济增长有明显的推动作用，其基本机制就是基于财政分权的区域竞争。在这种体制下，地方政府一方面可以获得超包干基数的财政收入，另一方面还可以通过乡镇企业上缴利润的形式获得预算外收入，所以有极大的动力去兴办乡镇企业。❷然而，这一财政体制改革举措的推出，却使得中央财政收入在总财政收

❶上海财经大学课题组.中国经济发展史（1949—2005）（上）[M].上海：上海财经大学出版社,2007.:844.

❷孙秀林,周飞舟.土地财政与分税制：一个实证解释[J].中国社会科学,2013(4):40-59.

入中的比重明显下降，由1979年的46.8%下降到1993年的31.6%，而在此期间中央财政支出占总财政支出的比重始终大于收入比重。❶

为了缓解中央财政紧张的困境，1994年中央政府推出了以税种划分为基础的"分税制"财政体制改革新举措。分税制将所有税种划分为中央税、地方税和中央与地方共享税，并明确了中央和地方固定收入的税种涵盖范围及共享税的税种及分成比例。分税制极大地改变了中央和地方政府的财权分配格局，中央财政预算收入比例大幅提高，地方财政预算收入比例下降明显，地方政府财政压力加大。为了提高地方财政收入，地方政府往往将经济发展的重心放在第二和第三产业方面，这是因为相比第一产业而言，第二和第三产业对地方经济的贡献要大得多，又由于城市土地存量的交易成本较高而且数量有限，而扩大城市土地增量则不仅能够为更多地"招商引资"提供发展空间，而且土地出让还可以为地方财政带来可观收益，所以城市的扩张和外延就成为近年来各地方政府的普遍行为模式。"分税制及税收调整导致地方政府追求财源行为变化，预算内收入重心逐步转向地方独享税，预算外收入则以追求土地出让金为主，原因就是实行分税制后，土地出让金作为地方财政的固定收入全部划归地方所有。近年来，土地出让收入占地方财政收入的比重大幅提高，由1999年的9.19%提高到2007年的51.83%，平均每年提高5.33个百分点，绝对数值由1999年的514.33亿元增加到2007年的12216.72亿元，是1999年的23.75倍"。❷

以上分析说明，土地管理法和分税制改革在特定历史时期的耦合，形成了中国城市化进程中地方政府强劲发力的独特现象，并成为推动中国城市化在世纪之交及其之后持续发展的重要推手之一。

第五节　工业化和非农产业发展进程及其对城市化的拉动作用

按照城市化的普遍规律，工业化应当是城市化的动力源，虽然经过以上各节分析看到，制度因素对我的城市化发展确实有重要作用，但工业化仍然是城市

❶吴群、李永乐.财政分权、地方政府竞争与土地财政[J].财贸经济,2010(7):51-59.
❷吴群、李永乐.财政分权、地方政府竞争与土地财政[J].财贸经济,2010(7):51-59.

化的根本影响因素。因为工业等非农产业发展对劳动力的需求，才是推动城市化的根本动力。前面几节所述及的，我国在特定历史时期的某些抑制乡城人口流动的制度安排，究其根本原因，还是在于当时国家工业化对城市化的拉力不足。所以，回顾中华人民共和国成立以来工业化和非农产业发展的历史过程，对于理解我国城市化历史面貌的形成原因，依旧是一个非常重要的维度。

自1949年中华人民共和国成立以来，除1949—1952年为国民经济恢复期、1963—1965年为国民经济调整期外，其余年份我国均编制实施了五年计划或五年规划，迄今已实行了12个五年规（计）划，2015年是第12个五年规划的收官之年。

一、中华人民共和国成立至改革开放前的工业化进程及其对城市化的拉动作用

（一）实现工业化和以发展重工业为中心发展方针的确定

中华人民共和国成立后，经过3年的经济恢复期，全国整体经济形势明显向好，工农业产品的生产能力显著增强，主要工农业产品产量都较1949年有大幅提高，并达到历史最好水平。1952年与1949年工、农业生产情况对比见表2-7。

表2-7　1952年与1949年工、农业生产情况比较

产品	1952年产量	1949年产量=100	最高产量年份=100
粮食	16392（万吨）	144.8	109.3
棉花	130.4（万吨）	239.7	153.6
油料	41.3（万吨）	163.5	69.1
甘蔗	711.6（万吨）	269.3	125.9
电力	73（亿度）	169.8	121.9
原煤	0.66（亿吨）	206.3	102.7
生铁	193（万吨）	772.0	105.5
钢	135（万吨）	854.4	146.1
机床	1.37（万台）	856.5	254.8
棉布	38.3（亿米）	202.6	198.3

资料来源：上海财经大学课题组.中国经济发展史（1949—2005）（上）[M].上海：上海财经大学出版社，2007：21-22.

在这一良好发展开端的基础上，1953年中国共产党提出了过渡时期总路线，明确提出要"逐步实现国家工业化"的主张，同时着手加快制定第一个五年计划。第一个五年计划是新中国大规模有计划建设的开端，该计划的执行年份是1953—1957年，编制年份始于1951年，后经多次反复修改补充，于1955年2月完成，7月提交第一届人大二次会议审议通过。计划提出了以发展重工业为中心的国民经济发展方针，并提出了工业总产值年均增长近14.7%的高增长目标。以发展重工业为中心的发展方针在基本建设投资中得到充分体现，在第一个五年计划时期，全国经济、文化教育建设的总投资中，基本建设投资占55.8%，在基本建设投资中，工业基本建设投资占58.2%，工业基本建设投资中的88.8%用于重工业基本建设。"一五"计划以建立中华人民共和国社会主义工业化和国防现代化的初步基础作为最为重要的建设任务，将主要力量集中在苏联帮助我国设计的156个建设项目和由限额以上的694个大中型建设项目组成的重点工业建设项目上。

至1957年，第一个五年计划制定的主要目标大都大幅度超额完成，主要工业产品的产量也都有大幅度提高，发电量达到193.4亿度，原煤产量1.3亿吨，钢535万吨，分别比1952年增长了164.9%、97%和296.3%，至此，我国初步建立起了国家工业化的基础。以重工业为发展重心的发展方针也使产业结构发生了重大变化，重工业在工业产值中的比重从1952年的26.4%上升到1957年的45%。"一五"期间还在中西部地区初步形成了一批新兴工业基地，以这些新兴工业基地为依托，一批中西部城市获得较快发展，成为日后中西部地区城市化的重要"节点"。

这期间人民生活也获得了明显改善，城乡居民消费水平显著提高。与1952年相比，1956年农业居民的平均消费水平从62元提高到78元，非农业居民的平均消费水平从148元提高到197元。虽然由于城乡生活方式不同，消费水平的差距并不能直接说明二者生活水平的差距，但显见的是，乡城之间的差距在这期间扩大了，从1：2.39扩大到1：2.53，这说明这一时期城市生活水平的提高快于农村，其结果则使当时的城市对农村人口形成了有力的"拉力"。

（二）"大跃进"运动与后续的经济调整

从1957年年底开始提出，到1958年5月中国共产党八大二次会议通过了

"鼓足干劲，力争上游，多快好省地建设社会主义"的总路线，一时间，全民大炼钢铁和以"一大二公"为特征的人民公社化运动在全国迅速掀起高潮。在这种形势下，1958年钢产量达到了1108万吨，比1957年增加了107%，但是由于这一产量是在各种土法炼制中完成的，所以其中有相当比例的钢并不合格。1958年的工业总产值比上年猛增54.8%，基本建设投资猛增87.7%，全国职工人数增加2千万人，总数比上年猛增近80%，达到4532万人。但是农业发展势头缓慢，由于大量农村劳动力被招务工，而农村的机械化程度并没有提升，造成农业劳力不足，1958年的农业总产值只比上年增长2.4%，[1]这与工业、基本建设投资和钢产量的大幅增长形成巨大反差。

由于经济的超常规发展，导致国民经济比例失调，农业与工业之间、工业与交通运输业之间、工业内部等，都出现了比例失调的问题。后虽然经过短暂的调整，但1959年夏庐山会议后国民经济又受到严重挫折。加上三年困难时期和中苏关系的恶化，国民经济在1959年至1961年发生严重困难。工农业比例，从1957年到1960年由5.7∶4.3变为8∶2；农业生产逐年下降，1959年粮食产量降为3400亿斤，1960年又降为2870亿斤，只相当于1951年的水平。[2]

在这种情况下，第二个五年计划已经不能按计划实施，1963—1965年国民经济进入调整期。虽然调整成效显著，国民经济全面好转，但紧接着1966年开始了"文化大革命"，国民经济发展又陷入了非正常状态。

从城市化角度解读这段历史可以看到，正是20世纪50年代后期的超常规发展，极大地拉动了城市的就业需求，造成了1956—1960年这一时段城市化的跳跃式发展，而其后的国民经济调整，其中的一项重要措施就是大力精简城镇职工和人口，要求"3年内减少城镇人口2000万以上"[3]，这正是1961—1965年城市化率呈现显著负增长现象的原因。"文化大革命"期间，千千万万的知识青年加入上山下乡的行列，大量城镇人口由城镇迁往农村，这解释了我国自1961—1975年，以5年为一个周期计的城市化率负增长现象（见前文表2-1、2-3和图2-1、2-2）的成因。真正有意义的转变始于1978年的改革开放。

[1] 齐鹏飞，杨凤城.当代中国编年史（1949.10—2004.10）[M].北京:人民出版社,2007(193)

[2] 王玉贵，朱蓉蓉.中国当代史教程[M].北京:群言出版社,2007:178.

[3] 上海财经大学编题组.中国经济了展史（1949—2005）（上）[M].上海:上海财经大学出版社,2007:57.

二、改革开放后非农产业发展对城市化的拉动作用

1978年改革开放以来，我国的非农产业发展迅速，不仅第二产业和第三产业生产总值大幅增长，就业结构也发生了巨大变化（见图2-3）。

图2-3显示出我国自改革开放至今，就业结构已经发生了反转性变化。原来位于第一位的就业领域是农业，35年来农业吸纳就业比例快速下滑，2014年已经下降到略低于第二产业的水平，成为三次产业中吸纳就业最少的产业部门；第二产业就业比例虽然不如第三产业上升得快，但也已从低于20%上升到29.9%；第三产业的就业比例呈现大幅上升的态势，从改革开放时的略高于10%大幅上升到40.6%，成为我国第一大就业领域。这种趋势在接下来的2015年又有了进一步的发展。具体来讲，我国三次产业的就业结构已经从1978年的70.5∶17.3∶12.2转变为2015年的28.3∶29.3∶42.4。如果再考虑到在城乡大量存在于传统生活服务业中未被统计到的非正规就业因素，事实上第三产业的就业比例可能还要更高一些。

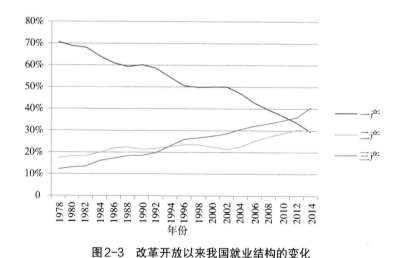

图2-3 改革开放以来我国就业结构的变化

资料来源：国家统计局.中国统计年鉴（2015年）[M].北京：中国统计出版社，2015.

以上事实说明，改革开放以来在以产业发展促进城市化的进程中，第三产业的贡献要大于第二产业。这主要是由于一方面虽然第三产业内部情况差异较大，

但大量传统生活服务业等劳动密集型产业的存在，使第三产业的就业弹性要高于第二产业；另一方面，我国是一个人口大国，2015年第二产业就业人数已达2.27亿人，这一规模早已远远超越了历史上任何一个工业化国家崛起为世界工业强国和成为"世界工厂"时的工业就业人数。事实上，我国第二产业的就业人口自2012年达到历史高点的23241万人以后，就出现了下降趋势，2013年为23170万人，比上年减少了71万人，2014年继续下降到23099万人，比上年又减少了71万人，2015年更是大幅下降至22693万人，一年减少了406万人。也就是说，尽管工业化发展到今天，工业品无论从数量上还是从使用广度上，都较历史时期大为提高，但相对于今天的工业品国际竞争态势和中国的就业人口规模来说，世界工业品市场仍然是有限的，而技术进步又使制造业对劳动力的需求不断下降。由此看来，中国城市化的主要拉动力量，不仅在前一个时期主要依靠了第三产业，可以预见，这种态势在未来还将持续，中国未来的城市化水平仍将在第三产业的推动下不断提高。

第六节　中国快速城市化的动力机制与耦合效应

一、中国城市化演进多重视角的解释框架

以上各节分别从中华人民共和国成立以来的城市化轨迹和对城市化产生影响的制度因素，以及中国经济发展，特别是工业化和非农产业的发展等方面，对中国的城市化历史过程进行了史实回顾和原因分析。其中对中国城市化历史事实的描述是从两个角度进行的，一个角度是城市化率变化的历史轨迹，另一个角度是城市人口规模的变化。对影响城市化进程制度因素的分析主要提取了三个方面的制度，其一是经济制度及其变革，其二是人口迁徙与户籍管理制度，其三是土地管理制度和分税制度。通过这些角度的分析，力图为中国城市化演进提供一个多重视角的解释（见图2-4）。

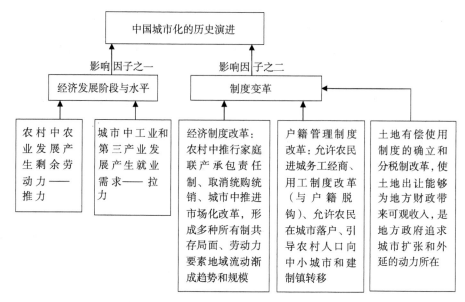

图2-4 改革开放以来中国城市化演进多重视角的解释框架

图2-4将中国城市化历史进程的两大主要影响因素经济发展阶段与水平和制度变革放在一张图内，形成了对改革开放以来中国城市化历史进程的解释框架。这一框架也是对本章前述几节内容的再提炼。如图2-4所示，作为影响中国城市化历史进程的因素之一，经济发展阶段与水平对城市化的影响分别来自农村和城市两个方面，所形成的影响效果分别是农村中形成了对农村人口的"推力"和城市中对就业产生的新需求，即"拉力"。作为影响中国城市化历史进程的另一因素，制度变革因素的影响主要来自三个方面，分别是经济制度、户籍管理制度和土地有偿使用制度与分税制的改革。

二、中国快速城市化的动力机制

经典的城市化理论认为，城市化的动力机制在于推力和拉力，而产生推力与拉力的原动力在于当经济发展进入到工业化阶段后，工业化生产组织形式所产生的、对人类生产生活聚落的空间形式由分散走向集中的需要，以及农业劳动生产

率提高后所释放出的多余劳动能力。作为这种"多余劳动能力"的承载个体，农村中出现了大量的剩余劳动力。正是这种"需要"与"可能"的有机结合，成就了席卷全球的城市化浪潮。

认识和解释中国城市化的历史演进过程，需要把握以下两个要点：第一个要点是中国的城市化历史过程就其大的趋势和演进的历史轨迹来讲，与经典的城市化推拉力动力机制理论是相吻合的。第二个要点是作为制度转型国家，制度及其变革因素对中国的城市化历史演进发挥着重要的影响力。

（一）中国的城市化历史过程与城市化推拉力动力机制理论相吻合

中国的城市化历史过程就其大的趋势和演进的历史轨迹来讲，与经典的城市化推拉力动力机制理论相吻合。从中华人民共和国成立以来城市化演进的历史轨迹看，农村与城市的经济发展大势（农村的推力和城市的拉力）决定了我国城市化大的发展趋势与方向和重要的历史转折点，制度改革红利或制度约束则从两个方面对其发挥着影响力，其中一个方面是通过制度改革或制度约束影响经济发展的进程，进而对城市化产生影响，这一作用机制是间接的；另一个方面是运用制度改革或制度约束直接对城市化进程产生影响，这一作用机制是直接的。另外，这中间不能忽视的一点是，即使是通过直接作用机制对城市化产生影响的情况，其制定相应制度与公共政策的依据往往也依然是经济社会发展的现实需要。在这个意义上可以理解为经济发展，特别是工业化、非农产业发展及农业劳动生产率提高的历史进程，是城市化发展进程的决定性因素，而制度改革或制度约束则加剧了发展大趋势的变动幅度或成就了那些叠加在发展大趋势之上的小波动，并左右了事件发生的具体年份节点。

从推力来看，中华人民共和国成立以后，农村先后经历了两次大的生产力解放，一次是中华人民共和国成立初期进行的土地改革，使"耕者有其田"成为现实，另一次是改革开放初期在农村推行的家庭联产承包责任制。这两次制度变革都极大地激发了农民的劳动积极性，促进了农业劳动生产率的提高，其分别是形成20世纪50年代前期和80年代中期之后城市化巨大推力的重要原始动力。从拉力看，中华人民共和国成立以来城市经济也分别经历了两次快速增长发展期，第一次发生于20世纪50年代，特别是50年代后期，另一次发端于20世纪80年代中期之后持续的城市经济制度市场化改革。虽然"大跃进"存在巨大泡沫，但工业特别是钢铁工业及基本建设投资的大幅增长，确实产生了大幅超乎往年的城市用工需求，这对农村劳动力形成了巨大的拉力，导致20世纪50年代后期城市化增幅出现了一个短暂的高峰期。改革开放后的这次城市化快速发展期之所以持续时间长，最根本的原因在于城市非农经济的持续壮大，保证了城市对农村劳动力的拉力得以持续。

（二）作为处于制度转型期的国家，制度变革因素对中国的城市化历史演进轨迹产生了重要影响

作为制度转型国家，制度及其变革因素对中国的城市化历史演进发挥着重要的影响力。除了城市化的一般规律之外，还需要强调的一点是，对处于制度转型期的国家而言，制度改革红利对城市化的促进作用尤为显著。这是因为，在制度转型之前，这类国家城市化的发展往往由于制度性的约束而偏离了应有的发展轨道，制度变革更多地是对原有的那些阻碍性、约束性制度的"纠偏"，其所产生的影响往往具有释放潜力的功效。从这个意义上讲，制度因素在转型国家的发展中往往扮演着更为重要的角色，发挥着更为重要的影响力，甚至在某些特定的历史时期成为具有决定性作用的影响因素。因此，处于转型期的国家，其发展的轨迹往往与制度变革存在密切关联。中国的城市化历史演进轨迹就具有这样的特征，如前所述，中国的城市化存在着剧烈的跌宕起伏和明显的阶梯状特征，其与制度变革的关联性尤为显著。

从中国城市化的历史演进轨迹可以清楚看到制度约束对城市化的强力制约，也可以清楚看到制度变革对城市化的巨大促进。图2-4勾勒出了影响中国城市化演进的三大制度因素，分别是经济制度、户籍管理制度和土地与税收制度。

市场经济方向的改革对城市化产生了积极的促进作用，其促进机制是农村中推行家庭联产承包责任制极大地提高了农民的生产积极性，农业劳动生产力大幅提高，农村产生更多剩余劳动力；允许农民进城务工经商、取消统购统销制度，为农民进城谋生打开制度大门；城市中推进市场化改革，形成多种所有制共存局面，城市中对低成本农民工产生巨大需求，劳动力要素地域流动渐成趋势和规模，城市就业岗位快速增加，吸引大量农村人口进城务工。

中华人民共和国成立以来户籍管理制度的两次巨变对城市化都产生了巨大的影响。一次是1958年出台的《中华人民共和国户口登记条例》，其中规定公民由农村迁往城市，必须持有城市劳动部门的录用证明，学校的录取证明，或者城市户口登记机关准予迁入的证明，并向常住地户口登记机关申请办理迁出手续。这一刚性规定在城乡间设置了难以逾越的鸿沟，是造成此后近30年城市化停滞倒退最为直接的原因。这种情况被下一次的户籍管理制度大变革所打破。20世纪80年代中期，户籍改革重大政策相继出台，1984年国务院印发《关于农民进入集镇落户问题的通知》，农民可以自理口粮进入集镇落户，并同集镇居民享有同等权利，履行同等义务，城镇户籍严控制度开始松动，1985年公安部《关于城镇暂住人口管理的暂行规定》出台，对农民进城就业给予合法身份认定。正是这一重大户籍制度改革，重新打开了中国乡城人口流动的闸门，是中国持续至今的城市化浪潮的直接推动因素。

如果说以上两个方面的制度变革就其作用机制来说，更多的是通过为个体"松绑"或为个体提供条件所带来的制度红利来促进城市化，那么土地有偿使用制度的确立和分税制改革，则是通过制度变革为地方政府带来红利的机制，使地方政府产生了巨大的促进城市化的积极性。当然，这种积极性所衍生出的促进效应具有正反两面的效果，这也是需要给予正视的。

三、城市化多种影响因素耦合效应的启示

从以上对中国快速城市化历史演进过程的分析可以看到，在特定的经济社会发展水平大背景下，左右中国城市化的力量主要来自于经济社会发展的客观需要，以及公共政策的引导和约束。作为社会治理方的中央政府和地方政府，作为与城市化直接相关群体的农村人口和城市人口，以及作为劳动力需求方的企业或机构，这五个方面的互动与博弈，共同绘就了中国城市化演进的历史轨迹。

上述分析说明，中国城市化发展的历史过程，其演进是多重因素共同作用的

结果，其中的耦合效应显著。中华人民共和国成立以来，我国的经济制度与人口迁徙制度在不同的历史阶段曾发生巨大的变化，把这些变化叠加到中国城市化演进的历史进程中，可以强烈感受到其中的紧密关联性和相互交织后所带来的耦合效应，并成为对中国城市化过程强有力的解释因素。从一定意义上可以说，中国城市化几十年来的发展演进轨迹是上述各因素和各方力量互动的结果。

正确认识城市化的动力机制及其耦合效应，有利于避免陷入以下两个误区：

一个误区是认为城市化是经济社会发展的自然过程，不必对其进行干预；另一个误区是认为制度因素和政府的"手"几乎是万能的，城市化的趋势、速度等都是可以调节和控制的。这两种认识误区都不符合城市化发展的客观规律。前者忽视了制度因素和政府之"手"在城市化演进中的作用，自动放弃了对城市化的调控与引导，这对于像我国这样从农业人口大国起步迈向城市化的国家是存在风险的。因为农业人口基数过大，不进行任何干预的城市化极有可能产生过度城市化问题，这在世界上已经是有深刻教训和前车之鉴的。后者对城市化根本动力的认识发生了偏差，殊不知制度因素和政府之"手"只能顺势而为，无势而为、强行"进阶"，势必造成城市化进展与经济社会发展失衡或人口城市化与土地城市化失衡等一系列衍生问题，直接影响到城市化的发展质量。

以上两个误区的产生，根本原因就在于对城市化的多重影响因素及其耦合效应缺乏清醒与到位的认识。应当在正确认知城市化的影响因素与耦合机制的前提下，通过制定恰当的公共政策，理顺并协调好城市化过程中各方利益关系，并对城市化的进程与质量提升进行引导，才能更好地促进我国城市化的健康发展。

第三章

特大城市应对策略
——以北京人口急剧膨胀为例

进入快速城市化轨道后，特大型城市由于经济社会发展水平高，相比中小城市有更多就业机会，收入也处于较高水平，所以总是成为大量农村人口流入的首选城市，这种现象中外都是一样的。

快速城市化时期，特大型城市成为农村人口的主要流入地，这种情况使得这些城市的人口在短期内有远超常规的增长。这些流入特大型城市的城市化人口，在给这些城市的发展做出贡献的同时，也由于数量的迅速增长打破了原有城市内部各要素的平衡状态，而对这些特大型城市造成了巨大压力。这种压力主要表现为资源环境"过载"、城市基础设施和公共服务供给能力不能满足需要、城市秩序混乱和城市公共空间私搭乱建现象泛滥等。

快速城市化是现代化进程中必经的历史过程，特大型城市如何在这一过程中，既发挥好在国家城市化推进中重要的人口城市化承接作用，又通过不断的自我调整来适应人口的急速膨胀，将是我国这样一个人口大国在城市化过程中必须直面的挑战。

北京是国家首都和经济社会发展位于前列的超大型城市，近年来持续承受着人口急剧膨胀的巨大压力。本章对北京快速城市化时期人口膨胀的情况进行梳理，就其所导致的各种压力进行分析，并将北京与上海的情况进行对比分析，在此基础上提出了北京应对人口膨胀压力的思路和施政方向，最后，对北京的"大城市病"问题进行了讨论，并提出了治理思路与措施建议。

第一节　北京流动人口规模变化及其原因分析

一、改革开放以来北京的流动人口规模变化

改革开放以来，特别是自20世纪80年代中期全国乡城人口流动限制政策逐渐"松绑"的大背景下，北京的流动人口数量出现了快速、大规模的增长。常住外来人口从1978年的21.8万人，占当年全市常住人口2.5%，增长到2015年的822.6万人，占当年全市常住人口37.9%。37年间，北京的常住外来人口总量增加了801万人，占比增加了35.4个百分点，常住外来人口从一个几乎可以忽略不计的小众群体，变成为一个在全市人口中占比近40%的庞大群体。

虽然自改革开放以来，我国的乡城人口流动管治开始逐渐松动，与全国大趋势相同，北京开始承接大量流入人口也是自20世纪80年代中期开始的，进入90年代前中期，流动人口数量曾有一个明显的跃升，90年代中期后有一个小幅下降及稳定期，进入新旧世纪之交时，又出现了一个长达10年左右的持续快速增长期，直至2010年前后，增幅才有所回落，但仍保持了较高的增长。这种情况到2015年出现较大改变，这一年常住外来人口只比前一年增加了3.9万人。具体过程见图3-1。

由于在长达36年的时间跨度中使用了不同的人口统计方法，所以不排除存在一定的数据误差情况，但大的趋势和基本的人口规模变化情况仍然可以作为对北京流动人口规模变动进行分析的依据。

图3-1反映出如下几点内容：

第一，与全国情况相同，北京流动人口规模的显著增长是从1985年中央出台相关政策之后开始的。在这之前，北京的流动人口规模自20世纪50年代以来，除"大跃进"和其后几年的经济调整期外，基本都维持在十几万人至二十几万人的规模[1]，1978—1985年北京的流动人口与之前相比，并没有显著变化，

---

[1] 马小红,君德挺.当代北京人口(上)[M].北京:中国人民大学出版社,2014:148.

1986年北京的流动人口规模陡然出现成倍的增长，从1985年的23.1万人增加到56.8万人的高水平。

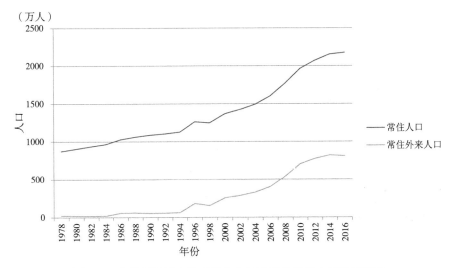

图3-1　改革开放以来北京常住人口及常住外来人口数量变化

资料来源：2014年及以前数据来源于北京市统计局，国家统计局北京调查总队.北京统计年鉴（2015年）[M].北京：中国统计出版社，2015；2016年数据来源于北京市统计局，国家统计局北京调查总队.北京市2016年国民经济和社会发展统计公报[EB/OL].（2017-02-25）[2017-05-25]. http://www.gov.cn/xinwen/2017-02/25/content-51708/0.hm#1.

注：1978—1981年为户籍统计数，含暂住人口；1982—1989年数据是根据1982年、1990年两次人口普查数据调整的；1990年以后数据为人口变动情况抽样调查推算数，其中1995年、2005年为1%人口抽样调查推算数；2000年为第五次人口普查快速汇总推算数；2010年为第六次人口普查推算数。2006—2009年常住人口数据又根据2010年人口普查数据进行了调整。

第二，1986年以来北京的流动人口数量并不是持续稳定增加的，将1978年改革开放至1985年这一时段算在内，将50万人以上人口规模作为"门槛"，并将流动人口的数量规模在50万~150万人之间、150万~250万人之间、250万~500万人之间和大于500万人四种情况分别用低位、中位、中高位和高位来表示，北京的流动人口数量变化大致经历了四个时期、四个拐点，其中第四个拐点出现于2014—2015年间。具体的时期和拐点情况详见表3-1。

表3-1 改革开放以来北京流动人口规模变化的阶段划分*

时段与拐点	流动人口规模变化阶段划分	变化范围**（万人）	变化幅度（万人）	年均增减（万人）
1978—1985年	前规模流入期（规模很小几乎可忽略不计）	16.8~26.5	9.7	1.4
1985—1986年	第一拐点——流动人口规模从很小跃升至低位	23.1~56.8	33.7	33.7
1986—1994年	低位平台期	53.8~63.2	9.4	1.2
1994—1995年	第二拐点——流动人口规模从低位跃升至中位	63.2~180.8	117.6	117.6
1995—1999年	中位振荡期	181.7~154.1	-27.6	-6.9
1999—2000年	第三拐点——流动人口规模从中位跃升至中高位	157.4~256.1	98.7	98.7
2000—2014年	中高位到高位持续增长期	256.1~818.7	562.6	40.2
2014—2015年	第四拐点——流动人口规模增速大幅降低	818.7~822.6	3.9	3.9

*由于强力的政策干预，2014—2015年北京的流动人口增长态势明显回落，虽然后续是否进入流动人口数量变动的平台期，进一步的情况还有待观察，但并不影响将这一年确定为流动人口流入数量变动的第四拐点。

**此列数据来源于北京市统计局，国家统计局北京调查总队.北京统计年鉴（2016年）[M].北京：中国统计出版社，2016.

第三，从北京常住人口和常住外来人口数量的变化曲线看，两者的基本走势、波动点和波动幅度吻合度很高，这说明改革开放以来北京人口规模变化的主因是流动人口规模的变化，户籍人口数量增加的贡献远不及流动人口。

第四，流动人口规模在平台期或振荡期后，都出现了猛烈的反弹，一年的人口增长规模远高于平台期，从而形成拐点。

综上，纵观改革开放30多年来北京流动人口规模的变化，可以概括出以下两个基本特征，一是流动人口规模巨增，自1985年以来30年间增加了近800万人；二是30年来北京的流动人口规模呈现出"非平滑"增长态势，"阶梯状"和"阶段性增（减）速变幅大"是其显著特征。

二、流动人口数量大幅增加的原因

北京流动人口规模的大幅增长，是我国快速城市化的反映。对其原因进行分析，应从以下两个层面进行深入挖掘。

（一）国家制度层面的改革

从国家层面来看，改革开放以来国家实行的两大改革对乡城人口流动产生了强大的推动作用，这两大改革分别是市场导向的经济制度改革和身份平等导向的人口管理制度改革。这两个方面的重大制度改革，开启了农村人口进入城市的大门。

制度闸门开启之后，农村人口要不要进城、进入哪座城市，选择权在农民。农民的选择依据是个体或家庭的"获利程度"。对于农民来说，不同的城市有不同的"获利程度"，这取决于进入城市后的生活改善程度与进入城市成本之间的对比。这也就引出了北京流动人口规模大幅增长的第二个原因，北京层面的原因。

（二）北京的巨大吸引力

从全国情况看，北京对从农村进入城市的流动人口存在着巨大的"获利"吸引力。

北京对流动人口的巨大吸引力主要来自三个方面。

1.工资收入水平高

1995年以来北京与全国城镇单位在岗职工平均工资比较见表3-2。

表3-2　1995年以来北京与全国城镇单位在岗职工平均工资比较

年份	北京（元）	全国（元）	北京/全国
1995	8144	5500	1.48
1997	11019	6470	1.70
1999	13778	8346	1.65
2001	19155	10870	1.76

续表

年份	北京（元）	全国（元）	北京/全国
2003	25312	14040	1.80
2005	34191	18364	1.86
2007	46507	24932	1.87
2009	58140	32736	1.78
2011	75834	42452	1.79
2013	93997	52388	1.79
2015	113073	63241	1.79

资料来源：2005年之前全国数据来源于国家统计局.中国统计年鉴（2006年）[M].北京：中国统计出版社，2006；2005年及之后数据来源于国家统计局，中国统计年鉴（2016年）[M].北京：中国统计出版社，2006；北京数据来源于历年《中国统计年鉴》和《北京统计年鉴》。

为了更直观地对比北京工资收入与全国工资收入的情况，据表3-2绘制了图3-2。

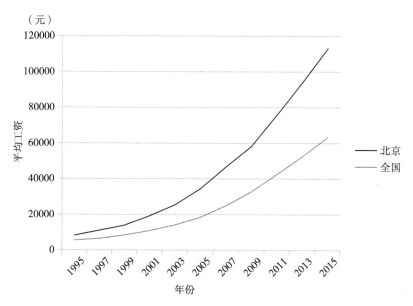

图3-2　1995年以来北京与全国城镇单位在岗职工平均工资变化情况

表3-2和图3-2显示，北京城镇单位在岗职工平均工资明显高于全国同口径数据，且自进入21世纪后差距愈加明显，这意味着就收入水平来讲，北京对流动人口的吸引力是较强的。尽管流动人口进城后有相当一部分人在非正规部门就业，其收入并未纳入"全国城镇单位在岗职工平均工资"的统计范畴，但在一个城市内，如果就业人员的平均工资水平较高，则会抬高整体消费水平和劳动力价格，从而带动包括非正规就业人口在内的就业市场劳动力价格的整体提升。

2.就业市场大

北京对流动人口就业占比较高的传统服务业和制造业、建筑业、市政工程等行业有较大需求，这就为流动人口进入北京就业提供了相较于其他大城市或中小城市更多的就业机会。以下各因素的共同作用，使北京成为全国重要的流动人口就业中心之一：①作为一个超大型综合城市和首都城市，北京成为资本汇聚中心和各项城市基础设施建设项目、房地产开发建设项目的重要集中地，这些项目有大量体力劳动岗位，催生了对农民工的较大需求；②作为一个人口规模巨大的超大型城市，2000多万的人口规模本身就对生活服务业有巨大需求，流动人口在这个领域的就业也逐渐从非正规就业、小型企业就业等向大型正规的商贸服务业和旅游服务业、餐饮服务业等领域渗透，这些领域也逐渐成为重要的流动人口就业领域；③作为全国经济发展顶级城市之一，北京存在着较大规模的城市富裕群体，这个群体对各种生活服务有着强劲需求，带动了相关领域流动人口就业规模的扩张；④北京有800多万流动人口，他们中的大部分人收入水平相对较低，多集中居住在城乡结合部，这些人本身就构成了不同于北京城市原住民或城市"白领"的消费群体，为这一群体提供各种生活服务，也成为流动人口重要的就业领域。为了进一步说明这个问题，表3-3列出了2010年和2005年北京流动人口在全部就业人口中占比较高行业部门的数据。

表3-3　2010年和2005年北京流动人口就业占比情况

行业	2010年	2005年	变动幅度
居民服务和其他服务业	74.85%	61.59%	上升13.26%
住宿和餐饮业	72.58%	56.74%	上升15.84%

行业	2010年	2005年	变动幅度
批发零售业	68.05%	50.93%	上升17.12%
建筑业	62.53%	52.45%	上升10.08%
制造业	52.11%	30.05%	上升22.06%
信息传输、计算机服务和软件业	47.83%	36.57%	上升11.26%
租赁和商务服务业	45.65%	30.26%	上升15.39%
房地产业	44.23%	29.19%	上升15.04%
文化、体育和娱乐业	40.27%	29.08%	上升11.19%

资料来源：据胡玉萍.当代北京人口（下）[M].北京：中国人民大学出版社，2014：34内容整理制表。

注：表中未列行业部门流动人口就业占比情况，2010年均在40%以下，2005年均在20%以下。

表3-3反映出如下情况：

先看两个年份的比较：①流动人口就业占比位于前9位的行业部门两个年份是相同的，排序除少数几项略有上下外，基本大势未变；②表中所列流动人口就业占比较高各行业部门中的就业占比均有超过10个百分点的大幅提高；③制造业流动人口就业占比提高幅度最大，达到了22.06个百分点，这说明继传统服务业和建筑业之后，北京的制造业在吸纳流动人口就业方面的贡献正在快速增长。再看2010年的情况：①在传统服务业中，流动人口已成就业主体；②在第二产业中，流动人口不仅是建筑业中的就业主体，在制造业就业占比中也已超过半数；③在现代服务业中，流动人口就业占比亦有显著增长。

对表中数据反映的情况做进一步分析可以看出，一是流动人口就业占比呈现全面较大幅度增长态势。这与近年流动人口是北京人口增长主体的事实相一致，也进一步说明了北京具有庞大的就业市场。二是流动人口在京就业正越来越多地从非正规部门向正规部门扩张，制造业流动人口就业占比大幅提高就充分说明了这一点。另外，在表3-3前3项的传统服务业中，流动人口就业占比均在70%左右，这一比例已远大于这些产业与行业中非正规部门所能够吸纳的就业人口比例，这些都说明，在相当多的传统服务业正规部门中，流动人口就业也已十分普遍。三是市场机制在流动人口就业中发挥了决定性作用。表3-3所列的北京流动人口就业占比较高的9大行业有一个共同特征，就是市场机制在这些行业或部门

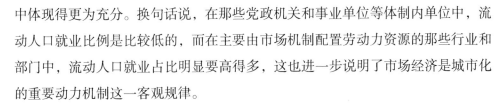

中体现得更为充分。换句话说，在那些党政机关和事业单位等体制内单位中，流动人口就业比例是比较低的，而在主要由市场机制配置劳动力资源的那些行业和部门中，流动人口就业占比明显要高得多，这也进一步说明了市场经济是城市化的重要动力机制这一客观规律。

3.公共服务优

城市基础设施、教育、医疗、公共文化体育、社会治安管理等构成了公共服务的主要内容，是除收入和就业机会之外，人们选择居住生活地的第三大重要考量因素。

作为国家首都，大量国家级的优质公共服务资源，如教育、医疗卫生、文化体育设施及大批机构和人才均云集于北京，再加上北京本身也拥有较高的公共财政能力，可用来提供高水平的公共服务；同时为了支撑北京的首都职能，经过长期的城市建设，特别是自2001年获得2008年奥运会主办权之后，北京的各项城市建设更是获得了突飞猛进的发展，生活的便利性和生活质量在国内城市中处于领先地位；多年来北京按照中央的要求，在建设首善之区和法制社会等方面持之以恒地做了大量工作，这也使北京在社会治安、文明城区建设和社会包容性方面具有良好表现。

以上诸方面的优势，共同构成了北京除收入高和就业机会多之外，对流动人口的另一种重要吸引力。

第二节　人口规模巨增给北京带来的资源环境和城市管理压力

一、资源与生态环境压力

北京位于华北平原西北端，面积16410.54平方公里，地势西北高东南低。西、北及东北部群山连绵。西部山地属太行山脉，北部山地属燕山山脉，山地约占全市总面积62%。中、南和东南部是华北大平原西北隅，由河流冲积扇连接而成，平原面积占全市总面积38%。北京的平原由众多的洪积冲积扇联合而成，主要是永定河洪积扇，北京城就位于永定河洪积冲积扇形地的脊背上。北京属暖温带半湿润大陆性气候，多年平均年降水量为600多毫米，降水多集中在夏季，夏季降水量达全年降水量的75%。北京历史上地下水埋藏较浅，水质良好。

北京资源环境对人口规模的约束主要来自三个方面，分别是：土地与空间资源约束、水资源约束和生态环境约束。

（一）北京的土地和空间资源约束

自然资源是支撑区域发展的基础性物质条件。支撑区域持续发展最主要的自然资源是能源、水和土地。其中，能源和水具有可移动性，可以异地调用，土地则不具有可移动性，因此一般认为土地和空间资源是区域发展的刚性约束。

北京可用于进一步开发利用的土地资源已经十分匮乏。北京最大的空间（土地资源）约束来自于基本的地貌基础。62%的山地面积极大地限制了北京经济和人口的活动空间，使得北京大量的经济与社会人文等活动和城市的规划建设只能在占总面积38%的平原地区进行，这就使北京实际的人口和经济活动面积大为缩减。截至2012年年底，北京的城市建设用地面积为1445平方公里，占全市总面积8.8%，其中居住用地面积411平方公里，占城市建设用地面积28.4%。❶以38%的平原面积占比计算，北京的平原面积约为6236平方公里，城市建设用地面积已经占到了全部平原面积的23%。再加上耕地红线的限制、植树绿化和湿地留存等生态用地，北京可用于城市建设扩张的土地存量已经十分有限。这从近年来北京的土地放量逐年趋紧，区位逐年趋远就可以清晰看出此种态势。

（二）水资源和生态环境连年"透支"

历史上北京曾是一个水资源较为丰富的地区，不同朝代都曾对水资源加以利用，漕运的开通极大地促进了北京与南方城市的经济联系。但是，随着人口数量和经济活动强度的增加，北京快速滑入缺水城市的行列。近几十年来，北京一直处于水资源负盈亏状态，原来丰沛的地下水资源，经过多年超采，地下水水位早

---

❶中华人民共和国国家统计局.中国城市统计年鉴(2013年)[M].北京:中国统计出版社,2014:表2-10、表2-11.

已大幅下降，形成巨大的漏斗区。生态用水严重缺失导致永定河几乎全年断流，平原地区普遍旱化。2001年北京全年水资源总量为19.2亿立方米，2015年为26.8亿立方米，增加了39.6%，而同期人口却增长了56.7%，人均水资源量也从139.7立方米下降到123.8立方米。另外，对北京市生态足迹的投入产出分析表明，其早在2005年时生态足迹总需求就已达3853.8万公顷，约为北京市土地总面积的23倍。❶

（三）北京资源严重短缺背景下人口规模大幅增加的原因

当人口规模在千万人以下时，北京人口规模与资源环境的矛盾并不十分突出，但近年来北京人口规模持续大幅增长，各项资源环境承载力指标频频告急，资源环境的有限性已经成为北京人口规模持续增长的最大制约因素。

作为一个自然资源短缺的城市，本来可以利用市场机制来调节供需矛盾，但是，一个城市所消耗的自然资源在很大程度上具有公共物品的性质，这使其无法完全通过市场机制进行调节。北京作为首都，和谐首善必是城市重要发展目标，这一点也对北京的社会稳定提出了较高的要求。因此，城市政府必须顾及中低收入人群的价格承受能力，运用公共财政支撑低价位的资源供给就成为公共政策必然的选择，但这同时也使得资源短缺信号不能完全转变为经济信号。一方面是生活成本与所需资源之间缺乏信号传递途径；另一方面，繁荣的经济却能够给个人带来比农村高得多的收益。这两个方面的综合作用，最终导致了生存资源严重短缺条件下的人口规模持续扩张。

二、城市建设压力

（一）"摊大饼"式城市布局难以控制

"摊大饼"式的城市格局已经走到极限。北京的城市空间结构是典型的单中心结构，改革开放前北京城市各要素高度聚集在二环路内的城区，工业则分布于

---

❶ 王亚菲，陈长.北京市生态足迹的投入产出分析[J].城市发展研究,2009(4):129-134,148.

二环路外的近郊区。改革开放以来，随着城市功能的增多和人口规模的扩张，城市建成区的边界加快向外延伸，先是到三环路，进入21世纪后，随着奥运会主办权的获得，以位于北四环路附近的奥运会主体场馆工程的开工建设为先导，这一区域迅速成为城市建设的热点区域，北京的城市"大饼"也迅速跟进到四环路一线。2008年奥运会后，"摊大饼"的势头有增无减，在土地放量重点进一步由中心城区向远郊区转移、私人轿车数量持续增加、远距离地铁线逐渐成网的背景下，北京城市区域的"大饼"正迅速向五环路一线推进，而连接各个远郊新城的六环路周边地区也进入了快速开发建设期，特别是在位于南部远郊的亦庄工业开发区的进一步城市化建设和大兴新机场建设的带动下，远郊区县城市化进一步提速，若再不进行有效干预，"摊大饼"现象势必将愈演愈烈。

（二）人口集中于中心城区，导致该地区人口压力巨增

北京的中心城区包括了城市功能分区中的首都功能核心区和城市功能拓展区两个功能区域单元，为了分散中心城区的发展压力和人口压力，北京采取了大力发展周边新城的做法，以期在承接中心城人口和功能方面发挥作用。若干年过去，虽然作为未来人口重点转移地区的城市发展新区人口数量增长较快，但城市功能拓展区的人口增加态势却依然强劲，其人口数量占全市人口数量近半的情况并未改观。详见表3-4。

表3-4   2008年与2015年北京四个功能区人口规模变化对比

（单位：万人）

区域	2008年	2015年	增加人口
全市	1695	2170.5	475.5
首都功能核心区	208.3	220.3	12.0
城市功能拓展区	835.6	1062.5	226.9
城市发展新区	470.8	696.9	226.1
生态涵养发展区	180.3	190.8	10.5

资料来源：北京市统计局，国家统计局北京调查总队.北京统计年鉴（2009年）[M].北京：中国统计出版社，2009；北京市统计局，国家统计局北京调查总队.北京统计年鉴（2016年）[M].北京：中国统计出版社，2009.

北京的首都功能核心区和城市功能拓展区两个功能区的面积之和为1368.32平方公里，只占全市总面积的8.3%，全市平原面积的21.9%，2008年这两个区域集中了全市常住人口的61.6%，几年疏解下来，到2015年仍集中了全市常住人口的59%，净增人口238.9万人，占这一时段全市净增人口的一半。

（三）过多城市功能集中于中心城区，造成大量就业岗位和功能服务人口云集于此

北京中心城区的主要城市功能包括国家行政区功能、市级行政区功能、中央商务区功能（含金融管理中心功能）、购物中心功能、演艺中心功能、科技研发中心功能、高等教育中心功能、会展中心功能、有全国吸引力的优质医疗资源中心、有全市吸引力的优质高中及义务教育资源中心和主要居住区功能等。在这些多年以来一直"盘踞"于中心城区的功能中，近些年其中多数功能又都有程度不同的加强，尤其是中央商务区功能（位于长安街东西两侧的CBD和金融街的扩张）、演艺中心功能（在国家大剧院、以天桥剧场为核心的南部城区文化中心等的建成并投入运营等的持续带动下）、购物中心功能、科技研发中心功能（中关村国家自主创新实验区）、会展中心功能（大型会展和会展施设不断增加）等，都属于这种情况。这些功能基本上都属于不仅吸引就业人口还吸引大量功能服务人口的类型，其不仅带来了就业人口在中心城区的集聚，更是吸引了数倍于就业人口的功能服务人口，以及为了满足功能服务人口和就业人口之需要而修筑的道路和车辆等向中心城区的集聚。

三、城市管理和公共服务难题

大量城市化人口在短期内快速进入城市，公共服务设施在短期内无法应对这种局面，城市管理更是在应对这种情况的制度建设方面显得进退失据，这些都进一步增加了城市治理的难度与压力。

审视北京人口急剧膨胀过程中在城市管理与公共服务方面面临的压力，主要集中在如下几个方面。

（一）城乡结合部区域管理难题

"20世纪80年代我国城市规划与土地管理部门提出了'城乡结合部'这一概念，它主要是指城市规划市区范围的边缘地带"[1]。在这之前，外国学者也曾提出过"城市边缘带""城乡边缘带"等概念，这些概念在地理区位的指向上，都是指城市与农村的接壤或交错地带，其地理内涵、产业特征内涵，以及随城市扩张不断向外迁移的动态特性等方面都是相同的。城乡结合部并不是一个城与乡"势均力敌"、相互僵持"对峙"的地理区域，两者在演变趋势上表现为在景观上、经济形态上和社区形态上城对乡的取而代之，从这个意义上讲，城乡结合部是一个由乡村向城市演变的地理空间。

与国外一般情况比较起来，在土地性质、居住者身份特征，以及社会管理体制等方面，中国的城与乡之间存在着具有中国特点的差异。在土地的使用性质方面，城乡土地有农用地和非农用地之分；在土地的所有制性质方面，城乡土地有国有和集体所有之分；在居住者身份特征方面，存在着农业户口和城镇户口之分；在社会管理体制方面，存在着行政区下辖街道办事处和镇下辖乡的不同社会治理体制之分。总之，正是中国独特的城乡二元结构，造就了其接壤地带独特的城乡结合部区域特征。

就城乡结合部人口特征来讲，此区域云集了大量外来的城市化人口。这些人口云集于此的主要原因有三：一是地理区位优势，城乡结合部与市区接壤，靠近这些由外地农村来京人口的就业地点；二是房租价格优势，由于在中国的农民宅基地制度下，城乡结合部地区的农民拥有对于建设住宅来说面积较大的宅基地，这就使当地农民拥有了数量可观的可出租房屋资源[2]，而由于城乡结合部的区位级差地租明显低于城市中心区域，加上城乡结合部地区又是城市建设与管理及社会管理相对薄弱的地区，大批用于向流动人口出租的低品质居所大量出现，环城区流动人口聚集带就此形成。

---

[1] 姚永玲.北京市城乡结合部管理研究[M].北京:中国人民大学出版社,2010:2.

[2] 例如作为典型的城乡结合部地区，北京市昌平区东小口镇魏窑村，全村有2/3以上家庭在自家宅基地盖房出租，一般每家用于出租的房屋为3~10间，每间月租金80~100元不等（2006年数据）。见姚永玲.北京市城乡结合部管理研究[M].北京:中国人民大学出版社,2010:47.

环城区流动人口聚集带的形成及其规模，受制于其所围城区对流动人口的引力强度，这种引力强度主要取决于就业机会和收入水平两大因素。众多中小城市在这两个方面均不占优，这也是许多中小城市或发展缓慢城市并未形成具一定规模的环城区流动人口聚集带的根本原因。也正是从这个意义上讲，环城区流动人口聚集带的有关情况可以成为其在区域城市化过程中引力强度的表征指标。

从另一个角度看，聚集于城乡结合部的流动人口，基本上还处于城市化的初级阶段，他们只是得到了在城市就业的机会，但在享有城市的基本公共服务方面与户籍市民相比仍有相当大的差距。并且由于城乡结合部地区流动人口的集中居住，往往形成流动人口与本地户籍人口在数量上的倒挂，使这一地区成为事实上的流动人口社区，其社会融入也无从谈起。因此，环城区流动人口聚集带的有关情况又可以成为该城市流动人口市民化进展程度的表征指标。

作为一个对流动人口有着巨大吸引力的特大城市，北京城乡结合部的流动人口聚集现象十分突出，由于这些人口的流动性大，就业不稳定性高，并且由于出租屋地区的公共服务设施与条件原本是按照农村标准和原有户籍人口规模配置的，所以根本不能满足数倍于当地农村人口的外来人口的需要。以上诸多因素叠加在一起，使得这一地区环境的脏乱差和社会管理薄弱现象十分突出。

近几年来，北京市政府下大力气对城乡结合部地区进行了整治，使得像望京、北坞、唐家岭等一批原来集中了大量流动人口、环境脏乱差问题突出的城乡结合部地区的面貌发生了巨大改观。整治的重要内容包括拆除了农民在自家宅基地上自行建造的出租屋，代之以农民"上楼"后，将自家的闲置单元楼房交由政府代为出租（北坞），或进行了大规模的生态化建设（唐家岭）等。尽管做法不同，但效果的大方向是一致的，即可用于向流动人口出租的房屋数量大幅减少，通过整治也使公共服务设施建设与配置水平有了显著提高，由此，这些地区多年的混乱状况得以明显改观。

但是，在看到对这些地区整治效果的同时，也不应忽视另一种情况。事实上，这种由政府主导的对城乡结合部的大规模整治行动，也可以看作是一种城市的外延现象，这一点从这些整治地区公共服务设施及景观建设的城市化趋势便可一目了然。这在一定程度上所反映出的事实是北京的城乡结合部地区不是被"治理"好了，而是向外迁移了。也就是说，对于如何通过有效的制度创新提升城乡结合部的治理水平这一难题，仍然没有破题。

（二）流动人口管理难题

大量人口进京就业并在北京长期居住，给社会治理带来了不少的新难题和新困难。由于新增人口绝大部分是由农村进入城市的城市化人口，在就业领域，这部分人口中有相当一部分人在非正规部门就业，小摊小贩、小加工点、小作坊形式的就业十分普遍。这类就业人口没有隶属单位、就业状况不稳定。由于有关政府部门对这部分就业人口的就业情况无法准确掌握，相应的服务与社会治理事项也就难以到位。同时，由于居住地不稳定，社区也很难将对这部分人口的服务管理落实到位。这两个"不到位"所带来的新难题和新困难是显而易见的，解决起来也不可能一蹴而就。在难题和困难尚未解决之前，北京在社会治理方面就会感受到来自流动人口的较大压力。

（三）公共秩序管理难题

人口大幅增加之后给城市公共秩序的管理带来较大压力。一方面，大量人口进京，人口规模增大本身就增加了维持公共秩序的难度。另一方面，由于人口的大幅增加是与市场化改革相向而行同时并进的，北京出现了大批小餐馆、小商店、小加工作坊以及大批游商等。在这种情况下，城市公共空间不断被"蚕食"，街道和胡同两侧违章建筑不断增多，许多路段人行道几近消失，被挤占的公共空间变成了餐馆的外延空间、小加工作坊的加工"厂房"和备料"车间"、随意乱停车的"停车场"。凡此种种，都增加了维护公共空间秩序的难度，加剧了北京公共空间的混乱和拥挤程度。

（四）公共服务供给紧张难题

北京的交通拥堵一直广为诟病，被冠以"首堵"之名已经多年。事实是北京在提升交通设施能力方面已经做出了巨大努力，并取得明显成效。自2001年获得奥运会举办权以来，北京的城市道路建设取得了有目共睹的成就，这主要体现在中心城和远郊区（县）的整体性路网不断完善、地铁在中心城不断加密并逐渐向远郊区延伸，市区和远郊区投入公交的车辆和运力都大幅增长，同时远郊道路条件的改善也为自驾车通勤提供了更加便利的条件。特别是北京的地铁建设，用"日新月异"来形容毫不夸张。2012年年底，北京地铁总里程达到442公里，从过去的第四位一跃成为世界上地铁线路最长的城市。如果所有规划都能兑现，并且所有在建项目都能顺利完工，到2020年北京地铁的总里程有望达到1050公里。

然而，在以历史上最快的路网建设速度进行交通能力建设的情况下，交通拥堵状况却未见减轻，这说明北京已经进入了交通供给与交通需求竞相增长的时期。目前的交通拥堵是由于快速增长的交通供给越来越不能满足"井喷式"交通需求的增长所造成的，加上短期来京人口，北京2000多万的人口规模是构成巨大交通需求的重要因素。

再看公共服务设施情况，以中小学和幼儿园的情况为例（见表3-5）。

表3-5 2015年北京中小学及幼儿园非京籍学生情况

学习阶段	在校生总数（人）	其中非京籍学生数（人）	非京籍学生占比
高中	169412	14957	8.8%
初中	283366	94758	33.4%
小学	850321	353798	41.6%
幼儿园	394121	104899	26.6%

资料来源：根据北京市统计局，国家统计局北京调总队.北京统计年鉴（2016年）[M].北京：中国统计出版社，2016，数据整理计算。

由表3-5可见，除高中阶段由于受到高考有关规定的限制，多数非京籍学生选择回到户籍地就读，一些流动人口子女在接受完义务教育后不再继续学业外，其他阶段的非京籍学生已经成为北京中小学就学群体的重要组成部分。另外，由于北京云集了全国优质的医疗资源，到北京就医的外地人群体十分庞大，北京的医院设施长年处于高负荷运行之中早已是有目共睹的事实。

以上种种都说明，巨大的人口规模给北京公共服务设施供给造成的压力是显见的。"人满为患"已经是北京许多公共服务部门和机构的常态。

第三节　北京与上海流动人口及城市
公共治理状况比较

北京和上海，不仅都是特大型城市，而且也都是我国快速城市化过程中重要的农村人口流入城市。改革开放30多年来，这两大城市在面对流动人口大量进入的挑战中，所呈现的状况和所采取的措施策略，既存在着"同"，也存在着"不同"。分析比较北京与上海流动人口规模变化及其管理的相关情况，有利于加深对北京流动人口状况的认识和对上海经验的借鉴。

一、北京与上海流动人口规模及其变化特点的比较

北京与上海两大城市，都是我国经济社会发展水平处于前列的特大城市，自改革开放以来都出现了大规模的人口流入现象，但两城市的流动人口流入规模变化又存在着显著差异。比较京沪两城市的流动人口规模变化轨迹及其背后的原因，对于进一步认识快速城市化时期我国特大城市的人口变化情况与规律，以及人口政策在其中的作用等，有重要指示意义。

改革开放以来，北京与上海都出现了大规模的流动人口，具体情况见图3-3和图3-4。

从图3-3和图3-4两图中可以看出以下几点。

第一，北京与上海流动人口规模变化的大趋势是相同的。其主要表现一是进入城市的流动人口规模开始出现较大幅度增长的时间节点大致相同，都是在20世纪80年代中期；二是这之后流动人口规模变动的总体趋势是相同的，大趋势上都呈现出增长的基本态势；三是在进入2010年前后时，两城市流动人口增长幅度都出现了减缓的情况；四是两城市流动人口占比的变动趋势大致相同，且占比情况也比较接近，都是从20世纪80年代中期前的不足5%增加到目前的40%左右。

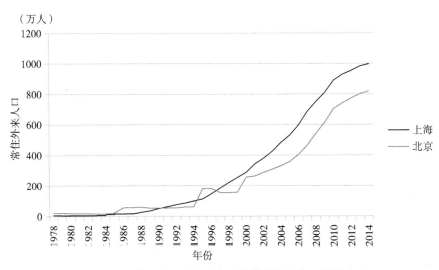

图3-3　改革开放以来北京与上海常住外来人口数量变化

资料来源：根据北京市统计局，国家统计局北京调总队.北京统计年鉴（2015年）[M].北京：中国统计出版社，2015；上海市统计局，国家统计局上海调总队.上海统计年鉴（2015年）[M].北京：中国统计出版社，2015，数据绘制。

注：常住外来人口指居住半年以上的流动人口。

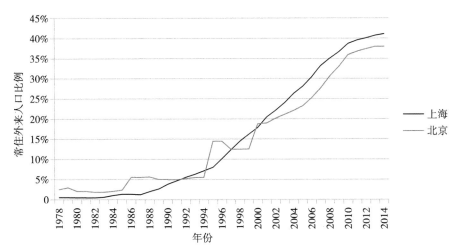

图3-4　改革开放以来北京与上海常住外来人口占全市常住人口百分比变化

资料来源：根据北京市统计局，国家统计局北京调总队.北京统计年鉴（2015年）[M].北京：中国统计出版社，2015；上海市统计局，国家统计局上海调总队.上海统计年鉴（2015年）[M].北京：中国统计出版社，2015数据绘制。

第二，自20世纪90年代中后期始，上海的流动人口规模持续保持了略大于北京的态势，除极个别年份外，上海流动人口在常住人口中的占比也保持了这一态势。也就是说，无论是从接纳的流动人口绝对数量，还是从城市中流动人口的占比来看，上海都要高于北京。

第三，上海的流动人口规模呈现持续稳定增长态势，北京进入21世纪之前呈现振荡式增长的态势，进入21世纪后，北京与上海有着相似的持续稳定增长特征。北京与上海两城市在流动人口年增长量变动方面差异显著，分别代表了两种典型的增长类型，一类是持续稳定增长型，另一类是非稳定增长型。

二、上海流动人口增长与空间分布特点对缓解"城市病"的积极意义及其与北京的比较

北京与上海是我国经济社会发展位于前列的两大城市，在我国城市化高潮期都成为了主要的流动人口流入地。从全市面积看，北京远大于上海，从经济社会活动可用面积（除去山区）看，北京与上海相差不多，但上海吸纳的流动人口不仅数量多于北京，在常住人口中的占比也高于北京，而且上海的"城市病"现象也没有北京这么严重，原因何在？上海模式的特点是什么？其在缓解人口压力和"大城市病"方面又发挥了怎样的作用？以下将就这些问题展开讨论。

（一）上海流动人口的稳定增长有利于城市其他要素的逐渐适应

与北京相比，上海流动人口规模的逐年扩张速度变化相对较小，保持了一个相对平滑的增长曲线和相对变化较小的年人口增加幅度（见图3-5），这就为上海的城市基础设施及社会管理等各个方面，在适应人口规模增长方面，提供了比较稳定和可预期的操作时空条件。

由图3-5可见，上海的流动人口年净增数量虽然在2010年以前也呈现逐年增加的态势，但其增长幅度的逐年变化相对平稳，除个别年份（2007年和2010年）超过和达到80万人以外，其余年份基本在60万人以下，进入21世纪初期已经降至每年40万人以下，2014年甚至已经降至十几万人。

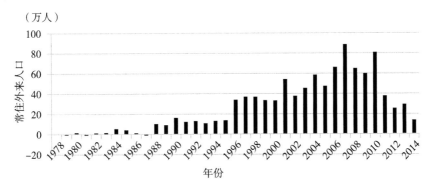

图3-5 1978—2014年上海常住外来人口年净增长量变化

资料来源：根据上海市统计局，国家统计局上海调查总队.上海统计年鉴（2015年）[M].北京：中国统计出版社，2015，数据计算绘制。

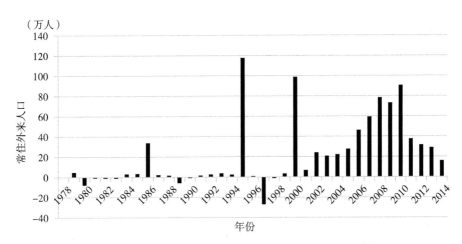

图3-6 1978—2014年北京常住外来人口年净增长量变化

资料来源：根据北京市统计局，国家统计局北京调查总队.北京统计年鉴（2015年）[M].北京：中国统计出版社，2015，数据计算。

注：1978—1981年为户籍统计数，含暂住人口；1982—1989年数据是根据1982年、1990年两次人口普查数据调整的；1990以后数据为人口变动情况抽样调查推算数，其中1995年、2005年为1%人口抽样调查推算数；2000年为第五次人口普查快速汇总推算数；2010年为第六次人口普查推算数。2006—2009年常住人口数据又根据2010年人口普查数据进行了调整。

北京的情况则与上海形成较大反差（见图3-6）。首先需要说明的一点是，不排除由于不同时段采用了不同的统计方法，从而对统计结果造成一定影响的情况，如1995年常住外来人口的畸高增长，即便如此，人口数据基本的变化大势仍然是可信的。从图3-6可以看到，北京的流动人口年净增长呈现出变动幅度大的特点，不仅在正向增长上历年的变动幅度极大，个别年份甚至还出现了负增长，特别是20世纪90年代中后期的1997年，出现了流动人口净减少27.2万人的情况，而仅仅在2年前的1995年，流动人口年净增长了117.6万人，创历史最高纪录，后又在2000年创下了流动人口年净增长98.7万的历史次高纪录。自1994年至2000年短短6年间，北京的常住外来人口增加了192.9万人，再加上户籍人口的增长，北京的常住人口共增加了238.6万人。短期内如此大的人口规模变动，对于任何一个城市来讲，在城市运行、社会管理、自然资源承载等方面造成的压力都是难以承受的。因此，北京出现严重的"城市病"也就不足为奇。

（二）上海流动人口空间分布相对分散有利于减轻中心城区人口压力

与北京相比，上海流动人口的另一特点是大部分的流动人口分布在远郊区县，而北京则恰恰相反，大部分的流动人口分布在城近郊区。上海的相关详情见表3-6和表3-7。

表3-6 2015年上海常住人口及常住外来人口在全市的分布情况

区域	面积（平方公里）	常住人口（万人）	其中常住外来人口（万人）
全市	6340.5	2415.27	981.65
老城区*	289.42	692.54	162.24
浦东新区**	1210.41	547.49	234.32
远郊区***	4840.65	1175.24	585.09

资料来源：根据上海市统计局，国家统计局上海调查总队.上海统计年鉴（2016年）[M].北京：中国统计出版社，2016数据整理计算。

*老城区指黄浦江以西的黄浦区、徐汇区、长宁区、静安区、普陀区、闸北区、虹口区和杨浦区8个区；

**浦东新区指黄浦江以东的新区；

***远郊区指其余各区县，包括有：闵行区、宝山区、嘉定区、金山区、松江区、青浦区、奉贤区和崇明县8个区县。此处远郊区县的划分可能不同于上海的常规划分方法，但为了方便后续与北京的比较，故采用此方法。

表3-6和表3-7两表分别列出了上海人口地区分布的绝对数量和相对占比两个方面的情况。从两表可以看出，上海近千万的常住外来人口中，有585万人分

布在远郊区县，占全市常住外来人口总量的近60%，另外，上海还呈现出常住外来人口占常住人口比例自中心城区向城市外围地区逐渐升高的态势。即，无论是从常住外来人口的绝对数量方面，还是从常住外来人口占比方面，远郊区县都是主要的吸纳承载地区。

表3-7　2015年上海常住人口及常住外来人口在全市分布的占比情况

区域	面积 占比	常住人口占全市 常住人口百分比	常住外来人口占全市 常住外来人口百分比	常住外来人口占 常住人口百分比
全市	100%	100%	100%	40.6%
老城区	4.6%	28.7%	16.5%	23.4%
浦东新区	19.1%	22.7%	23.9%	42.8%
远郊区	76.3%	48.6%	59.6%	49.8%

资料来源：根据表3-6数据计算。

再看北京的人口分布情况，详情见表3-8和表3-9。

表3-8　2015年北京常住人口及常住外来人口在全市的分布情况

区域	面积*（平方公里）	常住人口（万人）	其中常住外来人口（万人）
全市	16410.54	2170.5	822.6
城近郊区**	1368.32	1282.8	489.1
远郊平原区***	6295.57	696.9	302.2
远郊山区****	8746.65	190.8	31.3

资料来源：根据北京市统计局，国家统计局北京调查总队.北京统计年鉴（2016年）[M].北京：中国统计出版社，2016，数据整理计算。

*为了便于获取各项人口数据，本列数据采取按行政区来划分平原与山区的方法，这导致了表中远郊山区面积占比小于实际占比情况（表中占比为53.3%，实际占比约为62%），即便如此，采用此口径对北京与上海进行比较，仍然是有意义的。

**城近郊区指北京首都功能核心区和城市功能拓展区，包括：东城区、西城区、朝阳区、丰台区、石景山区和海淀区6个城区；

***远郊平原区指北京城市发展新区，包括：房山区、通州区、顺义区、昌平区和大兴区5个远郊行政区，其中某些区，例如房山区和昌平区等也有一定面积的山区；

****远郊山区指北京生态涵养发展区，包括：门头沟区、怀柔区、平谷区、密云区和延庆区5个行政区。

表3-9 2015年北京常住人口及常住外来人口在全市分布的占比情况

区域	面积占比	常住人口占全市常住人口百分比	常住外来人口占全市常住外来人口百分比	常住外来人口占常住人口百分比
全市	100%	100%	100%	37.9%
城近郊区	8.3%	59.1%	59.5%	38.1%
远郊平原区	38.4%	32.1%	36.7%	43.4%
远郊山区	53.3%	8.8%	3.8%	16.4%

资料来源：根据表3-8数据计算。

为了与上海的情况进行比较，表3-8和表3-9也分别列出了北京常住外来人口地区分布的绝对数量和相对占比两个方面的情况。对比北京与上海的人口数据可见，北京的常住外来人口少于上海，只有上海的84%。从上述表中还可以看出北京常住外来人口地区分布与上海相比显著不同，北京的常住外来人口分布呈现显著的向心集聚特征，城近郊区集中了全市近60%的常住外来人口。

为了进行更为清晰和更有说服力的对比，以说明上海与北京在流动人口地区分布上的差异，以下重点对大致相同口径下上海与北京的情况进行比较分析。

鉴于上海全境基本上为坦荡低平的平原，为人类活动适宜区，为了增加与上海的可比性，在以下对比中剔除了北京各项数据中的远郊山区数据。北京远郊山区的功能定位是生态涵养区，也就是说这一区域的经济活动将受到限制，而且现有常住外来人口规模也非常小，未来也不会成为包括常住外来人口在内的北京人口的主要分布地区。

在剔除了远郊山区的计算口径中，北京的面积为7664平方公里❶，常住人口为1980万人，常住外来人口为791万人（见表3-10）。

---

❶虽然北京的远郊平原区也包含了一定面积的山地,远郊山区行政辖区也包含了一定面积的平原,但由于人口数据是按照行政区进行统计的,所以此处只能以行政区域的面积和人口统计数据为依据进行相关计算和比较。

表3-10　2015年上海与北京（不包括远郊山区）常住外来人口分布情况比较*

区域	面积/占全市百分比 （平方公里/%）	常住人口/占全市常住 人口百分比 （万人/%）	常住外来人口/占全市 常住外来人口百分比 （万人/%）
上海	6340.5/100	2415.27/100	981.65/100
老城区及浦东新区	1500/23.7	1240.03/51.34	396.56/40.4
远郊区	4840.65/76.3	1175.24/48.66	585.09/59.6
北京（不包括远郊山区）	7663.89/100	1979.7/100	791.3/100
城近郊区	1368.32/17.85	1282.8/64.8	489.1/61.81
远郊平原区	6295.57/82.15	696.9/35.2	302.2/38.19

资料来源：根据上海市统计局，国家统计局上海调查总队.上海统计年鉴（2016年）[M].北京：中国统计出版社，2016；北京市统计局，国家统计局北京调查总队.北京统计年鉴（2016年）[M].北京：中国统计出版社，2016，数据整理计算。

*此表北京各项数据不包括远郊山区（行政区口径）数据，占比指占不包括远郊山区面积及人口的比例。

表3-10中，北京与上海相比可以看出以下3点。

第一，从北京不包括远郊山区区县口径下的京沪对比看，上海的面积仍然比北京小1323平方公里，常住人口和常住外来人口分别比北京多436万人和190万人。

第二，对比上海老城区及浦东新区与北京城近郊区的情况。上海这一地区面积略大于北京，面积占比也大于北京，但常住人口和常住外来人口数量和占比都要小于北京，尤其是常住外来人口数量和占比均大大小于北京。其中常住外来人口在数量上要比北京少近93万人，在占比上比北京低21个百分点。

第三，对比上海远郊区与北京远郊平原区的情况。上海这一地区面积小于北京，面积占比也小于北京，但常住人口和常住外来人口数量和占比都要明显大于北京，其中常住人口数量要比北京多478万人，占比高约13个百分点；常住外来人口数量和占比也都显著大于北京，其中常住外来人口在数量上要比北京多283万人，在占比上比北京高21个百分点。

由以上3点可以得出以下结论：在剔除了远郊山区的情况下对北京与上海人口分布情况的比较表明，北京常住人口和流动人口的向心集聚情况非常突出，且在上海面积小于北京同口径面积的情况下，上海承受了更多的人口压力和流动人口压力。

三、上海与北京公共交通与环境治理情况比较

在"大城市病"诸多现象中，交通拥堵和市容环境卫生的脏乱差最为广大市民所诟病。作为超大城市，北京与上海在这两个方面同样承受着巨大压力，但由于采取了不同的城市治理公共政策或措施，其治理效果或"城市病"的严重程度却表现出了一定的差异。

（一）交通状况比较

根据高德发布的《2015年度中国主要城市交通分析报告》，2015年度中国十大"堵城"依次为：北京、济南、哈尔滨、杭州、大连、广州、上海、深圳、青岛、重庆。2015年北京虽然3次实行单双号限行政策（全国最多），但未能阻止其拥堵夺魁。数据显示，北京高峰拥堵延时指数2.06，上海作为"堵城"第7名，高峰拥堵延时指数为1.87。❶

尽管上海也进入了全国十大"堵城"之列，但考虑到上海城市面积及人口压力都较北京更大，但交通拥堵状况却明显好于北京，其在缓解交通拥堵方面的努力仍然是有成效并值得北京借鉴的。

上海人口规模大于北京，但汽车拥有量各项指标却大幅度低于北京，这一点对缓解交通拥堵状况的贡献是显见的。

上海与北京汽车拥有量比较，见表3-11。

表3-11 2015年上海与北京汽车拥有量比较

城市	民用汽车拥有量（万辆）	其中私人汽车拥有量（万辆）	每万人私人汽车拥有量（辆/万人）
上海	282.23	208.65	864
北京	533.81	439.33	2024

资料来源：汽车拥有量数据来源于国家统计局.中国统计年鉴（2016年）[M].北京：中国统计出版社，2016；每万人私人汽车拥有量据国家统计局.中国统计年鉴（2016年）[M].北京：中国统计出版社，2016，人口数据（常住人口口径）计算。

---

❶ 见2016年1月19日中新网。

再对上海与北京的公共交通情况进行比较，见表3-12。

表3-12　2015年上海与北京城市公共交通情况比较

城市	年末公交车辆运营数（辆）	运营线路总长度（公里）	公交客运总量（万人次）	出租汽车（辆）	每万人拥有公交车辆（标台）	人均城市道路面积（平方米）
上海	20328	24645	561650	49586	12.36	4.27
北京	28311	20740	738384	68284	24.58	7.62

资料来源：国家统计局.中国统计年鉴（2016年）[M].北京：中国统计出版社，2016.

从表3-11和表3-12反映的情况可以看出以下几点。

第一，就城市整体的汽车拥有量来看，上海大幅度低于北京，这应该是上海交通拥堵状况明显好于北京的决定性原因。

第二，上海私人汽车拥有量大幅低于北京，只有北京的47.5%，这成为上海民用汽车拥有量大幅低于北京的最主要原因。尽管不排除由于上海实行私人购车牌照拍卖制度，使一定数量购车行为向周边省区分散，但这一政策实施后对上海私人汽车拥有量的限制效果仍然是显著的，多年实施下来，极大地抑制了私人汽车的快速增长。

第三，公共交通的6项指标比较情况。这6项指标基本上可以分为3类：第一类是公交设施情况（公交车辆运营数、出租汽车数量、每万人拥有公交车辆、人均城市道路面积）；第二类是公交客运总量；第三类是运营线路总长度。其中，第一类反映的是对公交设施的建设和投入情况，在这方面的4个指标上，北京均大幅领先于上海。第二类反映的是公交实现的客运总量，这一指标表层看反映的是公交的客运人数情况，但深入探讨可以发现，它其实还反映了城市的交通需求情况，并进而反映出城市在空间布局上的状况。对比上海和北京的情况，考虑到上海人口多于北京而私人汽车大大少于北京的情况，及两城市的经济发展水平及市民生活水平大致处于同一档次的现实，公交客运总量上海比北京多些应该是正常的。但情况恰恰相反，此指标上上海也明显小于北京，其公交客运总量只及北京的76%。对这一现象的解释只能是两城市在交通需求上存在差异，上海的交通需求明显小于北京。上海交通需求小于北京需要从城市空间布局方面寻找原因，这种情况说明，上海在职住一体的城市空间布局方面要优于北京，因此极大地减少了城市的通勤交通量。第三类的运营线路总长度在一定程度上反映的是公共交通提供服务的便利程度。考虑到北京面积是上海的2.6倍，因此北京的公交运营线路总长度也应大大超过上海才符合常理，但表3-12所反映的事实却恰恰相反，此指标上海明显大于北京，约为北京的1.2倍。这又从另一个角度说明上海的公交便利程度要显著高于北京。

（二）城市环境卫生治理能力与水平比较

上海与北京在环境卫生治理能力与水平方面也存在一定差异，这一点从表3-13中可见一斑。

表3-13　2015年上海与北京市容环境卫生情况比较

城市	清扫保洁面积（万平方米）	生活垃圾清运量（万吨）	市容环卫专用车辆设备总数（台）
上海	17366	613.2	5503
北京	15122	790.3	10747

资料来源：国家统计局.中国统计年鉴（2016年）[M].北京：中国统计出版社，2016.

从表3-13可见，北京除了在清扫保洁面积此1项指标上低于上海外，在其余两项指标上都要高于上海。在经济社会发展水平和居民收入水平大体相当，以及人口数量多于北京的情况下，上海的生活垃圾清运量少于北京，说明上海在垃圾减量化方面的工作成效要优于北京。上海在环卫设备使用效率上也要优于北京，这可以从市容环卫专用车辆设备总数和清扫保洁面积两项指标上得到印证，前者上海的环卫车辆设备总数只及北京的51%，而后者清扫保洁面积上海却是北京的

1.15倍。这说明上海的环卫设备使用效率显著高于北京，而设备数量的背后，是公共财政投入的支撑。也就是说，北京用约两倍于上海的环卫专用车辆投入，支撑着小于上海的清扫保洁任务量，其效率差距是显见的。

第四节　北京应对人口膨胀的思路与措施建议

一、提出应对思路的认识基础

在我国处于快速城市化的历史阶段，作为国家首都和经济社会发展水平处于全国前列的特大城市，北京对城市化人口具有强烈吸引力，成为全国农村人口流入的主要目标城市之一。

人口规模的快速大幅增长，对北京城市资源环境、城市空间、公共设施等都造成了巨大压力，自20世纪90年代中期以来，北京承受着持续增强的巨大人口压力。面对这种局面，北京应采取何种应对策略？

快速城市化时期大城市人口膨胀应对策略是一整套缜密设计和相互衔接的公共政策体系，以及一系列相应硬件配套设施建设等的集合，在形成这个公共政策体系和配套设施建设集合之前，首先需要有一个价值取向层面的认知来作为制定策略的依据。

在我国的城市化进程中，北京应发挥积极的推动作用，这是形成北京应对快速城市化时期人口膨胀策略的认识基础。作为一个处于国家经济社会发展前列的超大城市，在国家快速城市化的历史阶段，北京不仅应将对城市化人口的服务管理作为一项涉及劳动力和人口管理的问题加以应对与管控，还应自觉将其视为一项促进我国城乡社会发展与推动社会公平正义的事业来加以对待。在我国区域与城乡发展水平差距大、北京由于得天独厚的经济社会发展条件而成为大批城市化人口主要流入目的地的这个历史时期，北京应以开放、包容的心态对待城市化人口的流入，在促进我国城市化发展的历史进程中，发挥积极作用。当全国经济社会进一步发展，区域与城乡发展水平差距逐渐减小后，北京的人口压力当会自行缓解，这也是为世界上许多发达国家走过的发展道路所证实了的。❶

事实上，我国城市化人口大规模跨省向超大城市流动的趋势已经出现了某种变化。2016年全国农民工总量为28171万人，农民工总量增速自2011年达到4.4%之后，至2015年的几年间持续回落，2015年回落至1.3%，2016年才有小幅回升，增速为1.5%。另外一个指标对本章所述内容更有意义，即自2012年以来，我国本地农民工的增速就一直快于外出农民工的增速。2016年，我国农民工比上年增加424万人，其中本地农民工比上年增加374万人，外出农民工只比上年增加50万人，本地农民工增量占新增农民工的88.2%。❷如果说农民工总量增速的减小在一定程度上是受到我国农村劳动力红利减少的影响，那么外出农民工增速近年来持续小于本地农民工的增速则说明，在全国城市化大格局中，超大城市对跨省城市化人口的吸引力开始有所下降。这种情况的出现对于北京来说则意味着，城市化人口增速的压力已经开始减小，如果全国区域与城乡发展的均衡程度进一步加强，北京的城市化人口压力也会趋于减弱。

北京应从全国城市化总体进展与格局的高度，来认识全国城市化的进展与不同阶段的特点，以及北京在全国城市化总体战略格局中所处的地位和应发挥的功能与作用，自觉承担应尽的义务与责任。

二、应对思路与施政方向

人口规模快速扩张给北京带来的压力主要集中在两个方面，其一是资源短缺与人口规模之间矛盾加剧带来的压力；其二是有限空间内人口过多对城市公共秩序、社会治理等形成的巨大挑战。

---

❶ 纽约城在美国东北部城市群中的人口占比经历了一个"先升后降"的过程，由1800年的2%上升至最高值1940的18%，之后下降并稳定在12%左右，这一占比拐点的出现，发生在美国城市化率接近60%时。参见尹德挺.美国城市群人口协作经验的启示[N].北京日报，2016-11-28(22)。

❷ 见中华人民共和国国家统计局网站：2014年、2015年和2016年全国农民工监测调查报告。

（一）化解资源短缺与人口膨胀之间矛盾的思路与施政方向

自然资源的有限性和某些资源的严重短缺是客观存在的，这些因素成为北京城市人口容量❶的限制性因素，正是这些因素给北京的城市运转与发展带来巨大压力。面对人口规模不断扩大与资源短缺之间的巨大矛盾，北京有两个着力角度：一个角度是减少人口数量，另一个角度是扩大资源供给和提高资源使用效率。

1.减少人口数量

减少现有北京人口数量具有一定难度，这主要是因为北京在公共服务与就业和工资水平方面有着明显优势。因此对人口的疏解也就需要循着这个思路与方向，通过认真分析目前北京不同群体的生活状态与需求，找到能够吸引他们向外疏解的条件因素，并通过创造和满足这些条件，实现人口逐渐向外疏解的目的，做到在实现北京"瘦身轻体"的同时，被疏解群体的生活品质与就业质量基本不会降低，甚至还能有不同程度的提高。

（1）通过减缩就业岗位疏解就业人口及其家庭人口

总体来说，就业岗位的多寡主要是由市场决定的。从目前在京流动人口绝大多数就职于体制外机构或以体制外人员身份就业于体制内机构的情况来看，北京绝大多数流动人口的就业行为是市场行为。基于这一基本事实，疏解北京的流动人口，市场化的方法就应该成为主要的方法。这包括通过级差地租规律对产业的筛选，以及短缺资源市场化价格信号的传递等，运用市场规律引导资本、产业和机构的流向与区位选择，带动就业岗位向外转移，并使为这些就业人口提供生活服务的附着型就业人口也随之外迁。

运用政府手段疏解一部分体制内机构，带动这些机构的就业人口及其家庭人口外迁。作为一个超大型城市，北京集中了众多的功能，这是北京人口规模不断扩大的重要原因。在众多功能中，有相当多的功能是由体制内机构承担的，因此，适当疏解这部分功能，特别是疏解某些非首都核心功能，必然带动相当多的

---

❶城市人口容量指一个城市的资源生态系统和社会经济系统能够支持的城市人口数量的潜力,是一个城市人口数量的上限指标,属于一种限定性指标。

相关就业人口及其家庭人口以及功能服务人口向外迁移，这对缓解北京人口压力有重要作用。例如，某些高校功能的适当外迁，或至少迁离中心城区，将不仅使教职员工等就业人口疏解出中心城区，更可带动大批学生等功能服务人口迁离中心城区，这类机构的迁出在缓解中心城区人口压力方面可发挥事半功倍的效果。

（2）通过提升周边地区公共服务水平和打破区域分割制度壁垒，引导人口自愿外迁

作为首都，北京集中了全国最高水平的公共服务机构，公共服务水平和供给能力处于全国最高层级。这既可以使市民能够享有高水平的公共服务，也成为彰显北京发展水平和生活质量的重要指征，但同时也是吸引大量外来人口流入的重要原因。

将优质公共服务机构向外疏解，例如三甲医院、优质学校、某些大型公共文化娱乐设施等，将显著提高周边地区的公共服务供给水平和能力，是增加周边地区吸引力的有效手段。当周边地区的公共服务水平与北京城区的水平差距缩小到一定程度，再在打破区域壁垒的制度创新（例如异地医保和跨省结算等）逐渐成熟、规范后，不仅流动人口选择京外生活的意愿会增强，一些户籍人口中的非就业群体（如退休人员群体等）选择京外居住的意愿也会逐渐有所增强。事实上，目前京外养老现象已经初见端倪，例如，冬夏两季，北京都存在着老年人离京避寒（暑）的现象❶，只是由于异地医保问题尚未妥善解决等制度性障碍所造成的不便，在一定程度上限制了这些人群在外地的长期居住。

因此，未来在提升北京周边地区公共服务设施建设水平的同时，进行相应的打破区域分割壁垒的制度建设也十分重要的，应同步推进。

通过以上的设施建设和配套的制度建设，为户籍人口的居住地选择提供了多种选项。在循此思路进行相应的制度设计时，对户籍问题应持谨慎态度，即以上操作，从目前情况来看，对选择出京居住的群体，应以允许保留北京户籍为基本原则。这是因为在目前条件下，一方面北京户籍的附加功能仍是现实存在，如果

---

❶离开大城市养老的现象在上海也渐成趋势，目前上海周边的嘉兴、昆山等地区，陆续出现了一批养老地，"环上海养老带"正在形成，许多曾经不愿离开上海的老人，如今开始出城"下乡"。见解放日报[N].2016-4-5(6).

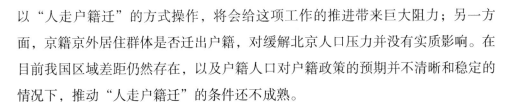

以"人走户籍迁"的方式操作，将会给这项工作的推进带来巨大阻力；另一方面，京籍京外居住群体是否迁出户籍，对缓解北京人口压力并没有实质影响。在目前我国区域差距仍然存在，以及户籍人口对户籍政策的预期并不清晰和稳定的情况下，推动"人走户籍迁"的条件还不成熟。

2.扩大资源供给和提高资源使用效率

扩大资源供给和提高资源使用效率能够有效提高城市人口承载量。在这方面有些工作是需要通过区域统筹才能推进的，尽管目前北京在节水等资源节约方面的工作已经做得比较到位，但也还存在着进一步开源节流或通过改变生活方式来提高资源环境承载力的空间。例如，在中央政府的支持与协调下，南水北调工程取得明显进展，经多年努力目前已实现了南水进京，极大地缓解了北京的用水紧张，使北京16年来首次实现了地下水储量增加、水位回升。目前，北京正在推进的"海绵城市"建设工程，能够有效提高雨洪蓄水量和土壤墒情。今后还应在大力推广中水使用、提高水资源重复利用率方面加大力度，在周边新城建设中，注入紧凑型城市建设理念，控制低密度建设，提高土地利用效率等。总之，建设资源节约型城市应是北京持之以恒的重要公共政策取向，在已经取得一定成效的基础上，还需要在一些已被视为常规做法的生活与工作方式中寻求进一步的改变与突破。

未来除了应循此思路，继续深挖开源节流潜力，开源以进一步扩大资源供给渠道，节流以提高资源使用效率之外，运用制度创新手段为开源节流提供制度性保证，也是其中的重要环节。

（二）应对城市空间不足及公共秩序和社会治理挑战的思路与施政方向

人口规模急剧增加使北京城市空间的拥挤程度不断加大，并使维护城市公共秩序和提高城市社会治理水平的难度也不断加大。针对此问题提出如下的应对思路与施政方向建议。

疏解非首都核心功能、京津冀协同发展，这些举措的着眼点是将北京的人口压力和发展压力向外疏解，这是解决目前北京人口压力过大问题的重要思路和途径，近几年来北京在这方面采取了大力度的措施来推进相关工作，目前这些治理措施的效果已经开始显现，并且可以预期，随着治理措施的持续推行，后续效果将会愈加显著。

与此同时，另一个方面的解决途径和思路也同样重要，也是缓解北京人口和发展压力的重要途径。这就是，通过提高北京对人口和发展压力的承载能力，即通过提高人口容量，使有限城市空间对人口的承载能力得以提高。在目前我国仍处于快速城市化的时代背景下，面对流动人口大规模在京就业与生活以及我国实行由市场配置劳动力资源的现实，更使这一途径在其重要性和现实可操作性方面具有重要意义。

北京的人口压力是由多方面原因造成的，既有人口数量大幅增加的客观原因，也有社会治理和城市管理不到位的主观原因。因此，缓解北京人口压力也应该循着综合治理的基本思路来进行谋划和搭建治理政策体系的框架，形成一个向外疏解人口与对内加强社会治理制度创新和强化城市公共秩序管理相结合的综合治理方案。

从前述对北京与上海两城市情况的比较分析可见，上海以较北京狭小的面积，承载了较北京略多的人口，且在城市交通拥堵状况、环境卫生状况等方面也在一定程度上取得了优于北京的城市治理效果。这进一步说明，尽管北京目前面临的人口压力十分巨大，但仍然存在着通过改善城市治理手段来提升城市人口容量的可为空间。

提高城市人口容量有两个主要的施政方向。一个方向是前文所述，通过增加资源量或提高资源使用效率来提高城市资源的供给能力，以满足人口增长的需要；另一个施政方向是通过加强社会治理制度创新和提升公共秩序管理水平，来提高城市治理水平，使城市在承受较大人口规模压力情况下，也能较好地做到高效运转，并有能力提供相对宜居的工作生活条件和环境。正像提高空间储物效率需要提高物品放置有序程度的道理一样，在保证城市安全有效运转的前提下，若要提高有限城市空间对人口的容纳能力，就需要通过实施更有效率的社会治理和城市公共秩序管理等措施，提高城市的"有序度"，才能办到。城市的"有序性"体现在物质空间的"有序"、社会治理的"有序"，以及公众普遍能够遵守符合共同利益的文明、道德与科学的行为规范和公共秩序等方面。

由于大批流动人口在北京事实上的长期就业与居住，如何将这部分人口真正纳入城市的社区治理体系，这既是新型城市化中所强调的积极推进农民市民化的应有之义，也是提高北京城市人口容量的重要途径，同时，还有助于北京从社会治理角度提升人口的"有序度"。与农村相比，城市有着人口道路交通与建筑分布密度大、经济活动和各类组织机构密集等显著特点，所以城市的生活方式与农村有很大不同。城市生活要求人们更加遵守共同秩序，如交通秩序、公共环境卫生秩序、共同维护公共空间秩序等。因此，有必要以市民学校或社区网络为教育或宣传载体，对市民和大量农村转移人口进行城市公共环境卫生与遵守城市公共秩序的知识普及和宣传教育，并强化监管，对挤占公共空间、污染公共环境等行为加大惩治力度。通过以上多方面的整治和综合治理，使北京的城市"有序度"得到明显提升，从而达到扩大城市容量，减轻人口规模压力的目的。

在提高城市有序化管理水平的过程中，应注意把握好其中的"分寸"和"尺度"，并找到正确的切入角度和推进路径，在既定大的方针取得共识后，鼓励基层社区大胆探索实践，摸索出有推广价值的成功经验，在比较成熟后，可考虑在制度层面推进相应的制度创新，并在理论上加以概括和总结，以丰富中国特色城市化的理论与实践。

第五节　北京"大城市病"治理及交通治理案例分析

"大城市病"是世界大城市的通病，也是目前北京城市发展中面临的"瓶颈"。目前北京"大城市病"突出表现为城市空间高度拥挤，"摊大饼"现象难以控制、交通拥堵不断加剧、城市宜居程度下降等。

一种观点认为"大城市病"的"病因"就是人口规模过大，只要把人口规模降下来，"大城市病"就会自然消解。事实上，人口规模和"大城市病"之间的关系十分复杂，它们之间在某些方面具有直接的关联，而在某些方面并不是直接的关联关系。如果将"大城市病"全部归因于人口规模过大，则开出的"药方"就是降低人口规模一味"药"，而这并不完全符合客观实际，如果完全循此认识和思路进行"城市病"的治理，可能治理效果并不十分理想。

正是基于这一认识，故将北京的"大城市病"治理问题单列一节加以讨论。另外，由于篇幅所限，在对"大城市病"病因的分析基础上，在涉及"大城市病"的众多城市治理领域中，本节仅主要关注了如何通过城市空间布局的调整，化解北京"向心集聚"不断加剧的趋势，减轻中心城区压力的问题，并就目前最为困扰北京的交通拥堵问题，进行了解剖麻雀式的讨论，以期以此为例，提出一种在"大城市病"治理方面，政府公共政策的取向及治理思路。

一、"大城市病"的形成原因与治理的基本思路

"城市的空间容量总是有限的，它总有一个'度'，不能无限制地膨胀下去，而城市的经济、社会却需要继续发展，这是一个矛盾。在大城市中这个矛盾已经十分尖锐、紧迫，亟待解决。"❶北京的交通问题多年来一直广为诟病，"首堵"之名挥之不去。生态环境问题，特别是重雾霾频发已构成环境灾害事件。对于北京来讲，治理"大城市病"已经刻不容缓。

目前，北京对治理"大城市病"开出的"药方"集中在人口与城市功能疏解方面，各项治理措施近几年来密集发布，涵盖了上至由中央政府主导制定的《京津冀协同发展规划纲要》，下至北京多项疏解各类批发市场、关停淘汰各类限制产业的政策措施密集出台。可以预见，随着这些措施的实施，北京的城市发展压力会得到一定的释放，"大城市病"也会得到一定缓解。但毋庸讳言，仅此是远远不够的，还需要从城市发展客观规律的角度，对"大城市病"的"病因"进行更为深入细致和全面的分析，才能制定出更为全面的治理策略。

（一）"大城市病"的形成原因

城市是一种客观存在，是人类经济社会发展到一定水平以后，产生的一种与其相适应的聚落形式。城市的产生、发展和演化，有自身的规律。对"大城市病"的产生进行深入分析，找到病因是进行治理的前提，因此，从城市发展客观

---

❶鲍世行,张在元,徐东华.城市规划新概念新方法[M].北京:商务印书馆,1993:26.

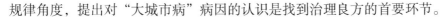

规律角度，提出对"大城市病"病因的认识是找到治理良方的首要环节。

城市是由不同要素和子系统构成的有机体和复杂巨系统。城市构成要素是指构成城市的必要因素，主要包括空间要素、经济要素、社会要素、人口要素、文化要素、基础设施要素、生态环境要素等，多种同类的城市构成要素形成了城市中的多个子系统，要素是系统的基本元素，系统是要素的有机组织形式。例如，城市空间系统是由各种城市空间要素构成的城市物质存在形式；城市生态系统是由城市中的水文要素、土壤要素、树木绿地要素及城市气候要素等所构成的自然界与城市其他要素系统交互作用后所形成的人与自然共同体；城市基础设施系统是为满足城市运转需要而进行的道路、水电气热供应等各种设施建设所形成的设施体系。

城市协调发展是指城市各构成要素所组成的子系统内部和各子系统之间，在速度、规模、结构、运行方式和路径以及形态等诸方面，处于彼此协调状态下的发展。城市只有处于协调状态，才能够沿着繁荣和可持续的方向发展，协调性是城市能够健康发展的重要保障性条件。

城市各子系统及各要素之间的协调与"咬合"是一个不断相互适应的动态过程，这一过程具有显著的渐进性和多重交互影响特征。任何单一要素或子系统在短期内的大幅改变，都将给其他子系统或要素带来冲击，使城市整体发展失衡，各要素或子系统之间严重不匹配，并导致子系统间摩擦增大，城市运转严重受阻，"大城市病"即由此而生。

（二）北京治理"大城市病"的基本思路与施政方向

既然"大城市病"的病因是城市协调发展方面出了问题，是城市构成要素之间的失衡状态所导致的现象，那么，增强城市发展的协调性，加快补齐相关"短板"，就成为北京治理"大城市病"的基本思路与施政方向。

进一步来讲，治理北京的"大城市病"，要求城市治理者要具有前瞻性的战略眼光，有运用系统论的方法和视角认识城市运转和发展过程及其出现问题的自觉，要有以综合施策作为治理"大城市病"基本方法的理念认同。

城市的运转与发展是一个连续的过程，某一城市构成要素的变化将会带来一系列的连带效应，政府应当对这种变化时时保持"警觉"，结合世界上其他城市的发展及经验教训，提出具有前瞻性的战略谋划动议，以减缓因某一城市要素的剧烈变化给北京带来的剧烈振荡。例如，当国家处于快速城市化历史时期时，北京在较长时期内都将面对人口规模过大的问题，其他的城市构成要素应该如何调整，才能减轻其所带来的城市要素失衡影响；再如，北京早期对购买机动车没有进行限制，而上海很早就实行了拍卖机动车牌照的做法，这是今天北京机动车拥有量大大高于上海的主要原因，而机动车过多也是酿成现在北京交通拥堵和大气污染严重的重要原因之一，此事例也是相关公共政策前瞻性不足的例证。诸多类似事例均说明，具有前瞻性的战略眼光可以使城市有效地规避或减轻"大城市病"，是治理"大城市病"的重要前置环节。未来，应将对涉及城市要素变化及其影响的情况进行前瞻性研究，作为制定城市发展规划及相关公共政策的制度化程序，以此来提高城市治理的科学化水平。

超大城市是复杂的巨系统，其内部由多个子系统和基本要素构成。只有运用系统论的方法和视角来看待和认识城市的运转和发展过程，并从这一视角出发研判其出现的问题，才是符合城市发展客观规律的认识方法，也才能真正找到"病根"，并加以根治。运用系统论的方法和视角来看待和认识城市的运转和发展过程，强调城市的整体观和各子系统之间的相互影响和耦合效应，有助于杜绝那种"头痛医头""脚痛医脚"的简单化的"城市病"治理方式，提出更为"治本"的"城市病"治理良方。

"大城市病"主要就是城市协调性方面出了问题，因此，增强城市协调性就成为治理"大城市病"的基本方向。增强城市协调性在实践中其实就是一个综合治理的问题，即通过运用公共政策工具或实施工程建设项目等，多维度地调整城市构成要素或各子系统之间不协调、不匹配的对应关系，补齐"短板"，提高各要素或子系统的匹配程度，才能达到较好的治理效果。任何简单通过单一或个别要素的调整就能达到预期效果的企图，多是徒劳的。城市协调发展这一科学规律的启示在于，应将综合治理作为城市治理的基本方法。同时，这一规律也对现行城市治理中部门分割的政府治理架构提出挑战。如何在"分而治之"与"综合协调"之间找到适宜方法和路径及部门合作方式，是未来城市尤其是特大城市政府面临的治理难题，也是未来北京城市治理更上一层楼不能回避的重要环节。它既需要北京政府各个职能部门积极探索，大胆实践，也需要城市科学理论界和城市政府中枢部门提出切中要点的理论观点和既高屋建瓴又切实可行的顶层设计方案。

二、建设副中心分解中心城压力

（一）北京建设副中心的必要性及相关决策的形成演变过程

对于大城市来说，能否成功构筑起多中心的城市网络，对能否实现城市功能的不断向高级演替和可持续发展，意义重大。然而，北京的城市空间结构却是典型的单中心结构，城市各要素高度聚集于四环路以里区域，导致北京发展在空间上的压力几乎全部集中于中心城区，造成这一地区"城市病"现象不断加剧，这说明中心城区的城市空间已严重超载，扩大城市发展空间已成为北京持续发展的必要条件。实践已经证明"摊大饼"的发展模式不仅无助于解决北京城市发展空间不足的问题，反而加剧了市区的"城市病"。因此，打破单中心模式，构筑多中心空间发展模式已成为北京满足城市发展需要，减轻中心城区发展压力，实现可持续发展的现实选择。

构筑多中心城市网络是当前北京城市发展中带有转折性的重大举措，应成为未来北京基本的城市空间发展战略之一。在现有城区以外择地兴建一座百万以上人口规模的新城，将使北京的城市空间大幅扩展，是北京从单中心模式向双核多中心模式演变的关键步骤。新城将承担的城市功能为：市级行政管理中心、现代服务业重点分布区、城市人口重要居住区以及传统服务业主要分布区之一等。通过若干年的城市网络建设，在北京形成由老城、新城和分中心所构成的双核多中心城市网络。此城市网络将承载国际城市、国家首都城市和综合性超大人口规模城市的各项城市功能。

在此思路下，近几年北京加紧进行了城市副中心的研究论证，2015年7月中共北京市委十一届七次全会决定，未来将在北京中心城以东的通州区建设北京市行政副中心。2016年4月对通州的定位又从行政副中心升级为城市副中心。同年5

月中共中央政治局召开专门会议，就规划建设北京城市副中心问题进行了研究部署，并对未来通州的建设提出了高标准的要求。这说明通州副中心建设已不仅仅是北京一城之事，其重要性已经上升到国家层面，成为国家战略的组成部分。

（二）对通州北京城市副中心建设意义和建设理念的认识与把握

将通州作为北京城市副中心，其意义和重要性已经不仅仅局限于分散城市现有功能，疏解中心城压力，而是将疏解功能与北京未来发展的需要结合起来的重大举措。通州城市副中心建设将重塑北京城市空间大格局，深刻改变北京城市建设与发展的空间版图，这将成为北京城市建设史上具有里程碑意义的大事件。为此，应当进一步深化对副中心建设意义与建设理念的认识。

1.通州副中心不仅是中心城疏解功能承接地，还将是中国城市新貌示范区

首先，对通州副中心的功能定位经历了从"行政副中心"到"城市副中心"的变化。这一变化要求通州未来应是一个具有综合职能的城市区域，不仅要能够承担市级行政职能，还要承担经济等方面的职能以及其他宜居宜业的各项基本的城市职能与公共服务事项。中共中央对通州建设提出的高标准要求，更是将通州副中心的建设意义从北京的次级城市功能转移承接地提升到中国城市新貌示范区的新高度。北京城市副中心将在推动京津冀协同发展方面发挥建设性作用，成为"京津冀区域协同发展示范区"。这预示着，未来京津冀协同发展北京一方的大部分功能承担机构将主要在通州落地。作为在京津冀区域发展中的龙头城市，北京主城未来将更加向"首都功能"聚焦，无力再增添非首都核心功能。未来京津冀区域发展的协调整合功能将主要放在通州，这也是通州副中心的重要功能之一。

2.要将通州副中心建设成为一座达到世界水平、体现中国特色并融入艺术追求的精品城市

"高点定位"是中共中央对通州副中心建设水准的总体要求。城市的规划布局、各项城市功能的空间配置，以及城市风貌等宏观层面的建设，都要坚持"高点定位"。在副中心规划建设之初，就将通州定位在要建成一座达到国际高水

平、体现中国特色，并融入艺术追求的精品城市，将通州打造成具有一定世界知名度的中国新"名片"，使其在中国城市建设史上留下亮丽身影。

要达到上述建设目标，就需要做到有世界眼光和向国际标准看齐，树立要将通州建设成一座在世界上"叫得响"的城市，一座从规划设计理念、建筑设施设计建设，到建成后的城市管理，都达到国际一流水准城市的观念。

"中国特色"是通州副中心建设的又一强调重点。"中国特色"包括中国风格的建筑特色，还包括在中国特有的哲学认知、长期的文化熏陶和历史传承中所形成的独特中国"气质"的空间表达。除上述两点之外，"中国特色"还应包括对现代中国的发展理念、发展方向及发展水平等现代元素的空间表达内容。

"追求艺术"作为中央政府对一地城市建设所提明确要求的情况实不多见，这是对通州副中心建设"高点定位"中高要求的又一具体体现。要求一座城市的建设要"追求艺术"，这是在一个较高水平上对城市建设的要求，说明其城市建设已不再仅仅只是满足各种经济要素的集聚和各种经济活动对城市空间、功能及设施建设的要求，也超越了作为人类居住空间对城市建设的各项要求，而达到了一个新的高度。这个新高度就是城市不仅作为经济活动和居住的场所，它还是一个能够满足人们文化需求和艺术欣赏需求的精神家园。未来的通州正是要通过其"艺术性"和"中国特色"元素，及达到国际上先进城市的建设水平，来向世界展示中国风貌。

3.副中心建设的价值取向：建设一座以人民为中心的城市

城市不仅仅是由一座座钢筋水泥堆砌的建筑、一条条柏油或铁轨铺就的道路，以及一片片绿地构成的物理空间，归根结底城市中的各种设施都是为在其中生活工作的人服务的，所以，城市的规划建设都应该以人为本位。以人为本是城市规划建设的基本准则，这一点毋庸置疑，但仅此是不够的，还应该在城市规划建设的考虑维度上设定明确的价值取向，即应当将通州副中心建设成为一座以人民为中心的城市。

城市是一个人口集聚的空间场所，城市功能的逐渐完善使其人口构成愈趋多元化，这是城市社会构成的基本特征。以人民为中心的城市应当是一个从规划设计到建设管理，都从全体人民的利益出发来考虑方案选择和目标取舍的城市。以人民为中心的城市应当是一个包容程度高的城市，是能够比较全面地考虑城市中各阶层市民需要的城市，并为他们提供便利的宜居宜业条件的城市。

具体到通州的情况，未来的通州副中心不应该是一个只有高端产业分布和只有高收入阶层居住的"富人区"，也不应该是一个只对高收入阶层提供较完善服务而忽视中低收入阶层，特别是忽视那些从事生活服务业等相对低收入阶层的居住与生活需求的城市。正确理解"高点定位"与城市人民性的关系，才不至于在副中心的规划建设中"走偏"。

4.将通州副中心建设成为贯彻最先进理念和应用最先进技术与设计标准的现代化城市

通州副中心的建设应当贯彻最先进理念和应用最先进技术与设计标准，在城市建设的技术和市政建设层面，广泛应用世界上先进的技术、标准、材料和工艺等，将其建设成为体现世界先进建设理念的绿色城市、森林城市、海绵城市、智慧城市。在市政建设和技术要求上坚持高标准，包括了在地下管线、给排水设施建设、道路交通系统、防灾减灾设施等一系列设施的建设与配置上应坚持高标准。通过这样的高标准建设，杜绝诸如因城市排水能力不足，遇大雨严重内涝等重大城市安全事故的发生。

三、"大城市病"治理案例：北京交通拥堵及其治理

大城市交通拥堵现象具有普遍性，北京也深受其害，它既严重影响了城市的运转效率，也使宜居程度大打折扣。同时，大城市的交通问题又是一个典型的综合问题，其产生的原因是多方面的，必须从综合的视角去分析原因，并运用综合协调的方法，才有可能找到正确的解决或缓解之道，因此治堵之策也必须是一个多管其下的综合治理方案，这样才有可能奏效。

下面以北京交通拥堵及其治理问题为例，分析并找出在增强城市协调发展思路下北京交通拥堵的治理方案，用以说明"治理'大城市病'需要从增强城市协调性的思路与方向上综合施策才能奏效"这一核心观点。

（一）北京交通需求剧增的原因

自 2001 年获得奥运会主办权以来，北京以历史上最快的路网建设速度不断提高交通供给能力，但交通拥堵并未见好转。这说明，北京已经进入了交通供给与交通需求竞相增长的时期，目前的交通拥堵是快速的交通供给增长越来越不能满足井喷式交通需求的增长所造成的。

北京交通需求大幅增长是以下五个方面因素综合作用的结果。

第一，北京的主要功能持续"盘踞"在中心城区，造成大量就业岗位和功能服务人口集中于中心城区。

第二，人口规模大，给交通造成巨大压力。

第三，土地供应结构发生变化，远郊区县成新增住宅主要分布地区，远距离通勤渐成规模。北京城区内可开发土地的减少增加了郊区房地产开发的热度，出现了土地在郊区集中放量的现象。在近年北京的土地供应结构中，远郊区县占比持续走高，成为主要的土地供应区域。其中住宅建设用地供应增长较快，再加上中心城区高企的房价和经济适用房、"两限房"越建越远，而大量就业岗位和城市功能仍集中于中心城区。这些情况交织叠加在一起，使得远距离交通需求大幅增长。

第四，机动车的高拥有量、高使用强度、高密度聚集，给交通带来巨大压力。北京在采取摇号限购政策后，2015 年民用汽车拥有量仍然达到了 533.81 万辆。同时北京小汽车的使用强度也比其他国际大城市高出许多，且机动车分布高度集中于六环路以里地区，这些均给北京交通带来巨大压力。

第五，虽经 2014 年岁末的公交票价上涨调整，但与公交成本和与其他城市横向比较，北京的低票价公交特点仍很突出，这也在一定程度上刺激了交通需求的持续增长。

（二）北京交通拥堵综合治理的基本思路

对北京交通拥堵进行综合治理的基本思路集中在以下两个方面。

1.通过减少交通需求来缓解交通压力

缓解交通压力的根本途径有两条，一条途径是减少交通需求，另一条途径是扩大交通供给。考虑到近些年是北京历史上交通供给能力提升最快的时期,而且"越修路越堵"的现象十分明显,所以当前在继续重视增加交通供给的同时,通过减少交通需求来缓解交通压力也应引起重视。

影响城市交通需求的三个主要因素分别是人口规模、城市功能空间布局和交通政策。在这三个因素中,北京的人口规模不可能有大幅度减少;交通政策方面,公交低票价虽然在一定程度上刺激了交通需求的增长,但它同时也有促进公交发展、抑制私人机动车使用的作用,因此,还是应该继续保持适度低票价这一公共政策。

由此来看,目前北京缓解交通需求压力的重点应放在调整城市功能空间布局和机动车使用与控制政策方面。即,大力度启动职住一体的远郊重点功能区建设,并谨慎审批中心城区的新建项目,特别要严控北京旧城内的新建项目。遵循增大机动车使用成本并大力发展公交的基本思路,构建起相应的公共政策框架体系。

为了控制机动车快速增长的势头,北京已经实行了若干年的摇号购车政策。摇号购车虽然能够快速将机动车的增长势头控制住,但如果长期实行下去,却也存在不容忽视的弊端。这主要表现在以下几个方面:其一是摇号购车政策使机动车牌照资源化,这势必导致"资源占有"心理和行为的膨胀,人为加剧了牌照争夺的紧张程度。其二是虽然可以用"摇号"将机动车增长速度大幅降低,但仍无法遏制总量的持续增加,而北京的机动车使用早已引发了严重的拥堵现象,持续增加的机动车数量无疑将继续加剧交通压力,其不可持续性是显见的。其三是摇号购车政策极大地制约了青年群体的购车行为,作为一项公共政策,其在路权代际分配的公平性方面,也存在着明显的瑕疵。

2.加强城市功能布局调整与土地供应、路网建设与交通政策之间的统一筹划,掌握好其间的"节奏",形成缓解交通压力的合力

对于缓解大城市交通压力来说,路网建设、交通政策、土地供应和城市布局之间是"弹钢琴"的关系。其中,路网建设是交通供给,土地供应和城市布局是决定交通需求的重要因素,交通政策则是交通供给与需求之间的协调机

制。各方需要各司其职、协同配合、协调节奏，才能弹奏出一曲畅通交通的"协奏曲"。

城市布局应将重点放在分散城市功能，特别是对那些吸引较多人口的功能，更是要结合产业布局的客观要求和北京发展阶段的特征，提出未来重要功能区的建设和疏解规划。土地供应要与功能规划做好衔接，在土地供应的"量""区位""时机"方面做认真研究，制订与功能区位调整配套的土地供应计划。路网建设既要充分考虑交通需求对路网建设的要求，更要注重发挥路网、特别是大运力轨道交通路网对城市布局调整的引导和促进作用。制定更多有利于缓解交通压力的适宜政策，并形成鼓励建设多中心交通网络的政策激励机制。

在强调上述四个方面相互协调的同时，还应强调这四个方面各项措施推出时机的相互配合，也就是"节奏"要掌握恰当。把握好时机与节奏，能够取得事半功倍的效果。

（三）缓解交通压力的措施建议

1.加大中心城区功能的疏解力度，带动就业人口和功能吸引人口及交通流量向外转移

北京中心城区应该承担的功能分为四个层次：第一个层次是作为国家首都所承担的首都功能，这主要包括四大国家级功能，即国家的政治中心、文化中心、科技创新中心和国际交往中心；第二个层次是作为京津冀世界级城市群的核心城市所发挥的世界城市功能；第三个层次是作为历史文化名城所发挥的承载与展示中国历史文化与城市建筑文化的功能；第四个层次是作为一般城市所承担的基本功能，雅典宪章将其概括为：居住、工作、游憩和交通四项基本功能，也就是说，北京中心城区在发挥好前三个层次功能的同时，还要注重不断提高城市的宜居水平。

在以上四个层次的功能中，第一项功能是北京中心城区的核心功能；第二项功能是在中国成为世界大国之后第一项功能的衍生功能，也是在当今世界彰显中国影响力的重要城市功能；第三项功能是地域性功能，因其是来自于北京的历史

文化特色，所以是无可替代的北京独有功能，也应予以充分重视；第四项功能不仅是前三项功能的基础，也是将北京建设成为"和谐宜居首善之区"的重要内容。北京城市管理部门应站在统筹以上四项功能的高度，既以足够的眼光和魄力，在科学论证基础上，将不属于此列的城市功能向外疏解（如目前正在积极推进的将北京市级行政机构向中心城区以东地区的疏解、高校的疏解等），又要重视四项功能的有机连接，避免出现人为割断四项功能有机联系的情况，例如在注重优化首都核心功能的同时，也应对满足城市居民生活需求的功能做适当的保留和规划，最大限度地兼顾发挥首都核心功能与满足市民日常生活所需功能的各种需要。

2. 在新城和中心城区之外的功能区建设中强化职住一体的建设理念和政策引导

北京各远郊新城建设步伐加快，大量房地产开发项目或经济适用房项目相继上马或完工，这些住宅产品投入使用后进一步吸引了大批居住人口在远郊集聚。在此种情况下，尤其应强化在新城或相对独立功能区中对职住一体建设理念的认同和政策引导。

新城建设应强调相对独立性，而不仅仅是作为中心城居住功能的承接地。这要求在新城建设中不仅要重视那些为居住功能配套的公共服务设施的建设，也要对有利于吸引产业布局的公共设施条件高度重视，做好规划，并大致与居住区基础设施的建设同时起步进行建设。

3. 配合中心城区的功能疏解，构建多中心路网格局

北京公路路网的环状加放射线、轨道交通线中心城的网格状加外围放射状路网结构具有明显的向心特点，这种路网格局适应了重要城市功能集中于中心城区的北京现有城市功能空间分布状况的需要。在这种路网结构下，修的路越多，越能够为中心城就业远郊区居住提供便利，中心城区的交通状况不可能向好的方面转化，因为它把更多的交通需求引导到了市中心，更加剧了中心城的拥堵程度。

城市路网的规划建设不仅有满足交通需求的作用，也有引导交通需求的作用，特别是那些大运力的轨道交通路网，引导作用更大。北京应当在疏解中心城区功能的同时，对构建多中心路网格局也给予较多的关注。在加强相邻功能区之

间的路网建设、为新的重要城市功能区提供直达机场的便捷交通条件等方面提供更多便利条件。通过这些方面的努力，打破现有的向心型路网格局，构建起多中心路网格局，有效分散中心城区的交通压力。

4.以减少交通需求为导向，细化各项交通政策

北京交通政策的制定存在着随意性较大、各项交通政策之间缺乏整体考虑和有机联系，以及减少交通需求的政策导向不明显等问题。应当重新梳理过往的各项交通政策，对那些与减少交通需求相抵触的交通政策予以修正。例如，老年人乘公交免费的公共政策，可考虑改为发放货币补贴或对免费时段做出具体规定（限定在非交通高峰时段免费）等。再如，在制定具体的鼓励交通高峰期私人机动车拼车的有关政策、制定鼓励发展远郊新城内和新城间交通的有关政策、提高车道和人行道对自行车和步行通行的便利程度，以及鼓励中短途出行的非机动化等方面，都存在着进一步优化政策的可为空间。

四、"城市病"治理：多方利益诉求背景下制定公共政策的基本原则

（一）提出多方利益诉求背景下制定公共政策基本原则的必要性

以上对北京交通拥堵这一典型"大城市病"现象的形成原因和治理对策的分析论证，清楚地说明了城市各要素的不协调是引发"城市病"的根本原因，也凸显了相关公共政策在其中发挥的正向与负向作用。正确运用公共政策手段，不仅是"城市病"治理不可或缺的重要环节，更是构成"治理"的最为重要的内容。

然而，由于城市社会结构的复杂性，城市社会构成具有阶层群体多、异质性强的特点，面对城市公共治理议题时，各群体的利益诉求多有不同，甚至大相径庭的情况也时有发生，这导致了城市社会的整合难度较大，城市治理公共政策的制定取得社会共识的难度也较大。对于北京这样有2000多万人口的超大城市，情况更是如此。

在"城市病"治理过程中，北京频繁遭遇到此类情况。由于将要出台的"城市病"治理措施会给不同群体带来不同影响，因而很难形成社会共识，这是目前

北京在城市治理中经常面对的困局。例如，机动车限购和随意停车问题、中心城区机动车收取拥堵费问题、雾霾天气机动车限行问题、路边烧烤与小摊贩治理问题等，由于不同群体有不同的甚至是截然相反的诉求，相应治理对策及其公共政策的制定往往面临不同甚至相反的利益诉求呼声。也正是由于此种局面，使得城市政府的许多治理措施与公共政策很难获得全体市民的一致赞同。

例如，北京中心城区机动车行驶收费政策，若干年前就有学者提出，但由于遭遇到有车群体的强烈反弹，至今仍无推出时间表，甚至连意向性的说法都尚未明确。而摇号购车公共政策，由于是一种依靠随机筛选机制达到控制机动车增长的公共政策，看似并没有直接侵犯到某个群体的利益，才得以实施，然而如前所述，摇号购车并不是一项公平且可持续的公共政策。

由此可见，北京这样的超大城市，在出台城市治理公共政策时，应当遵循什么原则，在"城市病"治理的实践中已经成为一个十分紧迫需要回答的问题。

（二）制定城市治理公共政策的基本原则

1.科学施策原则

城市的运转与发展遵循一定的科学规律，所制定的公共政策必须是以不违背城市科学规律为前提的公共政策，这样才能在"城市病"治理中发挥积极作用。对北京来讲，目前颇为紧迫的雾霾治理就是一个典型的科学施策问题。北京雾霾的构成成分与结构、雾霾的来源与扩散机制和路径等，这些问题涉及一系列自然科学的知识和规律，对其认知来不得半点主观臆断。制定与出台相关治理的公共政策之前，必须要经过大量的实地观测、数据分析等，在得出科学结论基础上，再拟定和出台相关的治理政策，才能对症下药收到成效。

2.公共利益为上原则

北京城市大，阶层构成复杂，一项公共政策的出台，对不同群体往往产生不同的影响。有可能同一项公共政策，在获得某些群体支持的同时，却遭到另一些群体的反对。面对这种情况，在对相关领域经过科学论证并对公共政策的实施及其效果进行了预评估基础上，应勇于拿出符合最广大市民长远利益的公共政策，而不是瞻前顾后，致使这样的公共政策迟迟不能出台，或采取多方妥协的方式，拿出的治理对策不痛不痒，收效甚微，以致"城市病"的恶化趋势得不到有效遏制。

面对这类问题时，要有清醒认识：一是不要寄望所出台的每项公共政策都能够获得全体市民的拥护。因为用于治理"城市病"的公共政策，本质上是通过调整城市各子系统或要素之间的不协调，来增加城市协调性的政策干预手段。在这个干预过程中，会涉及城市资源分配格局的调整等一系列与不同群体切身利益密切相关的问题，这必定会在不同群体间引起不同的反响。在出台这类公共政策时，应在科学层面的论证后，再在社会层面进行相应的宣传、引导、听证与说服工作，而这其中，自始至终都应将城市的长远利益和最大多数群众的利益放在首位。二是城市决策者应当做城市最广大群众利益的代言人。这首先需要决策者牢固树立公共资源全民共享理念；其次需要决策者深入基层，摸清不同社会阶层人群的需要和诉求，再在科学认知基础上，从最广大群众的长远利益出发，制定出正确的公共政策。深入基层调研和倾听不同利益群体诉求是其中十分必要的程序。当然，这类涉及不同利益群体切身利益的公共政策的出台，社会上的大讨论也是必经的程序，充分的讨论与论证，有利于提高公共政策的社会共识度，减少执行层面的阻力。

3.统筹兼顾原则

因为"城市病"的治理是一项牵一发而动全身的系统工程，许多公共政策的实施将产生连带效应，这就要求在制定相关公共政策的时候，不能将目光仅仅局限在这一政策所具体针对的对象上，而要将其实施后有可能产生的连带影响一并考虑进去，再在此基础上，对公共政策进行必要的修正与调整，这是政策优化的必经程序。

真正做到统筹兼顾颇有难度，它既要求决策者要有涵盖经济社会发展、城市规划建设与管理、生态环境建设等多个领域的宽阔视野，也要求决策者要有对多方情况的整体把握与统筹能力，还要掌握兼顾科学方法和最大限度凝聚社会共识的方法，才能把统筹兼顾落到实处，使"城市病"治理沿着正确的方向持续推进。

小城市（镇）应对策略

——走产城融合与提升城市管理水平的发展道路*

自20世纪80年代中期我国城市化蓬勃发展以来，在30年的时间跨度里，特大型城市，特别是东部发达地区的特大城市，成为我国城市化人口的主要流入地，经过长期的人口积淀，这些东部地区的特大城市普遍面临人口过载问题，由于短期内人口暴长造成了城市的严重失衡，"大城市病"相继出现。

2015年年末，我国总人口13.7462亿人，城市化率56.1%。根据我国《国家新型城镇化规划（2014—2020年）》提出的目标，到2020年我国常住人口城镇化率将达到60%。即使不考虑人口增长因素，只以2015年的人口计，到2020年我国也还要有5361万的人口要实现城镇化。在特大城市普遍人口过载的背景下，下一步，中小城市将成为未来我国城市化继续推进的主要城市化人口承载区域。

然而，30年的城市化经验表明，至少到现在，与大城市强大的人口引力比较起来，中小城市，特别是小城市，在城市化引力方面普遍不足，与未来将要承担的城市化历史重任有明显差距。考虑到小城市（镇）在目前我国快速城市化时期面临的情势和发展困境与大城市有很大不同，而小城市（镇）又将在下一步我国的城市化中承担重要责任，所以有必要对小城市（镇）的发展进行专项研究。为此，本书将小城市（镇）在快速城市化时期的应对策略单列一章进行讨论。

本章的研究与论述将重点放在以下两个方面：第一个重点是探讨小城市如何增强对农村人口的吸引力，事实证明，要做到这一点就必须走产城融合的发展道路，在非农产业发展方面取得明显进展。因此，本章实际上将探讨的问题是小城市如何从自身优势出发，抓住机遇，发展做大第二和第三产业。第二个

---

* 由于本章的讨论内容涉及我国小城镇的主要类型乡镇镇区，所以使用了"城镇化"的表述。

重点是当小城市人口规模集聚到一定程度，城市本身建设与管理的迫切性、重要性与复杂性就会凸显出来，而作为城市的管理者，在应对这种急剧的城市扩张方面，普遍存在准备不足和经验不足的情况。为此，本章将就此问题着重在理论与实践的衔接点及理念和思路方面，进行相关讨论，并择其重点提出应对方略。

第一节　通过内源性资本积累提高非农产业化水平：义乌道路及启示

一、义乌样本的意义

对于中小城市，特别是县城类小城市，要想吸引更多的人口进入和获得发展，非农产业必须有大的发展，才能提供足够多的非农就业岗位。然而，发展非农产业，尤其是制造业，一般来讲需要有较大的先期投资，而这恰恰是我国多数县城类小城市非常缺乏的。引入区域外资本固然是重要路径之一，例如广东东莞，改革开放前期大量港台资本的进入，在启动本地工业化进程中发挥了至关重要的作用，并发展成为著名的"世界工厂"。在此过程中，1985年撤县设市（县级），1988年再升级为地级市，东莞的城市化也获得突飞猛进的发展。东莞从一个小县城迅速成长为一个重要的城市化人口输入区，2015年东莞常住人口825万人，其中户籍人口仅为195万人，外来人口则有630万人，外来人口已是本地户籍人口的3.2倍，占常住人口的76%。

然而，像东莞这样依靠区域外资本实现本地工业化和城市化的区域或县城，在我国仍是极少数，大量的县城类小城市，在吸纳农村人口、提升区域城市化水平方面面临的最大困境和挑战仍然是如何发展壮大非农产业，而这取决于是否有足够的资本注入。因此，得到启动本地非农产业发展的先期资本，就成为这类小城市能否发展壮大，并在我国城市化历史进程中发挥作用的前提条件。

在这方面，义乌道路给出了很好的答案。义乌正是依靠自身力量，实现了非农产业化发展所需资本前期积累的典型，从这个意义上说，义乌道路与义乌经验更具有普遍性和借鉴与推广价值，这也正是本章选取义乌作为样本进行分析的原因所在。

二、义乌非农产业的发展壮大与城市化历程

由于本节的主要目的是探讨义乌非农产业发展如何得到"第一桶金",所以以下对义乌发展过程的分析重点将放在起步阶段及几个重要的产业结构转换节点,后期和近期的情况并不是分析的重点。

义乌地处浙江省中部,面积1105平方公里。中华人民共和国成立后到改革开放初期,一直都是一个农业县,与周边其他农业县没有什么区别。改革开放前,义乌的工商业并不发达,也不是一个农业发达县,人均土地少,经济上是一个比较落后的县。由于人均土地少,亩产量也不高,这就迫使农民在补充土壤肥力以提高产量上想办法,当时想到的有效办法之一就是把鸡毛填充到田里作肥料来提高地力。由于自家的鸡毛数量有限,农民就以自家生产的甘蔗糖作为交换物,外出换取鸡毛,这就是"鸡毛换糖"的由来。在社队农业经济时代,部分社队成员就以这样的理由外出进行此类交易,形成了游走四方的"鸡毛换糖"货郎担。在实际操作过程中,"鸡毛换糖"换取鸡毛的交易物品逐渐扩展,农民用作交易的物品从甘蔗糖扩展到自家生产的"针头线脑"类小商品,交易回来的物品也从鸡毛扩展到毛发类、塑料橡胶等各种"废旧物品"。这种扩大化的"鸡毛换糖"行为在计划经济时代被政府认定为是"投机倒把"而加以打击和压制。直到改革开放后的1982年,县委县政府认可了民间的"鸡毛换糖"行为后,才为义乌个体商业行为的发展清除了制度障碍,并就此开启了义乌小商品市场迅猛发展的"闸门"。此后,从农田里走出去的人群逐渐扩大,流动经营群体渐成规模。另一方面,由于交换行为规模的扩大,为了满足交换的需要,本地开始出现专业的供货批发集聚地,这就是小商品市场的雏形。在此基础上,义乌的小商品市场逐渐扩大,最终发展成为"买全国、卖全国"的小商品交易市场,交易方式也从游商变为坐商。

这之后,义乌的小商品市场规模不断扩大,品种越来越丰富,直到发展成为全球最大的小商品集散中心,其标志性事件发生在2006年,被誉为小商品"道琼斯指数"的"义乌·中国小商品指数"向全球发布,这标志着义乌全球最大小

商品集散中心的地位正式得以确立。

至20世纪90年代初，由于全国商品经济和市场经济的发展与普及，全国各地的商品交易市场都获得了长足的发展，这使得义乌的小商品交易市场面临着竞争加剧、毛利率不断下降的局面。此时也出现了"一级批发市场本地化"的明显趋势，而1993年义乌市场80%的货源来自外地，在这种形势下，再仅仅凭借这种"买全国、卖全国"的主导经济模式来保持住义乌原有的优势变得越来越困难。为了应对这种情况，在已经具有一定商业资本基础上，义乌市政府在对全国小商品市场进行调研后，适时提出了"工商并举"的发展战略，并推出了一系列旨在鼓励工业发展的包括土地、税收、资金等方面的政策调节措施，以拉动"商转工"，并在1992年挂牌成立了"城南工业区"。1994年义乌市政府又提出"工商联动"战略，2002年又实施了"贸工联动"战略，主旨都是要将义乌原有的商贸优势与工业联系起来，形成以商（贸）带工，以工促商（贸）的良性局面，促进义乌的经济发展不断迈上新台阶。

义乌从1994—1995年正式实施"工商联动"战略开始，到1999年工业形成规模，发育过程大约用了5年时间，期间一大批完成了资本原始积累的经商户迅速转向发展与市场相关的轻工业产品的加工与制造。[1]1999年和2007年义乌的工业发展情况见表4-1和表4-2。

表4-1　1999年和2007年义乌工业企业概况

年份	全部工业企业数（家）	全部工业总产值（亿元）	规模以上企业数（家）	规模以上工业产值（亿元）
1999	10078	221.4	142	26.3
2007	26509	857.9	1138	432.8

资料来源：刘成斌.义乌：市场变迁中的分化与整合[M].北京：人民出版社，2015：221.

经过改革开放后近40年的发展，义乌的产业结构已经发生了根本性的改变，非农产业成为义乌的主导和支柱产业。

---

[1]刘成斌.义乌：市场变迁中的分化与整合[M].北京：人民出版社,2015:221.

表4-2 1999年和2007年义乌私营工业企业概况

年份	户数(户)	投资者(人)	雇工人数(人)	注册资本(万元)
1999	1899	3890	54769	180104
2007	10898	21290	156272	2860869

资料来源：刘成斌.义乌：市场变迁中的分化与整合[M].北京：人民出版社，2015：222.

改革开放以来若干年份义乌产业结构比较见表4-3。

表4-3 改革开放以来若干年份义乌产业结构比较

年份	第一产业	第二产业	第三产业
1978	57.42%	21.13%	21.45%
1985	39.55%	31.94%	28.51%
1992	14.04%	28.14%	57.82%
1993	12.11%	42.37%	45.51%
2006	2.74%	46.09%	51.18%

资料来源：刘成斌.义乌：市场变迁中的分化与整合[M].北京：人民出版社，2015：29.

与此同时，义乌的城市化发展也如火如荼，1987年由县改为县级市，下辖6镇8街道。截至2013年年底，有户籍人口76万人，外来务工人口116万人，外来务工人口是本地户籍人口的1.5倍。这说明义乌已经成为一个具有较强吸纳能力的产业集聚中心和就业中心，产城融合是城市得以发展壮大最根本的途径，义乌走过的道路充分说明了这一点。义乌城市化发展历程见表4-4。

表4-4 义乌非农产业发展初期、中期的产业发展与城市规模扩张*

年份	人均GDP(元)	商品城交易额(万元)	总人口(万人)	城区人口(万人)	城区面积(平方公里)
1978	235	392**	54.9	3	2.8
1988	1800	10300	61.5	6	5.9
1998	17776	1534000	65.8	20	15.4

续表

年份	人均GDP（元）	商品城交易额（万元）	总人口（万人）	城区人口（万人）	城区面积（平方公里）
2001	20298	2120000	66.9	43	32.2

资料来源：《义乌统计年鉴》（历年），转引自徐剑锋.城市化：义乌模式及其启示[J].浙江社会科学，2002（6）：38-42.

*总人口与城区人口为户籍人口口径。

**为1982年数据。

三、义乌道路的启示

（一）非农产业大发展是实现城市化的根本驱动力

表4-4清楚展现了非农产业发展与城市扩张之间的正向关联关系，说明义乌城市发展是通过非农产业发展推动的。从城区面积与人口数量对应数据的变化也可以看出，即使不考虑外来务工人员大量增加的因素，城区单位面积上的户籍人口数量也是增加的，这也说明了城市集聚效应是在非农产业发展的带动下逐步得以显现的。综合看来，义乌的非农产业发展和城市扩张呈现出了良性互动的局面，是我国新型城市化道路所要求的"产城融合"发展模式在实践中的成功范例。

与此形成鲜明对照的是，目前在我国一些中等城市和小城市存在着人为"造城"现象，这些城市不顾城市中产业发展的实际状况和产业与人口对用地的实际需求，一味追求城市面积的扩张，其人均城市建设用地面积明显超出了有关的国家标准，以致造成近年来我国土地城市化水平显著高于人口城市化水平的状况。

城市的盲目扩大，尤其是新兴小城市远超国家标准的大规模建设，土地财政、地方政府盲目追求建设规模等固然是重要原因，但这只是问题的一个方面。问题的另一个方面则是城市产业聚集能力不足，导致对人口的吸引力不足，即"建好城市无人来"。以上两个方面的共同作用，是造成我国目前这种土地城市化

水平显著高于人口城市化水平的根本原因。

义乌经验说明，只有走"产城融合"的发展道路，才是城市化发展的正确道路和健康模式。首先要将重点放在产业发展上，寻求产业发展的重大突破，然后才是在城市规模上寻求与产业发展速度及人口规模相匹配的扩张，其中，产业发展是动力，城市扩张是条件，二者保持良性互动，才是正确的发展模式。

（二）自身比较优势与市场需求的结合是做大非农产业的根本途径

如何发展非农产业，义乌也提供了有价值、可推广的成功经验。尽管具体来讲，义乌是从发展小商品市场起步的，但若对其进行抽象可以发现，义乌的成功本质上是通过因地制宜找寻到了一条既符合本身比较优势，又具有巨大市场潜力的非农产业发展道路，这一点至关重要。

这里首要的一点是要对本地的比较优势有清醒认识。我国国土面积大，区域差异也大，各地区自然条件与历史人文特点多有不同，要善于结合市场需求分析自身的比较优势，才能找到适合自身的非农产业发展道路。在这方面尤其要注意规避以下几个容易出现的不当举措。一是不认真分析自身的比较优势，盲目"跟风"，或不顾自身情况，眼睛只盯着那些"高、大、上"的产业或项目。其实实际情况往往是即使真的争取到一两项这样的"高、大、上"项目的投资，就业需求也往往是十分有限的，而且越是"高、大、上"项目往往对员工的技术文化水平要求越高，或是机械化程度越高，而这些都令项目吸纳本地农村劳动力的能力降低，对提高本地城市化水平的作用往往不如那些劳动密集型的产业和行业。因此，对于我国以县城为主的小城市来讲，发展非农产业，提高城市化水平的途径，还是要将重点放在那些真正能够体现自身比较优势，具有较强就业吸纳能力的非农产业方面。

只有具有良好市场前景的产业才能有更大发展空间，因此市场因素是做大做强非农产业的另一重要因素，义乌经验充分说明了这一点。义乌正是看到我国改革开放之初商品流通与交换不足的情况，大力发展有巨大市场需求的小商品交易产业，再在此基础上向小商品生产领域延伸，从而得以发展壮大起来的。因此，我国大量农业县县城要实现城市化的健康发展和非农产业的大发展，也要积极在研究市场、探索市场需求上下功夫。这要求一方面要有灵敏的市场"嗅觉"和前瞻眼光，看到市场的发展趋势和动态变化，及早"闻风而动"，抢占市场先机；另一方面，当地政府也要端正认识，牢固树立起依靠市场找机会，而不是依靠上级"给项目"的观念，才能真正促进地区经济向非农产业的转型发展和城市化取得大的发展。

（三）地方政府的制度供给是促进本地区非农产业发展的重要条件

义乌的另一经验是自改革开放后，当地政府根据义乌的发展阶段与发展特点，适时地在制度层面推出了相应的制度与各项政策法规，这些制度与政策法规有力地促进了区域非农产业的大发展，极大地释放了蕴藏在民间的积极性和潜力，由此带动义乌实现了跨越式发展。

义乌政府的制度供给主要体现在两大战略的制定及其相应制度与政策法规的及时跟进。其一，改革开放后的1982年，政府突破了以农业为单一经营对象的束缚，根据义乌已有基础和实际情况，允许工商业自由发展，紧接着在1984年又提出"兴商建县"战略，并及时跟进了一大批政策法规等制度供给，包括提供坐商所需要的硬件设施和各项政府服务，为义乌成为全国乃至世界小商品集散中心提供了必要的制度保障。其二，20世纪90年代上半期，根据义乌的发展情况，适时提出"工商并举"发展战略，也同样跟进了一大批旨在鼓励工业发展的包括土地、税收、资金等方面的政策调节措施，促成了义乌后续的经济发展不断迈上新的高度。

这一经验一方面说明，在我国现行行政体制下，地方政府在促进区域经济发展方面是大有可为的，手段就是正确的制度供给；另一方面也说明，地方政府欲促进区域经济发展，必须与民间力量结合，依靠民间力量在市场大潮中"摸爬滚打"并胜出，才可达到目的。再者也说明，地方政府的远见和对市场经济的深刻理解，也是区域经济获得迅猛发展的重要因素。

第二节　小城市（镇）城镇化应对方略重点

一、小城市和小城镇在国家新型城镇化战略中的地位与作用

小城市和小城镇是国家新型城镇化战略中的重要环节，其地位与作用主要体现在以下两方面。

（一）小城市和小城镇是分流我国巨大城镇化人口压力的重要载体

人口大国和区域发展水平差距大是我国的两大基本国情，它规定了中国的城镇化之路必有深深的中国烙印。人口大国的基本国情使中国在城镇化推进过程中，必须面对更为艰巨的人口城镇化问题。中国每提高一个城镇化率百分点，其城镇化人口数量常常数倍于许多西方国家。区域发展水平差距大的基本国情，使我国东部发达地区大城市成为城市化人口的集中流入地区。然而，要吸纳如此多的农村人口进城，仅仅依靠几个千万级人口规模的大城市是无法做到的，这既超出了这些特大城市的生态环境和空间的承载能力，也给这些特大城市的运行管理和社会治理造成巨大压力，是一种不可持续的城镇化模式，这方面典型的负面案例是拉美国家的"超大城市化"。❶

近年来我国东部地区特大城市承受的人口压力已接近或超过极限，"城市病"频发，这种趋势必须扭转。我国的小城市和小城镇普遍还未达到人口容量上限，因此我国未来应积极引导新增城市化人口进入小城市和小城镇居住就业。关键是要夯实小城市和小城镇的产业基础，以非农产业发展为动力和引力，聚集人口和提升基础设施的规划建设水平及公共服务能力，在我国接下来的城镇化推进

---

❶拉美的超大城市化是一种全国人口高度集中于特定的极少数(通常是一个或两个)城市，从而使该城市的人口规模超大的现象。在拉美城市化过程中，普遍存在城市人口高度集中在一个(通常是首都)或少数几个城市的现象。例如秘鲁首都利马集中了全国人口的1/3，阿根廷首都布宜诺斯艾利斯人口占全国人口45%，墨西哥首都墨西哥城人口占全国人口32%。

过程中发挥重要的增量吸纳作用。

就产业来讲，一般小城镇的非农产业中，除为本镇辖区提供商品零售、服务维修等生活服务的产业门类外，以当地农产品为原料的加工业和农产品及其加工产品的运输物流业，也占有重要地位。另外，某些具有一定矿产和旅游等独特资源的小城镇，则以此作为主导产业，发展起成为本镇经济支柱的非农产业，并以此集聚了较多的非农就业人口。

（二）小城市和小城镇是向乡村提供具有城市水准的公共服务、使农村人口能够共享现代化成果的重要基层辐射源

城镇化并不能也不是完全"消灭"乡村，即使达到了较高的城镇化水平，也仍然有相当一部分人口生活在农村和以农业劳作为业，我国这种人口大国，情况更是如此。然而，现代化的历史车轮滚滚向前，人类文明和生活品质不断发展和提升，无论生活在城市还是农村，都应当享受到大致同水准的现代化成果。在将现代化成果向乡村延伸和扩散，使乡村人口与城市人口共享现代化生活品质和公共服务方面，小城市和小城镇由于其分布的广泛性和与乡村在地缘上的接近与连接的紧密性，而具有了不可替代的作用和得天独厚的区位优势。小城市和小城镇的发展，是使广大农村人口跟上全社会现代化步伐、踏上新型城镇化时代列车的关键环节，是实现公共服务均等化的重要空间支点。

二、小城市和小城镇推进城镇化发展的主要方向

（一）扩大城镇人口规模，在农业转移人口市民化方面取得重要进展

新型城镇化强调人的城镇化，这要求农业转移人口在实现进城就业的同时，也同步享受到住房、公共服务和社会保障等方面的市民待遇。做到了这些，对农业转移人口个人而言，城镇化才算真正得已完成，对各级地方政府而言，城镇化推进工作才算取得实实在在的成效。

要做到农业转移人口市民化，要求在农业转移人口实现就业转移的基础上，由政府主导来推进为其提供与市民同等的公共服务和社会保障的各项工作，并在

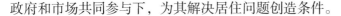

政府和市场共同参与下，为其解决居住问题创造条件。

在实践中需要注意的是，"农业转移人口"是一个产业转移人口的概念，意指从农业转移出来到非农领域就业的人口。因为这些人口（包括家庭成员）已经实现了就业的非农化，所以居住与生活的非农化也就顺理成章、势在必行。但是那些仍然从事以土地为对象的农业生产活动的人口，劳动对象的"面"状特征，决定了他们的居住方式如果是"点"状的（城市居民点），其是不经济、不可行的。所以针对农村人口，不应该不加区分的"迁村并点"和让农民"上楼"。

（二）提高城镇建设管理水平

虽然作为小城市和小城镇，城镇建设规模和某些指标不必向大城市和中等城市看齐，但仍然是本地人口城镇化的重要空间载体；另外，镇政府所在地的镇区属小城镇类型，肩负着向农村地区辐射现代化生活方式和让农村人口分享现代化成果的重任。因此，建设和管理好县城和乡镇镇区，就成为我国继续推进城镇化发展的方向和关键任务之一。

城市发展到一定阶段，城市各种设施逐渐增多、规模增大，城市功能也逐渐丰富。对城市进行科学管理，提高城市的运行效率和保障城市运行的安全性等事宜，必然要提上议事日程，这也是这类小城市和小城镇在推进城镇化中重要的任务和重点的工作方向。

（三）保持农村活力，大力提升农业现代化和农村公共服务水平

农业地区的县城类小城市和乡镇镇区类小城镇的城镇化应当建立在农业发达、农村依然保持活力的基础之上，不能用农村的寂寞萧条、残破凋敝，来换取城镇的发展与繁荣。

随着城镇化的推进，农村人口逐渐减少，但人口减少与萧条和凋敝的发生之间并没有必然联系。要保持农村活力，需要为其注入新的动力，这种动力既来自于农业现代化水平显著提升所带来的经济繁荣，也来自于农村社会建设打开新局面所带来的社会和谐与文化繁荣。农业现代化和农村公共服务水平与城镇的无差别化或小差别化，是保持农村活力的重要基础性条件。

提升县城和镇区向全县或全镇提供公共服务和现代化生活品质的能力，需要在软硬件两个方面做出努力。硬件方面，如果财政支持能力有限无法做到面面俱到的话，应首先关注和建设那些与提高人民群众生活品质密切相关的基础设施，而对那些主要是提升"形象"的工程可不建或缓建。软件方面，在现代化设施的使用方面，在进行相关的设施管理与制订使用制度时，应秉持"加强与服务农村人口"的理念，不断挖掘设施使用潜力，为更多农村人口造福。在提供公共服务方面，要不断深化对"均等化"的认识和理解，从农村人口的切身利益出发，在教育、医疗卫生、养老、公共文化和社会保障方面，将"均等化"落到实处。

县城类小城市基本上都是全县的首位城市，更是肩负着带动全县实现现代化和全面提升全县公共服务水平的重大责任。

（四）注重生态涵养和文化的保护传承

小城市和小城镇在推进城镇化的各方面建设中，对以下两方面应有清醒认识，一是城镇建设不能以破坏生态为代价，二是农村地区同样面临生态保护和涵养的问题。作为乡村中的城镇化节点，小城市和小城镇的生态建设理应受到高度重视，不能掉以轻心或无所作为。

地域文化是千百年来共同生活在同一地域的人们所创造和共有的精神家园，是人们归属感的重要来源。建筑和景观往往成为承载地区特色文化的载体，是一个地区宝贵的物质文化遗产。小城镇在城镇建设和改造中，要重视对文化遗产的保护与传承，使其成为有文化记忆和文化底蕴的家园。

三、小城市和小城镇推进城市（镇）化发展的重点战略

（一）产业发展带动人口集聚战略

人口在城镇的聚集是城镇化最核心的内容。人口在城镇集聚，引力来自非农产业在城镇的聚集所产生的劳动力需求。因此，"产业发展带动人口聚集"应成为小城市和小城镇推进城镇化的基本战略之一。

从比较优势和历史基础出发，做强第二产业和第三产业。对于大多数县来讲，虽然农业在全县占据主要地位，但并不排斥在保证农业发展的前提下，第二产业和第三产业等非农产业有大的发展。这类城镇的第二和第三产业要有大的提升，需要在三个方面做重点努力：一是利用本地的区位优势和劳动力成本优势，吸引资本和企业在本地落户，我国东部地区及特大城市的产业升级、结构调整是重要机遇，应积极加以利用；二是深挖以本县农副产品为原料的食品加工和制造潜力，依托农业县的特有优势，主打绿色有机食品加工制造品牌；三是围绕旅游业的发展，在旅游产品的开发生产上进行深度挖掘，形成产业链条。至于原有的矿产区，也应从单纯的采矿功能向小城镇建设方向转型。

通过以上多方面的努力，实现"产城一体"，走通过产业发展集聚城镇人口的新型城镇化道路。

（二）强化城镇建设与管理战略

1.城镇和城镇体系建设

城镇体系是一个具有层级结构和互补功能的整体，它是由规模不同、功能各异、在空间上呈现"镶嵌"构造特征的一组城镇构成的有机整体。影响力越大的城市，在城镇体系中所处的层级地位越高，小城市和小城镇在城镇体系中处于较低或最低层级。越是高层级的城市，越是依赖于与城市体系内其他城市（区域）的互动，来获得持续的发展动力和保持其在体系内的高层级地位；越是低层级的城镇，越是依赖于或是通过向周边乡村地区的辐射和服务（提供医疗、教育等公共服务和商业等生活服务、发挥农副产品集散功能等），或是通过具有某种非农产业集聚功能（小型工矿业城市或小型旅游城市等），来确保其在城镇体系中的城镇"节点"功能，并据此成为高层级城市连接区域腹地的纽带，从而成为城镇体系中不可或缺的基层单位。正是这种纽带功能维系着小城市和小城镇与高层级城市的持续稳定联系。

小城市和小城镇应认清自身在城镇体系中的层级定位，从所隶属城镇体系的整体架构中寻找自身的城市功能定位，将自身的发展纳入更大范围的区域战略和城市体系发展战略中来考虑。这是因为，越是符合更大区域发展方向和整体城镇体系发展战略的城市功能，就越有可能成为自身的核心功能，因此也是最有可能做大做实的领域和方向。只有这样，才能使小城市和小城镇的发展获得来自外部需求的巨大动力，这种动力将极大地提升和拓展其在发展上的可预期前景。也只有这样，才能在更高的区域发展战略和城镇体系建设中，为自身争取到更为重要的战略地位，并成为国家城市群战略中有价值的城镇节点，而这也恰是本地获得巨大发展的最为重要的动力与资源。

在县域内部也应重视城镇体系的建设，通过对重点乡镇镇区进行基础设施和公共服务能力的重点建设，带动这些地区的城镇化发展，缩小与县城的差距，全面提高全县的均衡发展水平。通过重点镇建设，形成县城—重点镇——般镇三级城镇体系。

在相关的推进工作中，还要注意协调好县城与镇区之间在设施建设与能力建设方面的关系和比例。在近年来县城基础设施和公共服务设施建设都有了长足进步的情况下，可考虑将更多的建设重点和项目向镇区倾斜，用镇区现代化设施和公共服务能力的显著提升，带动全县农村人口加快进入现代化的步伐和缩小他们在享受公共服务方面与城市居民的差距。

2.提高城市管理水平

就目前我国大多数县的城镇发展阶段来说，提高城市管理水平的重点区域主要集中在县城和重点镇，待日后一般镇也有了一定规模时，相应的管理问题也要适时提上议事日程。县城和重点镇的城市管理重点主要在城市运行管理、城市公共秩序管理及治安管理三个方面。

城市运行管理主要包括了对城市设施系统和附载于设施上的服务系统的管理，具体来讲主要指：基础设施及其服务系统，包括能源供应设施及其服务系统、供排水设施及其服务系统、交通设施及其服务系统、环境设施及其服务系统、废弃物处理和清运设施及其服务系统、通信和防灾设施及其服务系统等，城市建筑与绿地、河湖等的建设与安全保障系统等。县城和重点镇应当在城镇各项设施的建、管、用各环节之间注重有效衔接，学习成熟的城市设施运行管理经验，结合本地具体情况，制定和规范各项设施的运行管理制度，提高城市运行管理的科学性、安全性和运行效率，更好地服务于城市发展和城市功能的完善。

随着城市面积扩大和人口及机构、经济社会活动的增多，城市秩序与治安管理的重要性日益凸显。应当通过学习其他城市维护城市秩序与城市治安的经验和好的做法，并对本地在城市秩序和社会治安方面的现状和存在问题进行深入调研，在此基础上制定可用于本地县城和重点镇的城市管理和治安管理各项规定，并落实相应的执行机构。

（三）以体制机制创新促进城镇化发展战略

虽然推进城镇化健康发展在许多方面都面临体制、机制创新的挑战，但目前最为主要的领域集中在人的城镇化的体制、机制创新方面（农业转移人口享有与城镇居民同等的市民待遇、农村人口享有的公共服务更加接近城镇居民）、土地制度创新（农村土地流转和城镇建设用地征用等），以及生态和文化保护政策与制度创新三个方面。

县城和镇区作为小城市和小城镇，主要的工作重点集中在让农村转移人口能够享有市民化待遇方面。这需要县级政府全面提高县城及各镇镇区的社会治理水平、公共服务水平和制度创新能力，以及做好相关的公共政策配套；同时也需要乡镇政府增强对镇区的社会治理和公共服务意识及对县级政府相关制度与政策的执行力，以及根据基层实际情况进行制度创新的热情。

在土地制度创新与生态和文化保护政策及制度创新方面，一方面积极贯彻国家相关的制度政策大政方针；另一方面也要勇于探索和实践，创造性地用好国家的政策和措施，切实推进制度层面和政策层面的城镇化体制机制建设。

（四）城乡一体联动发展战略

用城乡一体化和以城带乡的思路促进城镇化的发展和农业与农村的发展，是小城镇推进城镇化的重要战略思路之一。

城乡一体化的根本目的是促进城乡共同发展和协调发展，它要求在推进城镇化的同时，将城乡作为一个整体来统筹考虑。在产业发展、土地利用、生态涵养、城镇体系空间布局、基础设施规划建设、道路网线规划敷设，以及社会建设和公共服务等方面，都要以"一盘棋"的思路来谋划，以"一张图"的方法来描绘未来的发展愿景。

在产业发展方面，可以将农牧业县的农业、养殖业、水产业等的产品种植和养殖等生产活动向二产的加工业和三产的批发、物流方向延伸，形成良性一体化发展格局。在土地利用方面，要因地制宜，做到既在城镇建设中合理和集约利用土地，也为农村发展做一定的土地预留，以满足未来农村各项公共事业发展的需要。

在生态涵养方面，一方面城镇建设应该有自有绿地和水面，但也应充分考虑到小城市和小城镇周边有大片农地和天然水面或湿地，同样可以发挥生态涵养作用的实际情况，城区绿地占比没有必要与大城市攀比；另一方面，农村的生态涵养仍不能掉以轻心，不能想当然地认为农村的生态状况一定好，农村由于不重视水土保持和河湖水面养护，生态退化、土壤沙化的例子比比皆是。应当重视农村生活垃圾的无害化处理问题，将其作为保护农村生态环境的重要民生工作来推进。

在城镇体系空间布局方面，一要尊重历史，多多利用原来有基础的小城镇，加以改造扩建，提升设施利用效率；二要有利于形成梯次的城镇体系格局，以便在全县形成相对均匀的区域辐射网络。

基础设施规划建设和道路网线以及公共服务设施等硬件设施的规划建设，要从促进城乡共同发展的高度和适度超前的考量出发，用"一张图"将城乡发展相关规划囊括其中，做到不留公共服务的辐射死角和基础设施的覆盖空白。

至于社会建设和公共服务等方面，则应既从缩小城乡差距、让农村人口与城市人口共享发展成果的角度出发，制定和推行相关政策和制度的建立与实行；也应本着实事求是的态度，正视农村与城镇在社会构成方面和发展形态方面的差异，因地制宜地进行有差别的制度和体制机制建设。

作为农业县，在推进城乡一体化中，尤其应当把重点放在"城带乡"能力的提升方面，"城带乡"可以体现在多个方面，如产业发展方面、社会治理与经营管理经验传授方面、基础设施建设方面、公共服务供给方面、建设资金支持方面以及人才支持方面等。

另外，在城乡一体化建设中还有一点必须明确，这就是城乡一体化不是城乡

"一样化"，城乡一体化并不是要抹煞城乡之间在外在景观、内在结构及文化观念等方面的差异，将城乡塑造成"一个模子"，而是应当注重保留乡村景观特色和人文特色。

通过以上诸多方面的努力，使农牧业县在城镇化如火如荼快速发展的同时，乡村也能呈现出充满活力的发展态势，城镇和乡村两者的发展交相辉映，相得益彰，共同谱写出区域现代化的崭新篇章。

四、将小城镇打造成为农村基本公共服务的基层辐射源

在城镇化过程中如何提高农村地区的公共服务设施配置水平，使公共服务尤其是具有较高质量的公共服务不断从城市向农村地区延伸和辐射，不断提高城乡公共服务均等化水平和公共服务的空间可及性，在城市化快速发展的背景下，做到不仅城市化人口可以通过进入城市的途径而享有与市民同等的公共服务待遇，通过提升农村的公共服务供给能力，使留在农村的人口也能够在享有公共服务方面有大的改善，这是持续推进社会发展与社会公平的重要内容，也是实现农村现代化的应有之义。

基本公共服务的性质决定了普惠是其本质属性。让基本公共服务惠及更多普通民众，既要在资源和公共服务项目的空间配置上能够为更多普通民众提供更多、更好的公共服务，也要在涉及公共服务的资源使用和分配政策上有利于更多的普通民众能够从中受益。要完整体现这两层含义，需要在以下两个方面全面推进，不可遗漏或有所偏颇，即：①基本公共服务在空间上的均等性和可及性；②各项基本公共服务事项在不同阶层和群体间能够相对均衡地进行分配和使用。

向农村普及基本公共服务所面临的主要难点在于农村地广人稀，做到基本公共服务在面积和人群方面的全覆盖难度较大。为此需要在农村地区寻找作为基本公共服务空间配置地的基层节点。这种基层节点在空间上要能够满足均等性和可及性的要求，在功能上要能够在教育、养老、医疗卫生、公共文化等多方面具备向周边区域提供基本公共服务的能力。

针对目前我国农村的现实情况，乡镇镇区（一般为镇政府所在地）是最基层的城镇节点，是城镇体系中不可或缺的重要组成部分，这些城镇节点是城市和乡村的连接纽带，发挥着初级城镇的集聚作用和对周边乡村的辐射作用。对于村民来讲，乡镇镇区是徒步可及的规模最大的集中聚落点，同时也是最基层的具有公共财政资源配置能力的镇政府所在地。乡镇镇区的这些特点使其在承担基层公共服务节点功能方面具有天然优势，是在农村地区普及与提升基本公共服务水平与能力的关键一环。

作为城镇体系的基础性空间节点，镇区的主要功能之一是公共服务中心。加强镇区的公共服务中心功能建设就是推进城镇化的重要内容。加强镇区的城镇化建设，就设施来讲，主要指加强基础设施、公共服务设施等的建设。就功能来讲，主要指形成初步的集聚和辐射功能，使其成为全镇的政治文化中心、公共服务中心和非农产业集中分布区等。

从目前我国农村基本公共服务的提供能力来看，县城类小城市作为全县公共服务中心的功能基本上能够得到较好的体现。与之相比，各乡镇镇区尚未形成为本乡镇的公共服务中心，其设施条件多还处于简陋水平，相应功能更是远未形成。为了推进农村基本公共服务基层节点的建设，未来的公共服务中心功能建设重点和设施配置重点应该从县城向乡镇镇区转移。通过若干年的努力，将各乡镇镇区建设成为乡镇区域的公共服务中心，使农村人口就近就能够享受到与城市居民相近的基本公共服务。

充分发挥镇区在城镇体系中连接城市与乡村的基层纽带作用。通过配置功能较为完备的公共服务设施，发挥镇区在实现公共服务均等化和可及性方面的积极作用，增强其作为全镇公共服务中心的功能。同时，同步推进其他功能建设，使镇区逐步具备与城镇化需要相适应的镇行政管理中心、文化中心、公共服务中心和商业中心功能，并成为非农产业的重要集聚区和居民区，初步形成城镇的集聚功能；通过交通线路连接、文化教育、医疗卫生和养老、商业等的延伸服务，初步形成城镇化地区向周边地区的辐射功能。

第五章

快速城市化时期的农村发展

历史上大规模城镇化的出现是工业化的伴生社会现象，其前提是农业劳动生产率显著提高、农产品有了较多剩余。这是因为农业劳动生产率的提高既增加了农产品供应量，能够供养更多的非农人口；也使农村出现了更多的剩余劳动力，这些剩余劳动力向非农领域转移，带来了城镇人口的增多和城镇的扩张。因此，城镇化不仅不能以牺牲农业和农村发展为代价，反而需要不断提高农业的生产水平和全面提高农村的现代化水平。

在国家新型城镇化战略中，农村的地位和作用同样十分重要，这主要体现在以下几方面：第一，农业是一国立国的根基，民生的保障，也是城镇化健康发展的基础和条件。城镇化与农业现代化同步，是国家新型城镇化"四化同步"战略中的重点之一，通过推进农业现代化，为新型城镇化提供条件和保障，在保障国家粮食安全和重要农产品供给方面发挥主导和积极作用。第二，城镇化的健康发展依赖于城乡的良性互动和农村与城市对农业转移劳动力推拉力的平衡和大体上的步调一致，从这个意义上说，农村还是城市化的"蓄水池"和"维稳器"。第三，农村是我国城乡一体化建设和新农村建设的重点区域，在国家新型城镇化战略中承担着"将农村地区纳入现代化发展轨道"和"使农民共享现代化发展成果"的重要任务。第四，生态问题是城镇化面临的重大挑战之一。在杜绝农业污染的前提下，大农业（包括种植业、林业、水产养殖业等）不仅具有生产功能，也具有一定的生态涵养功能，保持一定的农业规模，有利于增强区域的生态涵养和修复能力。

自20世纪80年代中期我国逐步开启乡城人口流动大门以来，大量农村人口涌入城市，不仅给城市带来巨大变化，亦给农村的方方面面带来了深刻影响和同样巨大的变化。对城市化过程中由于各种资源（包括农村中的精英劳动力资源）持续从农村流向城市所造成的农村萧条和"空心村"现象，以及农村人口的老龄化与妇幼化等问题，应通过不断地深入研究，提出统筹视角下的解决方案，使我国不仅通过快速城市化实现大规模农村人口的城市化，也要在此过程中，通过对农村经济活动的资源重组与多维创新，促进农村经济持续健康发展，并促进农村社会发展和公共服务迈上新台阶。

总之，在通过城市化提升我国现代化水平的历史进程中，农村不应成为被落下的一方。因此，如何繁荣农村经济，富裕农民，兴旺农村，就成为在城市化快速发展时期面临的严峻挑战。

本章针对近年来在我国城市化快速推进过程中农村面临的困境进行分析，并提出可助其走出困境的政策思路与路径选项。

第一节　城市化与市场化背景下农村的经济发展

一、"两化"背景下我国农村经济的发展变化

（一）农村经济在国民经济中的地位及其变化

1.国家经济总量大幅增长，非农产业已成为国民经济主要支柱产业

改革开放以来，中国经济快速发展，总量和各产业增加值都获得了大幅增长。经过30多年的发展，中国已经成为经济总量位列世界第二的经济体，其产业结构也发生了巨大变化，第二和第三产业的增长幅度大大超过第一产业，非农产业已经成为国民经济的主要支柱产业（见表5-1和表5-2）。

表5-1　1978年与2015年不变价国内生产总值比较

年份	国内生产总值	第一产业增加值	第二产业增加值	第三产业增加值
1978年（亿元）	3593	927.8	1776.5	888.8
2015年（亿元）	603212.1	48084.2	282809.1	272318.9
2015年国内生产总值指数（1978年=100）	3027.6	500.5	4721.6	4164.7

资料来源：国家统计局.中国统计年鉴（2016年）[M].北京：中国统计出版社，2016.

表5-2　1978年与2015年三次产业结构比较

年份	第一产业增加值占比	第二产业增加值占比	第三产业增加值占比
1978	27.7%	47.7%	24.6%
2015	8.9%	40.9%	50.2%

资料来源：国家统计局.中国统计年鉴（2016年）[M].北京：中国统计出版社，2016.

2.农产品产量增长幅度高于人口增长幅度

尽管第一产业的增长幅度远小于第二产业和第三产业的增长幅度，但30多年来，第一产业也仍然保持着持续增长的势头，主要农产品产量的增长幅度也都大于人口的增长幅度，这使得人均农产品产量显著增加（见表5-3和表5-4），为我国的粮食安全提供了可靠保障。

表5-3　1978年与2015年的人口与主要农产品产量比较

年份	粮食（万吨）	棉花（万吨）	油料（万吨）	水产品（万吨）	年末总人口（万人）
1978	30476.5	216.7	521.8	465.4	96259
2015	62143.9	560.3	3537.0	6699.6	137462
2015/1978	2.04	2.59	6.78	14.40	1.43

资料来源：国家统计局.中国统计年鉴（2016年）[M].北京：中国统计出版社，2016.

表5-4　1978年与2015年人均主要农产品产量比较

年份	粮食（公斤）	棉花（公斤）	油料（公斤）	猪牛羊肉（公斤）	水产品（公斤）	牛奶（公斤）
1978	319	2.3	5.5	9.1	4.9	1.2[注]
2015	453	4.1	25.8	48.3	49.1	27.4
2015/1978	1.42	1.78	4.69	5.31	10.02	22.83

资料来源：国家统计局.中国统计年鉴（2016年）[M].北京：中国统计出版社，2016.

注：为1980年数据。

3.农业依然是基础性产业，粮食安全更是人口大国的重中之重

虽然从三次产业结构来看，目前我国国民经济结构中农业已经不占据主要地

位，但从产业在国民经济中所发挥的功能看，农业仍然是基础性产业的性质不会改变，特别是对于中国这样的人口大国，口粮问题更是不能主要依靠国际贸易的途径来解决，因为这不仅是一个经济问题，更是涉及国家安全的重大问题。因此，确保谷物基本自给，口粮绝对安全，就必然成为我国产业发展的基本政策取向。尽管近年来我国的经济社会发展重心向城市聚集的程度不断提高，但对农村和农业发展的关注却不能有丝毫放松和懈怠，农业一直都是我国的立国之本和国民的生存之本。"实施以我为主、立足国内、确保产能、适度进口、科技支撑的国家粮食安全战略"❶，是我国农业发展的基本依规。

（二）市场化改革对农村经济的影响

农村是我国最早实行市场化改革的区域，农业是我国最早实行市场化改革的产业门类，农民群体是我国最早进入市场的劳动力群体。农产品"统购统销"和农业生产"家庭联产承包责任制"两大基本制度的"一破一立"，开启了我国市场化方向的改革。这两项基本制度的改革，释放出广大农民巨大的生产积极性，不仅在农业经济领域影响巨大，还将市场化改革引向其他经济领域，成为推动我国市场化改革的发轫之举。

市场化改革对农村经济产生了巨大影响，这其中包括农业经济内部在市场化影响下发生的变化，也包括工业、服务业等第二和第三产业市场化改革后反过来对农业经济所施加的影响。

首先，农业经济内部在市场化影响下所发生的变化。其一，农产品商品化，农民可以通过销售自家所产农副产品获得经济收益，这一农产品商品化改革是盘活农村经济最基本的改革举措，也是中国走向市场经济初期的重大改革举措，对打开市场经济大门有重要意义。其二，家庭联产承包责任制使农业生产经营的组织形式家庭化，家庭成为农业生产与经营的基本"细胞"和要素，使得农村家庭不仅具有一般家庭的社会属性，还具有了生产和经营属性，家庭成为农村经济活动的基本单位。其三，在土地流转渐成规模的背景下，农村土地所有权、承包权

---

❶韩俊.以改革为根本动力加快推进中国特色新型农业现代化[M]//陈锡文,韩俊.中国特色"三农"发展道路研究[M].北京:清华大学出版社,2014:3.

和经营权三权分离概念与思路逐渐明晰，农村土地与经营的"资本化"已不是个别现象，在下乡资本所经营的农场中，农民既是以土地入股的农场股东，又是在农场就业的职工，这种农业生产组织形式深刻地改变着农村传统的家庭经营模式和社会形态。

其次，工业、服务业等第二和第三产业市场化改革后反过来对农业经济所施加的影响。其一，"统购统销"制度的废止大大加强了农产品与市场连接的紧密程度，市场对农产品的偏好和选择等，都直接与农民和农民的收益相关。其二，工业、服务业等第二和第三产业的市场化改革，既强化了劳动力的市场要素性质，又为农村劳动力进城提供了大量就业岗位，其中体制外企业的发展，更是在为农村进城劳动力提供就业机会方面发挥了重要作用，城市中大量出现的农贸批发市场等，也是农村进城劳动力谋生的重要场所和途径。

（三）城市化对农村经济的影响

城市化是各种生产要素进一步向城市集聚的历史过程。劳动力作为重要的生产要素，其大规模地向城市转移，是城市化最为显著的特征，这一转移过程在城市中表现为就业人口增加、城市扩张，在农村则表现为劳动力流失、农村人口减少等。特别是当在城市就业的经济收益大于在农村务农时，必然导致大批农村精英人口向城市流动。在农村广泛实行家庭联产承包责任制的背景下，家庭成员进城务工经商所获得的经济收益越来越成为家庭经济收益的主要支柱，农村中的经济活动在相当多农村家庭中的重要性在下降，农业经营活动收益在多数农村家庭中也越来越成为家庭辅助性和补充性的收益。事实上，目前在农村中，农村家庭收入的增长更依赖于非农经济活动所带来的收入。

二、面临的问题与挑战

改革开放以来，我国农村经济由于生产组织方式和农产品供给方式的制度变革释放出巨大生产潜能，从而获得了巨大进步，但同时也由于市场经济制度的确立不可能一蹴而就，以及城市化的迅猛发展，农村中近年来也出现了许多新现象，这其中也包括了不少的新问题与新挑战。

（一）青壮年劳动力匮乏

在城市化快速推进的历史过程中，我国农民工数量持续增长，2016年全国农民工总量达到2.8亿，其中40岁以下农民工占54%，是农民工的主体，这一方面意味着大量农民向城市转移，另一方面也意味着大批青壮年劳动力离开农村。这一现象从整体上看，是农村剩余劳动力向城市的流动，是城市化和社会走向现代化的积极过程，但从农村的视角来看，短期内大量农村精英的流失，不可避免地造成了农村的萧条，土地撂荒已不是个别现象。"谁来种地"不仅成为关系到我国城市化健康发展、农村持续发展的重要问题，也成为确保我国粮食安全的重大国家安全问题。

（二）农业劳动生产率低

农业劳动生产率低一直是我国农业发展中的一个重要问题。从表5-5可见，我国的农业劳动生产率不及世界平均水平，世界平均水平是我国的1.3倍，俄罗斯和巴西分别是我国的5.7倍和7.8倍，美国更是我国的90倍。

表5-5　2011年我国与全球平均及五大国农业劳动生产率比较

（单位：美元/人）

国家和地区	全球	美国	中国	俄罗斯	巴西	印度
农业劳动生产率	765	51370	571	3281	4461	523

资料来源：联合国粮农组织统计数据库，转引自陈锡文，韩俊.中国特色"三农"发展道路研究[M].北京：清华大学出版社，2014：28.

（三）农业生产经营收入低

农民大量向城市转移，动力来自于从事农业生产和在城市就业的收入差距。"种粮不挣钱""搞果蔬畜产风险大"，这是目前农村经营中的现实困境。在农村种粮，扣除各种成本，一年忙下来，农民的收入远比不上在城市务工。虽然我国已经从统购统销的农副产品计划供应中脱胎，但毕竟还只有30多年的时间，我国农副产品的产供销市场化运作无论从体系架构，还是营销细节等方面，都还存在不少尚待完善之处。市场体系的不完善，加大了生产供给的成本，加剧了盲目性和风险性，近些年多地所经历的姜、蒜等农作物价格的"过山车"、猪肉市场饱和导致农民弃猪江中等现象都与此有关。

表5-6显示，与1990年相比，2013年我国农村居民的人均收入构成发生了巨大变化。其中最为重要的变化是1990年收入构成的主体部分是家庭经营收入，占比达到75.6%，近年来这项收入占比明显萎缩，2013年下降到42.6%；而工资性收入则从1990年的20.2%跃升至2013年的45.3%，超越了家庭经营收入，成为农村居民收入构成中的第一大项。同时，转移性收入也有明显增长。此表数据说明，家庭农业经营收入已经不是目前我国农村居民收入的最主要来源，而且可以预期，此种趋势未来仍将持续。

表5-6　1990年与2013年我国农村居民人均收入构成比较

年份	指标单位	人均纯收入	工资性收入	家庭经营收入	财产性收入	转移性收入
1990	元	686.3	138.8	518.6	29	—
	占比	100%	20.2%	75.6%	4.2%	0
2013	元	8895.9	4025.4	3793.2	293	784.3
	占比	100%	45.3%	42.6%	3.3%	8.8%

资料来源：原始数据来源于国家统计局.中国统计年鉴（2014年）[M].北京：中国统计出版社，2014.

（四）农业的正向生态效应降低，负向效应加大

近年来我国生态环境恶化状况严峻，这是几十年来片面追求发展速度、忽视生态环境保护种下的恶果，这其中农业生产及种植方式的逆生态化改变也产生了一定的负面影响。

随着现代农业中要素投入的不断强化，农业中的作物种植业、林业等的生态功能持续降低，并由于化肥、农药使用量不断加大，以及在20世纪90年代推广使用了地膜等农用塑料技术，农业生产过程对环境的污染愈加严重（见表5-7）。

表5-7　我国化肥、农用塑料使用量变化比较

每公顷化肥使用量（千克）	农用塑料使用量（万吨）
174.6（1990年）	64.2（1991年）
480（2012年）	229.5（2011年）

资料来源：陈锡文，韩俊.中国特色"三农"发展道路研究[M].北京：清华大学出版社，2014：29.

目前国际公认的化肥施用安全上限是225千克/公顷。以此为标准看，2012年我国的化肥施用量已超标1.13倍，另据监测，我国农膜在土壤中的残留率达到40%，有60%~70%的农药残留在土壤中。❶

三、因应挑战的策略

（一）建立稳定强大农业的基本策略：提高农民收入

上述农村经济发展面临的问题与挑战中提及的青壮年劳动力匮乏、农业劳动生产率低，以及农业经营收入低三条中，核心的问题是农业劳动生产率低，由于劳动生产率低，造成农业经营收入低，并造成农业对青壮年劳动力缺乏吸引力。

为了提高农业劳动生产率，必须进一步"挤出"农村剩余劳动力，这需要在未来持续推进城市化。随着进城农民市民化的推进与深化，农民全家进城的比率会逐步提高，农村中随着劳动力的逐步减少和土地资源的重新配置，农业劳动生产率会有一定的提高，这就在一定程度上增强了务农对青壮年农村劳动力的吸引力，使农村青壮年劳动力缺乏的情况有一定缓解。

提高农民收入的另一条途径是鼓励农民进行多种经营的尝试，在种植业、养殖业、水产业等大农业领域，紧密结合市场的新需求与新变化，在政府助推的科技下乡政策扶持下，使农民掌握更多具有较高经济收益的农业生产新技能。

"安全""绿色"品牌战略也是提高农民收入的可行途径。随着我国居民人均

❶蒋高明.悬崖边缘的生态和食品安全.社会科学报,2011(2),转引自陈锡文,韩俊.中国特色"三农"发展道路研究[M].北京:清华大学出版社,2014:29-30.

可支配收入水平的提高和涉及食品安全的公共事件屡屡爆发并进入公众视野，食品安全问题受到消费者高度重视，"无毒无害""绿色"已日益成为公众对食品生产和供应的基本要求。在这种情况下，农民可结成一定的组织或联盟，优化和标准化农产品种养流程，打造叫得响的安全、绿色品牌，并从中取得较高的经济收益。日本在蔬菜销售中将种植者的"玉照"及信息印在外包装上的做法有利于建立起消费者对生产者的信心，对农民培养固定消费群体，建立稳定销售渠道，最终提高收入十分有益。

发展乡村旅游也是促进农民致富的有效途径。经过改革开放30多年的发展，我国综合国力和人民群众生活水平有了显著提升，2015年我国人均GDP已达到7924美元，公共假期也有115天之多，达到了中等发达国家水平，我国已是位居世界第一的旅游大国，这说明我国已经进入了"有钱""有闲"的大众旅游新时代。2013年2月，国务院办公厅正式发布《国民旅游休闲纲要（2013—2020年）》，提出了"到2020年，职工带薪年休假制度基本得到落实，城乡居民旅游休闲消费水平大幅增长，健康、文明、环保的旅游休闲理念成为全社会的共识，国民旅游休闲质量显著提高，与小康社会相适应的现代国民旅游休闲体系基本建成"的发展目标，我国的全民旅游正方兴未艾。与此同时中国已进入"高铁时代"，高铁极大地缩短了旅游客源地与旅游休闲地的"时间距离"，使广大农村地区进入了像北京、上海等大中城市的"周末休闲游"可达半径内。另外，私人轿车的普及也对促进旅游业发展有正面效果。在这种新形势下，广大农村地区的乡村休闲旅游、度假旅游都有了更好的发展前景，鼓励农民利用自家农家院等资源发展乡村特色游，既满足了我国迅猛发展的旅游市场的需要，也能有效提高农民收入。当然，这其中还需要县乡等政府部门提供一定的安全管理服务、规范管理服务及协调交通方面的服务等。

（二）应对城市化的改革举措：稳妥推进农地流转形成适度规模经营

农地制度改革是我国改革开放的开端，那时土地制度改革的核心内涵是土地所有权归属集体的性质不变，土地承包经营权归农户的"两权分置"改革。经过这些年的发展，特别是城市化的快速发展，大量农民进入城市务工、经商，农村出现了土地无人耕种甚至撂荒的现象。为了应对这种情况并继续保持耕地的"有收益资产"功能，"不少地方的农民又进一步创造了农村土地明确所有权、稳定承包权、放活经营权的'三权分离'概念。"●这种把农民的土地承包经营权分为承包权和经营权，实行承包权和经营权分置并行，是我国农村土地制度改革的又一次重大创新。"目前全国三分之一的土地已经流转，全国2.3亿户承包土地的农民中，6600万户或多或少地流转了土地。"❷

土地流转不仅有利于减少耕地撂荒现象，使我国有限的耕地资源能够得到有效利用，并使土地承包流转农户能够获取一定收益，还有利于形成一定的土地规模化种植与经营，有利于农业机械化水平的提高，并提高农业劳动生产率。因此，也有利于土地经营农户或农业企业从业者提高收入，是我国推进农业现代化的重要步骤。

尽管土地流转有如此多的正向作用，但也存在一定的负向影响。例如，如果进城农民在城里立足未稳之时就将土地大面积长时间流转出去，当农民需要返乡时，就会面临无生产资料作为生活保障的困境。因此，土地流转的进展务必应与进城农民在城市中的市民化进展以及农民在城市中能否稳定生活的情况相适应。"耕地经营规模的扩大，必须与农业劳动力转移的状况相适应，必须与农业社会化服务的能力相适应，必须与多数农民期盼的收入水平相适应。"❸而判断是否能够在城市稳定生活的主体是进城农民自己，因此，自愿原则是土地流转的基本准则。县、镇政府等切忌为了提升城市化水平和提高农业规模化经营水平对农民的决策进行过度干预，而是应该将"功夫"下在推动实现土地流转所需要的外部条件方面。

此问题的另一个角度是，中国作为人口大国，在城市中从事第二产业和第三产业的人口比例不可能达到目前许多发达国家的水平，换句话说，未来中国还是会有相当数量的人从事农业生产活动，农村也还将是重要的人口承载地，完全照搬美国式的大规模农场化经营模式不符合中国国情。这一点决定了中国农村、中国农业的生产经营活动必定是多元模式，既有企业（家庭）农场模式，也有农户

●陈锡文,韩俊.中国特色"三农"发展道路研究[M].北京:清华大学出版社,2014:序5.
❷林远,赵超,安娜.我国加速推进农地三权分置改革[N].经济参考报,2016-6-8(3).
❸陈锡文,韩俊.中国特色"三农"发展道路研究[M].北京:清华大学出版社,2014:序6.

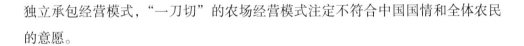

独立承包经营模式,"一刀切"的农场经营模式注定不符合中国国情和全体农民的意愿。

(三)应对市场化的改革举措:建立与完善农产品产销体系

市场和市场体系是随着市场经济的发展和产业分工逐渐发展起来的,在这个过程中,市场体系是逐渐发育和完善的。在这个逐渐发育完善的过程中,商品与货物量也经历了一个由少到多、由局部的区域市场到更大范围的市场、由现货市场到期货市场等的发展扩张过程。"逐渐的发育过程"这一点十分重要,因为它符合事物的客观发展规律,并给相关法律法规的制定与完善留出了空间和时间。许多发达国家,止是因为随看经济的发展及农产品生产商品化程度的提高,市场化的发育能够与其相向而行,因此这类国家的农产品市场化建设就较为完善。

我国的情况则有很大不同。这主要体现在,在已经具有较大农业规模以及非农业人口规模情况下,我国普遍实行的是计划经济的农产品统购统销政策,由国家而不是由市场对农产品进行分配。当我国快速进入市场经济时,农业规模及农产品消费的人口规模都已经十分庞大,这使我国农产品的市场化供销体系的建立缺乏足够的准备和酝酿时间,相应法律法规的建设更是不可避免地滞后于实践要求。

农产品产销体系的建设十分重要,它不仅直接关系到城市农副产品消费者的食品安全、品质和物价水平,也直接关系农副产品生产者的生产品种选择和从生产销售中能够获得的经济收益等。因此,农产品产销体系建设是一项保障我国农副产品生产供应与城市市民生活品质的重要的市场化建设内容。然而,相较于对工农业、生产性服务业和高技术产业的重视与扶植,我国在农产品市场建设与完善方面的重视相对不足,扶植引导不够,法律法规建设跟不上,在市场机制与政府之"手"的良性互动方面存在不足,农产品市场基本上处于粗放的"原始"经营状态,而其中农副产品市场需求信息不充分、滞后与失真现象大量存在,这造成了农民的生产活动在与市场的对接中出现了各种问题,严重影响到农民的收益。市场供应环节过多,不仅拉抬了城市中农副产品的供应价格,也使农民的收益受损。

从有利于提升农民生产经营收入，提高我国农副产品市场体系建设水平的角度来看，当前应重点在以下几方面做出努力：①加大农村信息基础设施建设投入力度，支持农民跟上"互联网+"的时代潮流，积极发展农副产品电商新业态，减少中间供应环节；②鼓励农户或农场在农副产品销售中进行联盟化经营，结成一定的联盟，与超市或农副产品批发市场，甚至社区、餐馆饭店等直接对接；③鼓励农户或农场实施品牌化战略，打出自己的特色品牌，赢取长久的市场占有率，形成稳定消费群；④加强农副产品信息发布及农产品期货市场建设；⑤进一步完善农副产品生产与流通领域的法律法规建设。

（四）应对农业污染加重的举措：走生态农业发展道路

生态农业是作为可以克服石油农业❶弊端的新的农业生产模式而出现的，是一种以合理利用农业自然资源和保护生态环境为前提，以生态学为理论基础和实践依据，运用系统工程的方法来规划和组织生产的一种农业形式。生态农业的主要做法和所产生的生态效益在于，通过提高太阳能的固定率和利用率、生物能的转化率、废弃物的再循环利用率等，促进物质在农业生态系统内部的循环利用和重复利用，以尽可能少的投入，求得尽可能多的产出，并获得生产发展、能源再利用、生态环境保护、经济效益等多方面的综合效果，使农业生产处于良性循环中。生态农业于20世纪20年代开始在欧洲出现，到60年代欧洲许多农场都转向生态耕作，至90年代，生态农业在世界上有了较大发展。建立生态农业模式，走可持续发展道路，正在成为世界各国农业发展的共同选择。

面对近些年来中国农业污染问题日趋严重的状况，走生态农业之路是今后我国农业发展的必然选择。当前我国促进生态农业发展需要从两个方面重点推进：一个方面是生态农业技术与方法的研发与推广，另一个方面是生态农产品市场体系的建立与完善。

---

❶石油农业是指以廉价石油为基础的高度工业化的农业的总称,亦称石油密集农业、化学农业、无机农业或工业式农业,是一种把农业发展建立在以石油、煤和天然气等能源和原料为基础,以高投资、高能耗方式经营的大型农业。

　　生态农业技术与方法的研发与推广是生态农业发展的基础条件，且研发与推广二者都应受到重视，不能只重研发而忽视推广。从研发来看，我国无论是国家还是地方都有专业的农业研究机构，今后可依托这类机构加强生态农业领域相关技术与方法的研究，同时也鼓励其他机构或企业等投入生态农业的研究之中。从推广看，由于我国农业经营的主体是农户或农场，所以必须深入他们中间进行推广，要通过讲解、示范等多种形式，将生态农业的具体操作方法推广出去，同时也鼓励农民创造出生态农业新方法。推广是目前较为薄弱的环节，事实上一些有利于生态环境保护的农业生产科研成果已经产生，但并没有在实践中广泛应用，主要原因就在于没有被农民接受和采用。因此，需要彻底改变"做完研究发论文，是否应用无人问"的现状，将生态农业生产组织技术与方法的推广视为落实生态农业战略的"最后一里路"，下大力气来推广、落实。农民需要通过"看得见"的效果才能接受生态农业的生产方法，因此，示范就成为非常重要的推广方式。❶

　　生态农业农产品市场体系的建立与完善更是需要通过体制机制方面的改革与创新来保障。根据有关的生态农业实践，运用物理方法灭虫和施用有机肥等方法，可以取得不逊于使用农药和化肥方法的产出，但是投入的劳动量要大一些，综合计算成本则生态农业方法的产出成本要高一些。就消费者情况看，对无农药或少农药、无化肥或少化肥、价格较高的农产品，是有一定市场需求的，关键是要建立起产品信誉，提振消费者对产品的信任度。这就要求要在体制机制方面进行改革与创新，针对目标市场的需求建立起生态农业农产品销售的市场体系与信誉保证制度。

　　比起那些地广人稀的国家，人多地少的基本国情也使我国更适合发展生态农业。这是因为生态农业更加强调运用精耕细作的生产方法，而精耕细作意味着需要投入较多的劳动，而这正是我国的特点。因此说，我国在推广生态农业方法方面，具有一定的劳动力比较优势。

---

❶位于山东省临沂市平邑县的弘毅生态农场在生态农业实验和推广方面进行了有价值的工作,见蒋高明.生态农场纪实[M].北京:中国科学技术出版社,2013.

第二节　提升农村公共服务水平的思路与措施建议

基本公共服务是指由政府主导提供，与经济社会发展水平和阶段相适应，旨在保障全体公民生存和发展基本需求的公共服务。提供基本公共服务是政府的职责。由政府主导提供基本公共服务，尤其要注意遵循以下几个要点：一是公共服务要与经济社会发展水平相适应，随着发展水平的提高，不断扩大服务供给；二是公共服务要覆盖城乡，资源共享，不断推进基本公共服务均等化进程；三是向城乡居民提供的公共服务要方便可及。一个社会能够提供的基本公共服务的水平，既体现了社会的发展程度，也深刻反映出政府为民服务的态度、能力和效率，因此，它既是社会发展水平的标识，也是政府人民性的标识。

目前，我国农村的基本公共服务主要包括教育、医疗卫生、公共文化、养老服务等几大内容，本节在论述提升农村公共服务水平必要性的基础上，就教育、医疗卫生和公共文化建设进行了讨论，并提出了走出当前困境的思路与措施、建议。虽然养老服务也包括在农村基本公共服务事项中，但由于目前中国农村的养老问题和形势异常严峻，所以单列一节进行讨论，此内容并不包括在本节的内容中。

一、城市化过程中提升农村公共服务水平的必要性

城市化是现代化的重要内容，城市化现象是由于工业化引发的生产方式、生活方式和社会组织方式发生巨变后，人类聚落形式的适应性演变过程。目前我国在居住较为集中的城市区域，已经普遍具有了提供较为成体系基本公共服务的能力。在城市化快速推进的历史时期，大量农村人口从农村进入城市，随着城市化的不断深入，这部分人口所享受到的基本公共服务与城市居民之间的差距会不断缩小，并最终完成市民化过程，享有与市民无异的基本公共服务。

尽管目前我国城市人口已经占到总人口半数以上，但农村地区仍然居住着大

量人口。在这些地区，政府及政府主导的社会力量提供基本公共服务的现状和能力都还处于较低水平，广大农村人口所享有的基本公共服务，与城市居民相比仍有非常大的差距。城乡基本公共服务均等化是社会公平的重要体现，在城市化快速发展的历史进程中，农村的发展仍然是全社会发展的重要组成部分，其社会建设与享有公共服务水平的不断提升，也必然是全社会发展进步不可或缺的必要内容。在城市不断提高现代化水平的同时，农村及广大农村人口也应同步提升现代化水平，并不断缩小在享有基本公共服务方面与城市的差距。

公共服务的公益性和非营利性质，决定了政府在其规划建设中应该发挥主导作用和成为重要的投资建设者。但普遍来讲，我国广大农村地区地方政府财政实力较弱，对所在地区公共服务能力建设的支持力度与要求的投入之间，较多情况下存在着巨大的资金缺口，这就要求广大农村地方政府在进行公共服务设施规划与建设中要在"需求"与"能力"之间兼顾统筹，在推进设施建设的同时，同步推进机制建设，用机制建设为设施建设的落实和健康运转提供保障。

二、教育

儿童和青少年的未来就是国家的未来，科教兴国是我国的基本国策之一。优先发展教育事业，教育资源重点向农村、边远、民族、贫困地区倾斜，在全社会倡导教育公平，这些都是近年来国家的重要施政导向。

目前在我国，受教育程度已经高度转化为就业竞争力，并在个人阶层地位的获得过程中发挥着至关重要的作用，接受较高水平的教育成为获得较高社会地位的必要条件。因此，教育资源和教育机会的均等化在维护社会公正，保持良性阶层流动方面正在发挥着重要作用。在这种情况下，农村儿童和青少年的受教育权力应该进一步得到保障，这不仅有利于农村儿童和青少年自身的发展，也因为农村儿童和青少年有机会得到更接近城市水平的受教育机会，而有利于他们提升自身的人力资本水平，并增加他们日后的就业竞争力。教育公平有利于弥合城乡差距和阶层及其收入差距，促进社会的和谐发展和城乡人民的共同发展。

（一）快速城市化背景下农村学校教育面临的问题与困境

经多年持续不断的努力，目前我国广大农村地区的教育事业获得较大发展，为农村适龄人口提供教育的能力及设施条件也在不断改善。义务教育阶段的学校教育布点基本做到了普及到乡镇和农村行政村及规模较大的自然村。

随着农村经济社会的不断发展以及城乡交流的不断深化，农民对下一代的教育已不再仅仅满足于"有学上"，"上好学"已经成为越来越多农村适龄儿童和父母的普遍追求。但农村的优质学校，特别是优质高中的数量还非常少，远远比不上城市中同龄学生所能享有的优质教育资源。而且，这些优质高中也多集中在县城，广大农村地区的优质教育资源则是少之又少。这就造成许多县城的优质高中规模超大，人均教育投入被大幅压低，甚至在义务教育阶段的初中、小学教育，择校风也已经从城市蔓延到农村。为了孩子教育，县城人口向地级市迁移、乡镇及农村人口向县城迁移的现象正在成为趋势。当然，这种现象在一定程度上也促进了城市化，但不可否认的是，与此同时农村的中小学教育却由于教育资源的流失，有被边缘化的趋势。

城市化的快速推进，也给农村教育带来不容忽视的影响。一种情况是随着大批农村人口进入城市，农村学校，特别是小学阶段的学生人数显著减少。为了应对这种情况，农村小学普遍实行了撤校和并校，一些自然村的小学教学点被取消，几所小学合并为一所的情况十分普遍，但接送儿童上下学的校车并未做到全面普及，这种情况造成了农村儿童上学的不便和不安全。另一种情况是大量农村青壮年人口进城务工，由于他们在城市中立足未稳，无力将孩子带入城市就学，在这种情况下，他们将孩子留在农村，交给孩子的祖父母照顾，因此农村中出现了大批的留守儿童。这些留守儿童由于长期远离父母，心理健康问题频出，已成为不容忽视的农村社会问题。

（二）走出困境的思路与措施建议

在当今农村义务教育已基本普及基础上，应对提升教育质量给予更多关注并在资源配置上适当强化。为了提高向农村受教育人口提供优质教育资源的能力，县及乡镇教育主管部门应该在已经普及了义务教育的基础上，对提升教育质量给予更多的关注，特别是对县城以外地区给予更多关注，并在资源配置上有一定的倾斜与鼓励。

在县城以外的重点乡镇镇区新增高中校。虽然高中教育已不属于义务教育范畴，但增加高中教育在鼓励农村学子通过高中教育获得更多进入大学的机会，促进农民群体的后代有更多向上流动的机会，预防和打破阶层固化等方面有重要作用。县级政府应对此加深认识与理解，重视高中建设，并在地域上尽可能做到相对均衡布局，可考虑在那些远离县城而又人口相对较为集中的镇（例如重点镇）区，增设高中校，并将优质教育资源从县城高中向这类新设高中适当转移配置，在教育资源均等化方面取得新进展。

为了应对县域内城镇规模扩大和城镇人口增加的情况，需要在县城和镇区扩大办学规模，提升办学质量和丰富办学层次，在设施建设标准上逐渐向大中城市的学校靠拢。与此同时，对县城以外区域义务教育学校的建设也应投以更大的关注和政策倾斜，从设施和教师资源配置上不断缩小县城与下级乡镇在办学条件上的差距，并从整体上不断缩小与城市办学条件的差距，使教育成为农村最先与城市标准接轨的公共服务项目之一。

培育镇区义务教育中心职能。将优质教育资源更多地投向镇区学校，提升镇区学校的办学水平，缩小镇区初中和镇区小学与县城学校的差距，使具有较高水平的镇区学校成为促进本镇人口城镇化的重要吸引要素。强化镇中心小学建设。

最后，在就学人口减少的农村地区，仍然要坚持办好农村学校，使教育服务的触角延伸到每一个居住点，使每个农村儿童和青少年都有机会享受到质量逐年提高的义务教育公共服务。尤其是小学低年级教育的地区布点，应当充分考虑低龄儿童就学的方便与安全，在无法提供校车接送服务的情况下，对撤校并点应持谨慎态度，必要时可以采取"学生就近入学，老师走校教学"的办学形式。

农村地区中小学教育资源可考虑按以下四级配置（见表5-8）。

表5-8　农村地区教育资源分级配置一览表

分级	配置地点	配置标准
一级	县城	高中、初中、小学若干所，职业教育和专业培训教育等，幼儿园
二级	重点乡镇镇区	高中1所 初中、镇中心小学 幼儿园
三级	一般乡镇镇区	初中 镇中心小学 幼儿园
四级	社区或相邻行政村	小学 幼儿园

三、医疗卫生

提供基本医疗卫生服务是政府的重要责任和义务。目前在我国，城乡基本公共医疗卫生服务均等化方面仍存在较大差距。我国医疗卫生资源总体不足，农村地区更是明显的医疗卫生资源匮乏区和公共卫生服务薄弱区。提升农村地区的基本医疗卫生服务，应该是未来推行基本医疗卫生服务均等化的重点。又因为医疗的服务内容是治病救人，而农村居住场所较为分散，所以"可及性"就显得非常重要，更应该成为农村医疗资源布点时的重要考虑因素之一。

（一）农村医疗卫生资源配置中存在的问题

从全国来看，我国的医疗卫生资源配置主要集中在城市，而优质医疗卫生资源则更多集中于大城市，尤其是特大城市。小城市（包括县城）和广大农村地区则是医疗资源配置不足的地区，其中，小城市（包括县城）主要是优质医疗资源缺乏，广大农村地区及乡镇卫生院更是基本医疗卫生资源的严重匮乏区。据2009年发布的有关数据显示，我国的卫生资源城市占80%以上，农村仅占20%以下❶，这种情况近几年不仅未见有大的改观，其差距甚至进一步拉大（详见表5-9）。

---

❶ 中国80%卫生资源集中在城市[EB/OL].（2009-4-13）[2017-4-5].http//sina.com.cn.

表5-9　2015年与2010年我国城乡每千人口医疗卫生机构床位数比较

年份	全国平均（张）	城市（张）	农村（张）	每千农村人口乡镇卫生院床位数（张）
2010	3.58	5.94	2.60	1.04
2015	5.11	8.27	3.71	1.24

资料来源：国家统计局.中国统计年鉴（2016年）[M].北京：中国统计出版社，2016.

再看医护人力资源在城乡配置中的巨大差距（见表5-10）。

表5-10　2015年我国城乡每千人口卫生技术人员配备情况

卫生技术人员（人）		执业（助理）医师（人）		注册护士（人）	
城市	农村	城市	农村	城市	农村
10.2	3.9	3.7	1.6	4.6	1.4

资料来源：国家统计局.中国统计年鉴（2016年）[M].北京：中国统计出版社，2016.

表5-9和表5-10清楚地显示出我国城乡在医疗设施资源和医护人力资源配置上的巨大差距。

若将观察尺度缩小至县域范围内，则医疗资源在县域内的分布也呈现出严重的不均衡。这主要表现在，县域内医疗卫生资源呈现出城乡分布明显不均、相对优质医疗资源高度集中于县城的情况。县城的医疗卫生资源无论从规模还是质量来看，优势都十分明显，而乡镇卫生院的设施资源和专业人员配备与县城相比差距巨大，这一点从表5-9"每千农村人口乡镇卫生院床位数"这一指标中可以明显看出，该表显示，2015年我国"每千农村人口乡镇卫生院床位数"不及全国平均数的1/4，只是农村平均数的约1/3。这种情况一方面难以满足农村地区的需要；另一方面，从促进城镇化发展的角度看，虽然在增加县城对农村人口的吸引力方面有正面效应，但却难以发挥镇区吸引农民进入的作用，而且也不符合基本公共服务配置的均等与可及原则。

县域内医疗卫生资源配置存在的另一个明显短板是医护力量严重匮乏，这种匮乏较之设施的匮乏程度更甚。基层乡镇卫生院面临的情况尤为严重，医护人员的不足与流失问题不容忽视，县城虽然情况较基层卫生院情况要好一些，但也一定程度上存在着医护资源不足的问题，而且相比县城医疗机构设施的改善情况，医护人力资源的配置是滞后的。

（二）改善与发展农村医疗的思路与措施建议

医疗卫生服务是"人命关天"的重大公共服务事项，任何时候提供基本公共医疗卫生服务，将基本公共医疗卫生服务覆盖到全部人群，都是政府必须承担的责任。

针对县域来讲，应在全县形成以县直属医疗卫生机构为龙头、以乡镇卫生院为支撑、以行政村（街道或社区）卫生室为触角的县域医疗卫生服务网络层级体系，全面提升广大农村地区的医疗卫生服务水平。

提升县直属医院的设施水平和服务能力，是优化县医疗卫生资源的重要内容，对提升为全县群众就医服务有重要作用，也大大方便了群众，使群众有条件做到"治大病不出县"，也有利于提高县城的医疗卫生公共服务水平和增加对周边区域的辐射作用。因此，集中公共财政资金大力提升县直属医院设施水平的做法，在一定阶段是值得肯定的。

然而，公共服务的性质在于公益性和普惠性，将医疗卫生公共服务向下延伸，大力提升乡镇卫生院等基层医疗卫生机构的服务能力和水平，使乡镇卫生院成为具有一定大病重病诊疗能力、农民真正"够得着""指得上"的公益性基层医疗机构，将是进一步提升我国基本医疗卫生服务城乡均等化的关键事项。由于医疗卫生的服务对象相比教育、养老等其他公共服务事项，其服务人群更为广泛。因此，更应该强调服务设施和服务能力的均等性；又由于医疗卫生所提供的服务直接关系人的生命健康，救治的及时与否甚为重要，因此应该更为强调服务设施和服务能力的可及性。均等性和可及性对医疗设施及能力的配置要求实质上是相同的，二者都要求将医疗卫生服务的重点向乡镇倾斜。另外，加强镇卫生院建设，也是营造镇区吸引力的重要内容之一，在我国推进城镇化的过程中可以发挥积极的正向引导作用。村卫生室的建设也应受到重视，从人、财、物等多方面向其提供帮助。

在提升硬件设施水平的同时，注重同步提升专业人才的引进和配置水平，通过制定相关人才政策吸引专业人才，使设施与人才更好结合，提高设施利用效率和医疗服务水平，最终惠及广大农村人口。

四、公共文化

文化需求是人的精神需求的重要组成部分，特别是当社会发展从温饱阶段进入小康阶段以后，文化需求将迅猛增长。我国到2020年要实现全面建成小康社会的宏伟目标，这对公共文化的发展提出了更高要求，届时我国城乡的公共文化服务体系应基本建成，公共文化服务内容更加充实，并能够覆盖城乡全部人群。

（一）农村公共文化设施与服务存在的问题

从目前我国农村地区的公共文化服务总体情况看，就文化设施的布局来讲，许多县城已拥有了一批文化设施，如体育馆、影剧院、图书馆、博物馆和展览馆等，在经济发展水平较高的县，这些文化设施的现代化水平也达到了比较高的水平。这些文化设施的建成，使县城初步具备了成为全县文化中心的设施条件。但是在县城与乡镇之间文化设施建设的落差非常大，如果说县城已基本形成了由比较现代化的设施为支撑的全县文化中心功能，各乡镇镇区作为镇级文化中心的功能基本上尚未形成。镇级文化中心功能缺失的主要原因在于，一是设施建设不到位，缺乏能够吸引镇区居民和本镇农村人口来此参与文化活动的设施条件；二是文化活动的组织欠缺活力，缺乏人民群众喜闻乐见的文化活动内容与形式。

（二）提升农村公共文化服务水平的思路与措施建议

针对这种现状，当前农村地区公共文化服务水平的提高应将重点聚焦在体系建设、内容建设、乡镇级文化中心设施建设和村级文化活动站建设四个方面。其中，公共文化服务体系建设应本着满足全体人民对公共文化服务的需要，提供能够保障人民群众看电视、听广播、读书看报、进行公共文化鉴赏、参与公共文化活动等基本文化权益的设施条件与服务，完善覆盖城乡、结构合理、功能健全、实用高效的公共文化服务体系。内容建设是指应针对农村群众的文化需求特点进行文化服务项目设计，真正向农村群众提供其喜闻乐见的公共文化服务，而不是仅仅满足于便于统计和上报的"数字文化活动"。乡镇文化中心设施建设是建设乡镇文化中心的物质基础，由于乡镇镇区在地理位置上更加接近农村人口的居所，镇区的公共文化活动能够更加有效地服务于广大农村人口，在镇区建设乡镇级文化中心更有利于体现公共文化服务大众的宗旨，因此应重视镇级文化中心建设。在有条件的地区，争取能够在镇区建成体育场馆（可与镇中学共建共用），满足全镇开展全民健身体育活动的需要；视全镇人口规模和公共财政能力建设中小型文化馆，提供图书报刊杂志等的借阅服务、满足群众进行各项文化活动的需求；通过采取各种措施，激发群众的文化创造力和参与热情，通过自娱自乐、互娱互乐的形式，满足群众的文化鉴赏需求、参与体验需求和社会交往需求，使这些活动成为能够在精神层面提升群众幸福感的重要活动形式之一。村级文化活动站建设更是直接深入到最基层的公共文化服务工程，是村民日常参与文化活动、密切邻里关系最为直接的场所，也应当引起重视。特别是由于村级文化活动站的就近便利性，更是成为向农村老年人口提供文化服务最有效的场所和载体。

在公益文化活动的组织策划方面也应投注更多注意力。可由县有关文化部门策划并组织多种群众喜闻乐见的公益性文化活动，如送戏下乡、就群众关心问题开展专题讲座（健康、文化、历史、科普等）、职业培训大讲堂、群众联欢会、文化科普乡镇巡展、K歌比赛等。在坚持公益性的基础上，通过以上并不断创造出新的文化活动形式，丰富农村人口的文化生活，满足他们在温饱得到满足之后对文化的多样需求。在发展公益性文化事业的同时，积极鼓励文化产业的发展。依托县城现代化的文化场馆设施条件，积极组织各种商业演出、体育赛事等经营性文化活动。

通过以上诸多方面的努力，最终使农村的公共文化服务在公益性、基本性、均等性和便利性诸方面获得全方位提升，使农村人口所享受到的公共文化服务质量显著提高。

另外，从促进城镇化发展的角度，应当将文化中心建设作为城镇基本功能之一，通过逐步增强和完善县城、镇区的文化中心功能，提升为本区域人口提供文化服务的能力，特别是通过镇区文化中心建设，使镇区成为向广大农村地区和农村人口提供公共文化服务的基地和城镇向乡村进行文化辐射的基层辐射源，以及镇域群众就近享受戏剧、电影、文化科普展览讲座、休闲娱乐等多种接近城市文化生活的区域中心。

农村地区公共文化设施与功能可考虑如下配置（见表5-11）。

表5-11　农村公共文化设施建设与功能配置一览表

分级	配置地点	功能与配置标准
一级	县城	功能：县域文化中心 配置：影剧院、体育馆、博物馆、展览馆、图书馆、文化馆（包括多功能厅、报告厅、小型活动室若干、棋牌室、小型展厅、健身房等）
二级	重点乡镇镇区	功能：区域性文化活动中心 配置：建设区域性文化活动中心（馆），内设有中小型影剧院、图书馆、多功能活动室、小型活动室、棋牌室等，户外文化广场
三级	一般乡镇镇区	功能：镇域文化活动中心 配置：建设镇域文化活动中心（馆），内设图书报刊阅览室、多功能活动室、小型活动室、棋牌室等，户外文化广场
四级	行政村或社区	功能：居民区文化活动中心和邻里交往中心 配置：建设居民点文化站（室），内设期刊报纸阅览室、棋牌室、小型活动室等

第三节　快速城市化时期农村的老龄化困境及其应对策略

一、我国农村的老龄化现状

我国是老年人口最多的国家，2015年我国60岁以上人口达到2.2亿以上，属于"未富先老"型，老龄化挑战十分严峻。按照联合国的传统标准，一个地区60岁以上老人达到总人口10%，新标准65岁以上老人占总人口7%，该地区即已进入老龄化社会。2015年我国60岁及以上人口占比达到16.14%，65岁及以上人

· 149 ·

口占比达到10.46%，无论按照联合国的传统标准还是新标准，我国都已经进入了老龄化社会。

2015年年末我国总人口为13.7462亿人，其中乡村人口占比43.9%，达6.0346亿。即使不考虑30多年来城市化对农村人口年龄结构带来的影响，只按照全国平均的老龄人口比例计算，2015年我国农村地区60岁和65岁以上的老年人口也分别多达9740万人和6312万人。

持续的大规模城市化将大量农村青壮年人口吸引到城市，这一现象在提高城市中青壮年人口比例的同时，也提高了农村中老龄人口的比例。所以，农村地区的实际老龄化程度要明显高于城市，也高于全国平均水平。据民政部2013年9月公布的数据，目前我国农村老龄化水平平均高出城镇1.24个百分点。[1]按照2013年的有关数据，我国新生代农民工（指1980年及以后出生的农民工）占1980年以后出生农村从业劳动力总数的65.5%[2]，而这些新生代农民工中的绝大多数都将父母留在了农村，"农村家庭的空巢率已达到45%左右"[3]，这是当前我国城市化中农村的基本现实。综合以上情况可以说明目前我国农村老人空巢的严重程度。

第一代农民工回乡养老，将进一步加大农村人口的老龄化程度。2011年我国农民工总量为2.5亿人，其中50岁以上农民工占比14.3%[4]，达到3615万人。现在来看，其中相当一部分农民工已超过60岁，另一部分人未来几年也将陆续进入老年。2016年我国农民工总量为2.8亿人，其中50岁以上农民工占比19.2%[5]。这些人基本上属于第一代农民工，他们中的绝大多数将会在年老之后返乡养老，并与原本留乡的老年人口汇合。两方面老年人口的叠加，将在未来十多年间进一步加剧农村社会的老龄化程度和老年人口的空巢化现象。

这种年龄结构老龄化加城市化导致农村留守人口老龄化的现状说明，农村老龄人口的养老问题是当前农村中最为重要的民生议题之一，其重要性和紧迫性毋庸置疑。

---

[1] 政府不会推卸养老责任[N].新京报,2013-9-21(4).

[2] 国家统计局网站:《2013年全国农民工监测调查报告》。

[3] 国家统计局网站:《2011年全国农民工监测调查报告》。

[4] 政府不会推卸养老责任[N].新京报,2013-9-21(4).

[5] 国家统计局网站:《2016年全国农民工监测调查报告》。

二、目前农村的养老困境

目前农村老年人口养老，无论是经济保障，还是设施条件都存在巨大缺口，至于提供精神慰藉及失能老人专项服务等更高级和专业的养老服务，在许多农村地区更是几近空白。

（一）快速城市化背景下农村家庭的养老功能急剧衰退

我国农村养老以传统的居家养老为主，这是一种老年人在与子女同住家庭中的居家养老，或有子女就近居住条件下的居家养老。目前我国正处于快速城市化阶段，这给农村老人居家养老带来的最大影响是由于许多老年人的青壮年子女常年外出务工，现今的居家养老是与子女分处异地的居家养老，这其中"家"的内涵和功能已然完全不同。这类空巢老人的家庭功能仅剩"居所"功能，"家庭照料"由于其照料主体缺失而基本丧失，农村中的空巢老人问题要比城市中严重许多。农村空巢家庭的居家养老，实质是"居家自我照料"，这种养老方式，对于生活可自理老人尚是一种可行的养老方式，但对于失能老人来说则不可行，急需社会化养老服务的介入。

（二）社保保障水平低，不足以满足基本养老需求

21世纪第一个10年，我国相继为农村人口建立和试点建立了新型农村社会养老保险制度（"新农保"）和新型农村合作医疗制度（"新农合"）。其中，"新农保"是由政府组织引导，建立以个人缴费、集体补助和政府补贴相结合，实行社会统筹与个人账户相结合，以保障农民年老后基本生活的一种新型农村社会养老保险制度。2014年2月，国家将"新农保"和"城居保"（城镇居民社会养老保险）两项制度合并实施，在全国范围内建立统一的城乡居民基本养老保险制度。在建立"新农保"时已超过60岁的农民，则直接领取基础养老金。"新农合"是指由政府组织、引导、支持，农民自愿参加，个人、集体和政府多方筹资，以大病统筹为主的农民医疗互助共济制度。

"新农保"和"新农合"两大社保制度，为农民的养老和治病提供了托底保障，第一次在农村用基本社会保障制度这张大网"兜"住了每一个人，是农民实实在在的生存保障，对于农村老年群体意义重大。"新农合"的建立，确实使农民看不起病、住不起院、因病致贫、因病返贫问题得到了初步解决。老年人是大病重病的主要患病群体，这使其成为"新农合"制度的最大受益群体。

但是，就"新农保"和"新农合"的保障力度来说，保障水平仍然较低，尤其对"新农保"制度开始实施时已经年满60岁的老年群体来说，由于他们没有个人账户部分，只能领取国家规定的最低基础养老金70元/月。尽管在一些经济发达地区，由于地方经济实力强，地方政府拿出一定财政资金用于增加农民的基础养老金，使得这些地区农民的基础养老金基本可以满足生活需求，但这毕竟是少数地区农民可以享受到的待遇，绝大多数省份，尤其是那些农业和农民占比较大的省份，地方财政补贴额度极为有限，与中央财政拨付的基础养老金两部分加在一起，也与农村老人的实际基本生活所需相差甚远。❶

我国农村地区是医疗卫生资源匮乏区和公共卫生服务薄弱区。"新农合"虽然在很大程度上为农民就医提供了经济上的保障，但是由于农村医疗条件差，大病重病诊疗能力低，农民真正可以享受到的医疗服务，尤其是优质医疗服务的机会仍然较少，绝大多数农民有了大病或重病，还是要到县级及以上医院进行诊疗。然而，由于县级及以上医院接诊能力有限，不少地区用较大幅度降低县级及

---

❶ 根据2009年国务院发布的《新型农村养老保险试点指导意见》，新农保养老金待遇由基础养老金和个人账户养老金组成，支付终身。新型农村养老保险制度建立之初中央政府确定的最低基础养老金标准为每人每月55元，其中中央财政对中西部地区按中央确定的基础养老金标准给予全额补助，对东部地区给予50%的补助。2014年2月国务院发布《关于建立统一的城乡居民基本养老保险制度的意见》，统一了城乡居民的基本养老保险制度，最低基础养老金标准没有变化。2015年全国基础养老金待遇标准提高到每人每月70元。尽管在国家上调了基础养老金最低标准以后，全国已有27个省份在此基础上进一步提高了标准，但由于各地经济发展水平与支付能力不同，各地基础养老金发放标准实际上存在着较大差异。以2015年上调基础养老金最低标准之前的情况为例，国家标准为每人每月55元，除相当一些省份照此标准发放外，一些省份也有提高，但提高幅度差距较大，如山东、河北等省将其上调至60元，而一些经济实力强的省(直辖市)，则已经上调到较高水平，像上海和北京，在2014年时基础养老金的月计发标准就分别达到了540元和430元。

以上医院"新农合"报销比例的措施来缓解压力。因此，作为大病重病频发的群体，农村老龄人口实际享有的医疗保障水平会有一定下降，由于家中老人患有大病重病而导致农村家庭返贫致贫的现象仍不容忽视。

（三）社会化养老服务体系尚未建立，失能老人社会化照料服务基本缺失

经过多年的发展完善，我国农村中主要以"五保户"为服务保障对象的公办福利性养老服务机构，其服务能力和水平已相对健全和初步达标，符合条件的孤寡老人可进入这些政府办的福利性养老服务机构颐养天年。但是，针对占绝大多数的非福利性养老服务对象的社会化养老服务，无论是体系建设，还是设施建设和队伍建设，都基本上处于空白，亟待培育和填补。

目前我国农村地区的社会化养老服务基本现状可以概括为：福利性养老服务机构与设施基本到位，非福利性养老服务刚刚起步，正处于探索阶段，市场化养老服务基本是空白，失能老人社会化照料服务更是尚未开展。

（四）老年人精神慰藉和文化活动尚属空白，亟待填补

农村老人的精神需求被忽视，文化生活更是普遍匮乏。农村老龄群体，尤其是空巢和丧偶老人，精神上普遍感到孤寂。农村文化设施匮乏，文化活动本来开展就不普遍，适合老年人的文化活动或人际交往活动的开展更是少之又少。经过近些年的新农村建设，我国多数县城已经在文化设施建设方面取得明显成效，文化生活也逐渐进入了百姓的日常生活，但农村的文化生活丰富程度则要差许多。究其原因，既有因活动场所、器材等设施不到位使活动无法开展的问题，也有因文化活动的组织欠缺活力，缺乏农村群众喜闻乐见的文化活动内容和形式的原因，而后者可能是更为主要的原因。在农村文化活动普遍不活跃的情况下，老年群体作为农村中的弱势群体，其精神需求和参与文化活动的需求更是普遍被忽视，相应的服务更是极其匮乏。文化活动作为老龄人口晚年精神寄托的重要精神承载功能没有被认识和利用。

三、让农村"转型期老年群体"共享国家发展红利是全社会的责任

在我国近年经济快速发展，已经成为世界第二大经济体，现代化一路高歌猛进的背景下，国家的发展红利应当惠及到社会各个群体，尤其是那些已经无力参与市场竞争和博弈的弱势群体，在分配发展红利时更应该给予特别的关照。

在我国多数地区，当国家开始建立农民社会保障制度时已经年满60岁的老年群体，只能领取不能满足基本生活需求的养老金。这一养老金在他们仍有劳动能力时（一般可视为60~70岁）还可起到补贴家用的作用，但当他们丧失劳动能力之后，即使农村生活成本低，也不能满足基本的生活需要。

受城市化影响，农村老人中为数不少人的子女进城务工还未在城市完全"站住脚"，他们未来的主要预期是将妻儿接进城、在城市谋得较高收入的工作或稳定职业、解决住房与子女教育等一系列迫在眉睫的问题，无暇或无能力顾及留在农村的父母。因此可以说，国家建立农民社会保障制度时已经年满60岁的老年群体是一个特殊的老年群体，这一群体既不同于早已纳入了社会化养老保障体系的同时代城市中的老年群体（他们中的绝大多数都有可以满足基本生活需要的养老金），也不同于城市化大潮来临之前和未来城市化进入稳定期之后的农村老年群体。在城市化大潮来临之前，农村社会结构和家庭结构相对稳固，虽然经济收入可能不及目前水平，但家庭成员关系密切，几世同堂大家庭较为普遍，老人可依靠家庭养老；而未来当我国城市化率达到较高水平，城市化进入稳定发展阶段，由此引起的农村社会与家庭动荡会随之减弱，且进城子女也逐渐在城市中"站稳了脚"，有了更多精力和能力顾及农村中的父母，而且届时才进入老年的农村人口也都参加了农民社保，有一定的个人账户储蓄，这保证了他们有较多的养老金。

鉴于以上"农村转型期老年群体"所面临的生存困境，政府应当制定有针对性的救助政策和实施有针对性的帮扶措施，化解由于农村社会剧烈转型给这一代老龄人口造成的养老危机，使这一代农村老龄人口也享受到国家发展的红利，让他们搭上国家现代化的列车。

四、走出农村养老困境的途径与措施

经济窘迫、年老多病、缺乏社会支持和精神孤寂，是农村老年群体面临的4大生存困境。在"让农村转型期老年群体共享国家发展红利"的既定大方针下，从我国国家经济社会发展水平和阶段特点的现实条件出发，为使农村大多数老龄人口能够与国家发展同步改善晚年生活，应针对农村老年群体这4个方面的困境，首先搭建起由经济保障、医疗服务、社会支持网络和精神慰藉四点支撑的农村养老帮扶架构，这是农村走出养老困境的重要途径和基础性工作。

（一）实行"农村转型期高龄老年群体"的养老金补贴政策，助其走出经济困境

"农村转型期老年群体"中70岁以上的老年群体是一个尤其困难的特殊群体，可将其称为"转型期高龄老年群体"，除前述的"转型期老年群体"共同面对的养老困境外，这一群体的年龄更大，已经不能继续参加劳动并获得经济收入，但仅靠目前的基础养老金又不能维持生活。

建议对在2009年国家建立农村养老保险制度时60岁以上，且已经或之后陆续年满70岁的农村老年群体，实行养老金补贴政策，使这部分"农村转型期高龄老年群体"在他们丧失劳动能力之后，也能够依靠政府提供的养老金维持最基本的生活。资金支付方面仍可延续目前最低基础养老金的筹集方法，中西部地区由中央财政给付，东部地区由中央财政和地方财政均摊。由于本项补贴政策只针对这一特定时期的特殊群体，所以实施起来并不会对中央和东部地区政府财政造成过重的、永久性的负担。但是如果不实施这一政策，这一群体将深陷"养老危机"经济困局，这既有悖于我国改革发展造福人民的目标，也因其与整个社会生活水平大幅提高形成强烈反差，从而成为社会的耻辱和"疮疤"。

（二）加强乡镇卫生院等基层医疗卫生服务软硬件建设，让农村老年群体普遍受益

对于大多数农村老人来说，县医院及省市医院虽好，但距离远，就医成本

高，即使在子女提供资金支持和人力照顾情况下，也只能解决大病、重病和疑难病症的诊断、手术等短期就医问题，而老年病多是慢性病，需长期治疗或康复。乡镇卫生院具有显著的"可及性"优势，可以方便农村老人就医。

应加强乡镇卫生院的软硬件建设。提倡县级医疗卫生资源配置向乡镇倾斜；建立优质医疗资源密集区向农村地区的辐射援助机制；通过"名医下乡"、远程网络手段、乡镇卫生院医护人员培训等方式，提升乡镇卫生院的疾病诊疗水平和能力。通过以上多种努力，切实提高农村地区医院的诊病治病能力，让农村老年群体从中受益。

（三）完善社会支持网络建设，为农村老年群体提供多形式、多渠道养老社会资源

社会支持网络指一组由个人接触所形成的关系网。社会支持网络理论认为，社会支持网络能够缓冲个人生活中遭遇压力所带来的负面影响，个人能够从这些关系网中获得情绪支持、物质援助、服务、资讯、新的社会关系等，强化弱势群体的社会支持网络对其有重要意义。社会资本理论认为，个人参加的社会团体越多，其社会资本越雄厚，个人的社会网络规模越大、异质性越强，其社会资本越丰富，而社会资本越多，摄取资源的能力就越强。社会学这些理论观点的政策含义在于，强化与丰富社会弱势群体社会支持网络的范围及支持功能，是助其走出困境的重要途径和手段。

农村社会的传统社会网络多是基于宗亲、血缘及邻里的彼此关照和互帮互助，人民公社时期，人民公社和生产大队既被视为是一种经济组织，也同时是一种社会组织，与现时农村中的村委会相比，人民公社的组织形式具有更强的行政管理职能，也拥有更多的可调配资源。

现时的农村，经过改革开放以来几十年的市场化和城市化洗礼，农村社会传统的社会网络已显著弱化，人民公社这一严密的组织管理形式也已不存在，然而新的社会支持网络，特别是民间的社会支持网络，并没有同步成长起来。整个农村的情况尚且如此，作为农村弱势群体的老年群体，助其应对养老困境的社会支

持网络更是极其匮乏。

建议通过官方、民间等渠道，将政府援助、慈善救助、社会团体及个人对农村老年群体的帮扶，以社会支持网的形式向农村辐射、延伸。政府在这其中应发挥双重作用，一个作用是作为援助资源的提供者，如由政府财政支付的基础养老金及补贴、医疗资源配置等；另一个作用是作为社会支持网络建设的倡导者和重要的发起者，至少在农村老年群体社会支持网络搭建初期，政府应承担起主要的搭建职责和相关事项。同时，提倡社会和民间组织更多地关注农村老年群体，并通过多种民间渠道和形式，对农村老年群体施以援手，集全社会之力，改善他们的晚年生活。

建立老年群体内部的互助式支持网络也十分重要。农村老年人通过这样的互助团体，生活上能够彼此照应、精神上能够互相慰藉排解孤独，是一种对其有重要帮助的社会支持网络。这种互助式支持网络，可以以"活动"的形式来开展，例如会议或自娱自乐，也可以以自助与互助型养老院的形式来开展。两者都需要政府（或村委会）提供一定的资源支持，前者需要提供一定的活动场地或设备，后者需要提供一定的集中居住场所（例如可以利用农村中废弃的旧厂房、并校后闲置的小学校舍等），不多的投入就能使农村老年群体的晚年生活获得明显改善。

通过以上外部和内部社会支持网络的建设，为农村老年群体提供多形式、多渠道的社会养老资源和社会支持。

（四）重视精神慰藉，提升农村老年群体的生活幸福感

在农村，忽视老年群体的精神需求仍然是较为普遍的现象，随着生活水平的提高，这一问题应当引起重视并投入力量加以克服和改善。农村空巢老人这方面的需求尤为强烈，他们远离子女，精神上的孤寂难以排解，孤独的晚年生活降低了这些老人的生活幸福感。

各种形式政府和他人的慰藉，能够使老人从中感受到社会的关爱和尊重；开展农村老年人喜闻乐见的文娱活动，能够使他们从中获得快乐；科普、文化等讲

座与活动，能丰富老年人的晚年生活，带给他们全新的生活体验。

这些活动的开展，并不需要过多的资金投入，其中许多还可以通过一定的社会支持网络，以慈善或志愿服务的形式来开展，关键是相关机构的"有心"和渠道的疏通。

通过开展以上各项活动，改善农村老年群体精神上的孤寂状态，提高他们生活的幸福感。

第六章

生态城市建设

当今，世界人口、资源、环境问题不断尖锐化，人类遭遇到了前所未有的生存挑战。人类如何与地球协同共进，实现可持续的发展，已成为当今世界各国共同关注的重大命题，生态文明成为未来人类文明的共同选择已无可争议。

目前全世界城市人口已经占到1/2以上，这使生态城市的建设成为一件关系到众多城市市民福祉的大事。由于人工环境的特点，城市具有明显的生态脆弱性，这大大增加了生态城市的建设难度。

生态问题是当今人类面临的共同难题，生态文明建设是当今全世界的共同任务。作为一种正在形成中的文明形式，生态文明将怎样与目前我国的主导经济形态及城市经济社会的发展相契合；作为一个正在走向生态文明的社会，应做怎样的改变来适应生态文明这一新的文明形式的新要求；我国正处于快速城市化阶段，各地的城市建设如火如荼，如何在城市建设中加入生态的视角和建设理念，采取何种措施来提升城市的生态化水平。以上种种都说明，进行生态文明与生态城市建设的研究十分必要。

第一节　生态文明及其形成机制的特点

由于工业文明对人类赖以生存的外部环境的破坏，生态文明的建立将成为21世纪人类发展中的头等大事。生态文明理念渗透到当今世界中，必将带来发展模式、发展观念和生活方式等的重大转型和改变。

一、生态文明概述

"从广义的角度看，文明与自然相对而与人相连，随着人类社会的产生而产生，发展而发展，包括由人的劳动实践创造的一切积极成果，表现为人类不同于动物界的'生活方式或样法'"。❶文明包括的范围很广,大致可以分为物质文明、制度文明和精神文明三大类,其中,物质文明是基础,制度文明是创造出来适应物质文明的社会组织方式,表现为各种约束人们行为规范的"章法"和"规定",精神文明则是在相应物质文明土壤中生长出来的精神层面的思想、认识、道德等。制度文明和精神文明既是相应物质文明在制度层面和精神层面的反映,也是该物质文明得以确立和延续的重要支撑和条件。因此,任何一种文明形式的确立和延续,都需要有与之相适应的,包括物质、制度和精神三个向度要素的整体架构来支撑。

按照"生活方式或样法"的标准来划分,人类迄今已经经历了三大文明阶段,即原始文明、农业文明和工业文明。

原始文明是一种通过采集和狩猎,直接从自然界获取生存物质来维持人类生存繁衍的"生活方式"和"生活样法"。原始文明时期的人类尚处于社会发育的初期,其物质文明形式决定了那时的制度文明与精神文明基本上处于未发育阶段,是一种未充分意识到自我且与自然常常混为一体的生活方式或生活样法。由于原始文明依赖于采集和狩猎获取的"自然食物"来维持,所以人类的分布被限定在那些可获取这些食物的地区,并保持低密度分布。

农业文明是一种以土地资源为生产对象,通过有目的的动植物养殖和种植来满足人类衣食需要的"生活方式"和"生活样法"。农业文明相较原始文明前进了一大步,种植业和养殖业的兴起和普及,极大地提高了人类的生产能力,拓展了人类的生活空间。因此,进入农业文明后,人口数量快速增长,分布区域持续扩张,已遍布了现今人类生活空间的大部分地区。尽管由于农业物质文明极大地提高了人类的生产能力,已经允许一些手工业从农业中分离出来,但农耕方式、以家庭为单位的、分散的生产经营活动和分散的聚落形式,仍然是农业文明社会的基本特征。

工业文明是在能源获取与转化技术支持下,运用机器进行大规模、标准化生产,来满足人类物质需求的"生活方式"和"生活样法"。工业文明是一种物质生产能力极度膨胀的文明形式,自出现以来短短数百年所创造的物质财富已远超前工业文明时期的总和。蒸汽机的发明和使用、电力生产及其传输等将化石能源转化为机械能技术的普及,使对化石能源的需求量迅速增加。化石能源的大规模

❶严耕,杨志华.生态文明的理论与系统建构[M].北京:中央编译出版社,2009:148.

使用极大地增强了人类对生存空间的能动作用和改造能力，同时也极大地刺激了人类的物质消费欲望，并造成了今天看来全球变暖的恶果。在"能力"和"欲望"的双重作用下，"大量生产—大量消费—大量废弃"的现代生产生活方式成了最经济、最合理、最有价值的方式。与此同时，"科学技术的发展，其价值理性日益丧失，而工具理性却日益凸显，并最终取得全面胜利和霸权，科学技术变成了单一的手段"。❶这种情况必然导致工业文明对自然的作用强度大大超出生态系统的自我调节范畴，人与自然的关系加速恶化。工业文明是一种无节度大规模使用化石能源、将满足人的物质欲望凌驾于自然界供给能力之上的生活方式。这种生活方式是造成当前世界性生态危机的根源。

1996年，加拿大生态经济学家威克纳格和他的同事用生态足迹❷测定了地球自然资本的盈亏情况，他们的工作表明，大致从1980年开始，人类经济增长的生态足迹就超出了地球的供给能力，至今已经大致超过了25%，也就是说，地球的自然资本已经从盈余变成了亏损。在这种状况下，如果继续保持原有的经济增长方式和生活方式，生态环境的持续恶化不可避免。这种情况说明，工业文明的经济增长方式和工业文明所孕育的生活方式遭遇了生态门槛，"人类社会的资源稀缺图形已经发生了重大变化"❸，自然资本已经成为严重稀缺资本。

生态文明正是在这种人类发展遭遇自然资本瓶颈的时代背景下开始萌芽的新的文明形式，是人类寻求自然资本严重短缺约束下的新的生存和发展方式时所创造和正在创造的新文明。

生态文明是一种"以生态学规律为根据，以生态价值观为指导来规范人类对世界的改造，强调资源的合理利用和永续利用，强调人与自然生态的协同进化"❹

---

❶严耕,杨志华.生态文明的理论与系统建构[M].北京:中央编译出版社,2009:51.

❷生态足迹这一概念最早由加拿大生态学家W.雷斯在1992年提出,并在1996年由M.威克纳格完善。生态足迹是指生产某人口群所消费的物质资料的所有资源和吸纳这些人口所产生的所有废弃物质所需要的具有生物生产力的地域空间。生态足迹将每个人消耗的资源折合成为全球统一、具有生产力的地域面积,通过计算区域生态足迹总供给与总需求之间的差值——生态赤字或生态盈余,准确地反映了不同区域对于全球生态环境现状的贡献。

❸诸大建.生态文明与绿色发展[M].上海:上海人民出版社,2008:3.

❹廖福霖.生态文明建设理论与实践[M].北京:中国林业出版社,2003:33.转引自:严耕,杨志华.生态文明的理论与系统建构.北京:中央编译出版社,2009:160.

的新文明，"是人类在利用自然界的同时又主动保护自然界、积极改善和优化人与自然关系而取得的物质成果、精神成果和制度成果的总和"。❶

实现生态文明要求经济增长和生活方式的低物质化，为此，需要实现生态价值观、工业文明中的经济增长观、物质主义消费观和生态治理范式4个根本转变。即，转变生态价值观，树立人和自然的平等和谐观；转变单纯追求经济增长的工业文明观，树立可持续发展的生态文明观；转变物质主义消费观，树立健康、适度的消费观；实现从"治疗"到预防、从局部治理到整体治理、从政府管治到多元治理的生态治理范式转变。❷

不同文明形式的能量来源、生活方式及人与自然关系的基本特征见表6-1。

表6-1　不同文明形式的主要能量来源、生活方式及人与自然关系的基本特征

文明形式	主要能量来源	生活方式	人与自然的关系
原始文明	人的体能	通过采撷、狩猎维持生存	人类与自然融为一体，没有对自然施加作用，对自然的影响可忽略不计
农业文明	人的体能	通过种植、养殖获取生活必需品	人对自然的影响有限，影响强度在自然界的自我调节范围内
工业文明	不可再生能源（化石能源）	通过使用化石能源和先进技术创造了极为丰富的物质产品，消费欲望也极度膨胀，生活方式从维持基本生存需求走向过度消费	无节度地使用化石能源极大地提高了人类对自然施加影响的能力，导致人类对自然的作用强度大大超出生态系统的自我调节范畴，人与自然的关系加速恶化。人类发展遭遇不可持续的严重危机
生态文明	可再生能源	通过推广使用可再生能源、技术进步和节制消费欲望，建立起健康、适度消费的生态型生活方式	有节度的消费和可再生能源的推广使用，使人类走上以生态价值观为指导来规范对自然改造的可持续发展之路。人类与自然的关系大为改观，并逐渐形成人与自然和谐的发展新模式

❶周生贤.积极建设生态文明[J].环境保护,2009 (11B):8-10.
❷李毅弘.生态文明建设中的四个转变[J].学术界,2009 (4):183-188.

二、生态文明形成机制的特点

纵观从原始文明到农业文明再到工业文明的历史变化轨迹可以发现，文明演进的动力均来自人类改善自身生存质量的强烈欲望。这种强烈的主观意愿产生出强大的科技革命动力，并带来生产力的发展，由此推动了文明形式的更迭。换句话说，以往文明形式更迭的动力来自于人类的"自然发展冲动"，而生态文明就其动力来源来说，是在遭遇自然资本"瓶颈"情况下，人类所寻求的可持续发展文明形式。生态文明将在多方面挑战当今的生活方式和经济发展方式，如果说以往的文明形式更多地依赖于人类"本能"的发展冲动，生态文明的建立则将更多地依赖于人类形成理智发展观后的实践。鉴于此，生态文明的形成将较多地依赖于"建设"。

鉴于生态文明与以往文明形式在形成机理上的本质不同，生态文明的形成过程和动力机制也将完全不同于以往。生态文明的形成将建立在人类可持续发展观的基础上，其动力来源于人类永续发展的需要。在工业文明所缔造的社会发展基础上建设生态文明，那些与工业文明相适应的社会制度、资源分配方式、生活方式和社会道德等，与生态文明的要求之间有着巨大的"不兼容空间"，在这些"不兼容空间"内重构与生态文明要求相吻合的社会制度、资源分配方式、生活方式及道德伦理等，正是生态文明建设的关键领域和难点所在。

三、生态文明的三大支柱

与生态文明要求相适应的法律制度、科学技术和生活方式，是建设生态文明的三大支柱。

由于生态资源具有明显的公共物品特征，其外部性特征使得公地现象❶广泛存在，并直接导致了环境滥用的后果。在当今社会，"企业追逐的首先是当前的最大利润，消费者追求的首先是当前效用函数的最大化，政府因标榜政绩或争取

---

❶公地现象是美国学者哈丁(Hardin.G)在他的著名论文《公地的悲剧》中提出的描述性模型。其要点是，在草场是公有的，畜群是私有的情况下，每个牧民都力求使个人的眼前利益最大化。即，尽可能多地增加自己的牲畜头数，每增加一头牲畜，牧民获得由此产生的全部收益。但当草场的载畜量超过载畜能力后，再增加一头牲畜会给草场带来损害，然而这一损害是由全体牧民分担的。由此，每个牧民都去努力增加自己的牲畜，而由大家分摊由此带来的成本，最终导致牧场的退化，直至毁灭。

选票而竭力满足企业和消费者的当前最大化行为"❶，这样的社会制度基本架构完全不利于生态文明的形成。因此，生态文明建设的首要任务就是在那些与生态文明要求不吻合之处重构社会的基本架构，以形成有利于促进可持续发展的法律框架、制度激励和制度约束框架。

一直以来，科学技术都是社会发展的引擎，人类每一次社会形态的演替都是在科学技术革命的驱动下完成的。生态文明建设中科学技术将在两个方面发挥重要作用：一是通过技术革命提高资源利用效率，减少发展对资源的消耗；二是通过多种生态修复技术修复人类对自然生态系统的损毁，保持生态系统的可持续性。生态技术发展的动力来自于资源短缺引起其价格上涨所带来的经济压力和生态环境恶化所带来的生存压力。由于生态技术发展中的许多环节未必能够产生直接的经济效益，因此在这些领域，生态技术的发展需要有专门的公益性资金支持。所以说，相应的制度建设是推动生态科技发展的重要保证。

生活方式是影响资源消耗和有害物质排放的根源性因素。人类发展的历史过程就是生活方式不断演替的过程，其演替方向就生活质量改善角度来说，是朝着不断改善与提高的方向演替，但就资源消耗和有害物质排放角度来说，却是朝着资源过度消耗和有害物质过度排放的方向演替。因此，如何在改善生活质量的同时，减少不必要的资源消耗和过多的有害物质排放，就成为人类能否走入生态文明的重要前提，而要做到这一点最重要的途径就是改变生活方式。改变生活方式的基础是价值观的改变，这需要从文化建设和制度建设两个方面合力推进。

第二节　生态系统与生态城市

一、生态系统及城市生态系统

（一）生态系统

"生态系统指一定空间内生物和非生物的成分，通过物质循环、能量流动和

---

❶戴星翼.走向绿色的发展[M].上海:复旦大学出版社,1998:75.

信息传递而形成的一个生态学功能单位。"❶生态系统的核心要义有二，一是强调系统是一个包括"生物"和"环境"的整体；二是强调系统有"物质循环、能量流动和信息传递"这类物质的或非物质的"运动（流动）"。具体来说，生态系统由4种成分构成：一是非生物环境；二是生产者，主要是绿色植物，是能从简单的无机物制造有机物的自养生物；三是消费者，主要是动物，是直接或间接地依赖于生产者所制造有机物的异养生物；四是分解者，即微生物，其作用恰与生产者相反，它把复杂的有机物分解为简单的无机物。生态系统正是依赖于它们之间的相互作用和转换而形成了一个整体。

生态系统内部依赖于负反馈机制而具有自我调节能力，调节能力的大小依赖于系统内部的生物多样性。结构越复杂、生物多样性越丰富，功能越健全，系统就越稳定，生态系统的自我调节能力也就越强。正是这种负反馈调节机制，使生态系统得以保持平衡而达到自校稳态。但这种负反馈的自我调节能力是有限度的，超过了某个限度（生态阈值），调节也就失去了作用，致使系统遭到破坏甚至崩溃。

（二）城市生态系统

城市是人类创造的一种能够提供高品质生活条件和高效率工作条件的空间场所，"狭小"空间内人类活动高度集聚，是城市最明显的空间形态特征。正是由于城市的这种人类活动空间集聚特征，使城市生态系统具有了完全不同于自然生态系统的突出特征。

"城市生态系统是以人为主体，人口高度集中，且在人类改造和适应自然环境的基础上，改变其结构、物质循环和能量转化的特殊的人工生态系统，是由社会、经济和自然三个亚系统复合而成的由城市居民与其周围环境相互作用而形成的网络结构"。❷人类及其活动主导了其演化过程是城市生态系统的本质特征。城市生态系统是非自律系统，高度依赖于外界的能量和物质供给，且内部的净化还原能力严重不足，需要通过向外界输出废物和采取多方面的人工调节措施才能维持。因此，城市生态系统是高度不稳定和极其脆弱的生态系统。

❶周鸿.人类生态学[M].北京:高等教育出版社,2001:100.

❷鞠美庭.生态城市建设的理论与实践[M].北京:化学工业出版社,2007:18.

二、生态城市：运用人工手段干预形成负反馈机制的可持续发展城市

生态城市是按生态学原理建立起来的一类社会、经济、自然协调发展，物质、能量、信息高效利用，生态良性循环的人类聚居地。生态城市最基本、最深刻的思想是人与自然和谐相处，本质是城市经济、社会、环境系统的生态化，这包括推进真正具有生态化特征的城市生态环境建设和对现有的城市经济社会模式实行生态化改造两个方面。❶

大规模城市化是伴随工业革命而到来的社会和人类聚落空间变迁现象，当城市规模进一步扩大后，环境污染、热岛效应、人与自然高度隔阂等现象在世界各国城市中相继出现，这些现象其实就是城市生态系统严重失衡的表现。为了克服这些不良现象，不同的城市曾先后提出建设环保城市、花园城市、绿化城市等的主张和概念，但都因治理手段过于简单而不能从根本上改善城市状况。应用城市生态学原理和方法进行生态城市建设，可以综合地解决上述诸多问题，并引导城市真正走向可持续发展的健康轨道。

"城市生态系统通过调节自己的结构、功能，以及与周围生态系统的关系来维持自己的动态平衡。城市生态系统的反馈机制主要决定于城市规划、城市建设和管理。"❷即：城市生态系统的平衡（可持续的发展）取决于人工调节手段的运用是否得当。这是因为人类正是通过城市规划建设、城市管理、城市的经济活动以及城市居民的生活方式等，主导了城市生态系统的演化方向和演化速度的缘故。

如果把城市理解为是一个自组织系统的话，生态城市的建设就是要按照自组织原理来重建失去的环节，即通过对城市系统的自然生态生产能力和降解能力的恢复，来增强城市的生态化水平。运用人工调节手段对城市生态系统，特别是针对城市生态系统的缺陷进行干预，使城市生态系统的协调性获得质的改善、可持续发展能力获得根本提升，是生态城市建设的根本目的，为达此目的所需人工干预的全部内容，就构成了生态城市的建设内容。

---

❶鞠美庭.生态城市建设的理论与实践[M].北京:化学工业出版社,2007:8-9.

❷周鸿.人类生态学[M].北京:高等教育出版社,2001:41.

第三节　生态城市建设的基本理念

树立起生态城市建设的基本理念，是生态城市建设在认识层面的基础性环节，是指导生态城市建设全面推进的依据。以下基本理念是基于对生态文明形成原理、城市生态系统及其调节机制的认识而提出的。

一、城市发展与运行：树立低碳理念

能源是当今人类赖以生存发展的基础资源，特别是进入工业社会以后，能源更是不可或缺的重要资源。但是，鉴于化石能源的短缺现实和碳排放所产生温室效应的影响，树立低碳发展的理念就成为维系人类下一个千年能够可持续发展唯一正确的选择。

要做到减少碳排放主要有两个途径：一是减少单位化石能源使用后的碳排放量，二是减少化石能源使用量。

城市现在已经成为经济活动的主要集中地和世界上多数人居住的空间场所。一方面，城市中的经济增长需要大量的能源供给，另一方面，维系城市的正常运转（水、电、气、热等的供应，交通、物资运输等）也需要大量的能源供应，因此，城市已经成为当今世界上能源消费的主要区域。可见，在城市中推行低碳发展、低碳运行的城市运行方式，对促进世界生态状况向好的方向转变意义重大。

低碳的城市发展与运行方式有着广阔的可作为空间。

首先，在城市空间布局的考虑中，如果植入低碳的城市发展与运行理念，就应该倡导紧凑的城市建设格局。"紧凑"是一种空间节约型的城市布局，它强调对城市空间的高效利用和空间秩序的"有序性"，与其对立的概念是"蔓延"的城市建设格局。这两种城市布局的碳足迹效果国际上已有正反两个方面的明显例证。要建设紧凑型城市，可以通过城市规划对城市空间利用方式的调整，以城市组团的方式，将城市建设成由若干个"步行尺度空间"组成的"组团内紧凑型"

城市，这将极大地降低城市的碳排放量。以亚特兰大和巴塞罗那为例，这两个规模相当的城市由于采取了不同的城市布局，碳足迹差距巨大（见表6-2）。

表6-2　1990年亚特兰大和巴塞罗那两城市碳足迹比较

城市	人口规模（万人）	城市面积（平方公里）	碳足迹（以巴塞罗那为1计）
巴塞罗那	280	162	1
亚特兰大	250	4280	26

数据来源：Bertaud，A. and T.Pode，Jr.亚特兰大的密度：交通和换乘的启示[R].洛杉矶Reason基金会，2007，转引自世界银行.气候变化适应型城市入门指南[M].北京：中国金融出版社，2009：94-95.

"紧凑"并非意味着"混乱"，而"蔓延"也并不一定就"有序"。要做到对城市空间的高效和有序利用，既有赖于城市规划等前期工作对城市空间资源的配置和整合，也必须依赖于城市空间利用主体对其利用的高效和有序。在这方面需要将行政调控手段与市场引导手段结合起来运用，也需要建立空间规划部门与城市管理部门的协调机制，来共同完成对城市空间资源的高效有序利用，使对城市空间的调控从单一的"建设前调控"向空间利用阶段延伸，形成体现紧凑型城市布局的"建、管、用"三位一体的城市空间利用体系。

其次，突出以公共交通支撑城市交通体系并配套合理的土地混合开发利用模式，是低碳城市建设的另一关键要点。在依靠公共交通解决城市特别是大城市交通问题方面，全社会已形成普遍共识，但大力发展公共交通仅是解决城市交通问题的一个方面，城市交通拥堵问题说到底是一个交通供给不能满足交通需求的问题，问题的双方分别是交通需求量和交通供给能力。采用土地的混合开发能够有效地减少交通需求，这已为多方面的研究所证实。城市土地的混合开发是指在一定区域内结合高密度的住宅、商业、办公等用地的开发，同时开发服务业、娱乐、体育等公共设施的土地混合利用模式，其关键要点是围绕人的就业与生活需求在非机动交通尺度内配套建设各项城市设施，以有效减少出行次数，降低出行距离，促进非机动方式出行，具有减少交通需求的显著作用。

在城市交通问题上，以往较多地强调了发展公交，在一定程度上忽视了通过

土地的混合开发利用减少交通需求，今后应将职住一体、建设紧凑型城市的理念贯彻于城市规划之中。

二、城市规划建设：树立"低冲击"理念

"低冲击"是一种开发模式，最初的应用是指城市经规划建设之后不影响原有自然环境的地表径流，后将其延伸为一种城市开发的理念，"主要含义是让城市与大自然共生"。❶ "低冲击"要求以尽可能小的改变来建设城市，以求最大限度地保留自然的"元素"，使这些自然元素能够发挥在生态系统中的功能。"低冲击"的城市规划建设方式主张，"城市应以对环境更低冲击的方式进行规划、建设和管理，这就要求城市规划方式从过去的重物质空间规划转向物质与生态协调共轭的规划"。❷

城市是一种人类按照自身需要建设的人工产物。城市出现早期保持了"低冲击"的建设方式，这主要是由于城市规模较小、人类活动强度较弱的缘故。随着人类对自然作用能力的增强，特别是工业革命以来，城市在集聚经济和规模经济作用下，建设用地日益延展，开发强度愈益加大，造成城市建设中对自然的冲击强度越来越大，这种持续的高强度开发建设酿成了众多恶果，包括城市热岛、城市内涝、城市交通拥塞、城市环境与水体污染等，即使是以绿化城市为初衷的城市园林绿化建设，也一定程度上存在着由于过于追求美化效果而忽视生态效果的现象等等。曾经流行的"黄土不露天"的城市"地面硬化运动"和河渠"三面硬化"的流行做法，更是将城市地表径流与地下水补给完全隔绝，不仅造成了宝贵的城市降水不能有效补充地下水的后果，更是导致城市内涝的主要原因。

要做到"低冲击"的城市规划建设，要在以下两个方面加以明确和形成共识：一是从观念上破除对城市宏大人工景观的"崇拜"，认识到真正建设良好的城市，并不一定是一个处处充斥着宏大人工建设物的地方。相反，在不影响使用功能的前提下，应该提倡以中小尺度的人工建设物为主来建设城市，这不仅包括

❶仇保兴.复杂科学与城市规划变革[J].城市发展研究,2009(4):1-11.

❷仇保兴.复杂科学与城市规划变革[J].城市发展研究,2009(4):1-11.

房屋类建筑，也包括道路类建设。因为"小尺度"相比"大尺度"而言，本身就是一种"低冲击"的建设方式。二是"低冲击"还应该包括充分尊重当地自然生态系统的固有规律，在城市规划建设中尽可能多地保持"原生态"的生物种群与河湖水系，避免过多地干扰原有的自然生态系统。这是因为过多的人工痕迹必将更多地切断生态系统内部的正常循环，从而使其持续恶化的各种恶果不断接踵而至。

三、城市区位选择与规模：树立以生态服务能力为依据的理念

生态服务能力是指当地生态系统能够提供的满足人类活动所需的生态资源、生态环境和生态安全的能力。

高密度的人口和高强度的人类活动对承载城市的地理空间造成了巨大的生态压力。如果一个城市对所在区域施加的生态压力超过了其生态服务的供给能力，则区域生态系统生态状况的持续恶化不可避免。特别是当区域存在严重的生态安全隐患或灾害隐患时（如洪水灾害高发区等），更是应该在区位选址及大项目落地时慎之又慎。因为这类灾害对城市的危害是毁灭性的，灾后重建的代价是巨大的，重建成本往往不亚于新建一座城市。

城市人口容量是城市资源生态系统和社会经济系统能够支持的城市人口数量潜力的表征指标，影响城市人口容量的主要因素包括资源生态环境系统的承载力因素和社会经济系统的承载力因素两大类。其中，资源生态环境系统承载力主要指水资源、土地资源等重要的人类生存和城市发展不可或缺的自然资源可支撑的最大的人口数量和城市生态系统不致恶化条件下可支撑的最大人口数量，以及环境保持在某一水平上的最大人口数量。如果一个城市的人口规模小于人口容量，则人口数量还有一定的扩张余地，而不至引起资源生态环境系统或社会经济系统的危机；如果城市人口规模大于人口容量，说明城市人口对资源生态环境系统或社会经济系统的综合压力已超出最大承载能力。一旦出现这种情况，将会引起城市生态系统的永久性破坏，并导致该城市人口容量永久性减少，或将引起城市社会经济系统的功能紊乱，进而引起一系列社会经济问题。所以，通过采取适宜手

段，将城市人口规模控制在人口容量范围以内，是使城市持续健康发展的重要保证。

因此，对于当代城市来讲，无论是区位的确定，还是城市规模上限标准的确定，都应该将当地生态服务的供给能力作为主要因素予以优先考虑。

四、城市绿化：树立生态功能为先、绿化与公共活动空间建设相结合的理念

城市绿化是生态城市建设的重要内容。

植物是城市生态系统中宝贵的生产者资源，是城市生态系统四种基本构成成分之一，其净化空气、调节气温、固碳等作用，对维持城市生态系统的可持续性至关重要。因此，城市绿化的首要功能是生态功能。应选择适合本地气候和土壤等自然条件的乡土植物作为主要的绿化植物，优先选择生态功能强的树木作为种植树种，而对既在生态功能方面不如树木，又不能用作公共活动空间的"大草坪"式的绿化持谨慎态度。

公共活动空间是市民休憩和交往的重要场所，对于市民来说，越是生活在高楼林立的城市，这样的公共活动空间就越是珍贵。在这样的城区进行绿化，应该考虑尽可能将绿地与公共活动空间两种功能结合起来，社区公园、街心绿地都是这两者结合的良好范例。其他城区绿地也不必设栅栏，并增加供人休憩的座椅等。如此建设不仅提高了城市的绿化水平，也使城市更加人性化。

美化城市也是城市绿化的功能之一，但不应为美化而美化。应在满足生态和公共活动空间功能前提下来考虑城市美化问题，而不是以牺牲生态功能和公共活动空间建设为代价来提高城市美化程度。

五、资源利用：树立循环理念

"循环经济与生态城市耦合的内在机制在于它是一种生态经济，是一种人类社会模仿自然生态、自觉自我组织、自我调整以与外界生物圈相协调的一种经济发展方式。循环经济实质上是通过提高自然资源的利用效率，实现人类社会

与自然环境之间物质和能量转换的优化，从而达到在维护生态平衡的基础上合理开发自然，将人类的生产和消费方式限制在生态系统所能承载的范围之内的目的。"❶

鉴于自然资源已严重不足的现实，在资源利用方面必须秉持循环的理念，以求用最小的资源消耗创造最大的使用价值。循环理念的建立将颠覆"大量生产—大量消费—大量废弃"的传统经济增长模式，在"生产—消费"过程后植入循环理念，形成资源的循环利用闭环。通过一系列有利于推动资源循环利用的技术革命、制度建设和文化建设，将循环理念切实变成全社会的实际行动。

将循环理念在实践中推行需要根据具体情况的不同分别采用市场手段或行政手段。当资源的回收再利用可以获得直接经济效益时，市场可以发挥作用，反之则应使用行政手段。如果手段运用不恰当，循环理念在实践中的贯彻效果将大打折扣。

废弃物资源化的技术研发是使用公共财政重点支持的领域。政府和社会力量通过积极资助有关的技术研发，促进废弃物资源化程度的提高和成本的降低，不仅直接促进了循环经济的发展，也扩大了循环经济的市场化空间，有利于其可持续的健康发展。

六、生活方式：树立适度物质消费和健康文化消费的理念

（一）树立适度物质消费理念

在长期与自然的相互作用中，特别是工业化使人类对自然的作用能力变得空前强大以来，人类在追求生活方式的改善过程中严重忽视了自然界的承载能力，许多对资源的消耗已经不是为了满足人的生理需求，而只是为了满足人的心理需求。

为了将人类活动控制在自然承载力范围内，人类必须从根本上扭转生活方式给自然带来的压力持续增长的态势，这要求在生活中树立适度物质消费的理念。适度物质消费要求人类自觉遏止无止境的物质消费欲望，在满足生理需求后，不

---

❶鞠美庭.生态城市建设的理论与实践[M].北京：化学工业出版社,2007:34.

再过多消耗物质资源，从而将人类对自然资源的攫取控制在地球可承受的范围内，对地球的污染不突破净化技术和地球自净能力的上限，以维持人类的可持续发展。

适度物质消费理念的提出挑战了几乎已成为"公理"的"消费需求是拉动经济增长的主要动力之一"的经济学基本原理。当生产能力不够高时，人类消耗资源的数量也不够多。在此种情况下，运用消费需求的增长拉动经济增长是可行的，但当生产能力足够高，甚至高过资源的提供能力后，继续运用消费需求来拉动经济增长，必然带来地球生态环境的持续恶化，这就是今天生态足迹超越了地球供给能力的主要原因。从一定意义上也可以说，生态文明建设提出了重构后工业时代（生态文明时代）经济学理论的历史任务。新经济学理论必须回答"当人类不能以超过地球承载能力的资源消耗来满足其消费欲望时，需求受到抑制，在这种情况下经济增长的动力机制是什么"这一本源性的问题。

树立适度物质消费的理念要从衣食住行各方面入手，但最根本的是转变生活方式的价值理念，要从审美观和文化上进行反思，彻底摒弃和批判那些一直以来被奉为"高雅生活"的高碳生活方式，在全社会形成适度消费为荣，过度消费为耻的社会风尚。树立适度物质消费理念的重点应在收入水平较高的阶层和人群，通过广泛深入的宣传引导这部分群体自觉控制过度的物质消费行为。

（二）倡导健康文化消费理念

物质产品消费和精神产品消费（文化消费）是生活方式的重要构成内容，不同发展阶段人类在物质产品消费和精神产品消费（文化消费）上所追求的重点是不同的。一般来讲，在尚未满足温饱阶段，人类以追求物质产品消费为主，随着物质产品的丰富，在温饱问题解决后，人类对精神产品（文化产品）的消费渐增。然而，值得注意的是，这种对精神产品（文化产品）的消费渐增并不与适度物质消费同步，这就形成了后工业社会就社会整体而言的高物质消费和高文化消费的生活方式特点。

为了减少对自然资源的消耗和减少废弃物排放，必须控制过度的物质消费欲望。为了给人类相对物质供给能力过剩的购买能力以新的消费目标和消费内容，并顺应"从物质需求到精神需求"的消费目标变化规律,一个社会在解决温饱问题之后,需要在进一步完善社会分配机制以促进社会走向更加公平和平等的同时,也应倡导全社会追求低碳健康文化消费的理念,这不仅符合人类需求的层次变化规律,也是人类走向可持续发展的必然要求。从这个意义上说,大力发展文化事业和文化产业是生态文明建设的重要内容。在生态文明建设语境下,发展文化产业的重要性表现为在物质消费品已经满足人的生理需求前提下,把人的消费欲望从物质方面引导到精神方面,从而减少不必要的物质资源消耗和废弃物排放。可以预言,文化经济的兴起将会成为生态文明时代非常重要的经济现象,这也在一定程度上回答了在适度物质消费时代经济增长动力来源这一问题。

第四节 生态城市的实现路径

生态城市建设是在城市现有的经济社会发展水平条件下进行的,也是在经过多年城市建设与发展的"既有现状"情况下进行的,同时对于许多城市来说,还是在生态环境方面已经形成很大"透支"状况下进行的,这三个方面在极大的程度上规定了各自城市生态建设的起点和路径选择。

一、以制度建设为先导,初步构建起生态文明三大支柱

建设生态城市,就是在生态文明的框架内对原有城市进行生态化改造,或对新建城市进行生态化建设,并在改造与建设后进行长期的生态维护,以确保不偏离生态城市建设的轨道。因此,形成生态文明的基本架构、推动生态文明的发展,无疑是生态城市建设的基础和根本。

建设生态城市的基础就是促进生态文明的形成,要做到这一点,必须构建与生态文明要求相适应的法律制度和生活方式,并大力发展科学技术。

第一,应构建起与生态文明要求相适应的法律法规制度。由于制度具有引导形成符合生态文明要求的生活方式和促进生态科技发展的功能,法律具有约束不

符合生态文明行为的功效，所以，在培育生态城市建设的生态文明基础时，应以制度和法律建设为先导。通过摒弃与生态文明要求不相容的旧有制度，建立起与生态文明要求相一致的新制度和新法律，为新生活方式的形成和生态科技的发展提供制度保证。可考虑建立或进一步完善"绿色能源制度""再生能源生产与使用补贴制度"；建立与完善"计量供热制度""室内供暖温度上下限标准制度""建筑节能强制推行制度"和"垃圾分类与回收再利用奖惩制度"等；建立与完善鼓励绿化的"绿化促进与绿化土地保障制度"等。在法律保障方面，切实提高环境保护法和资源法的执法力度。

第二，应大力支持生态研发项目，一方面支持具有生态改善功能产品的研发，另一方面也要充分重视生态修复技术的研发和生态修复方案的制订。产品研发能力和水平的提高，不仅可以将技术应用于城市建设而使城市的生态化水平大大提高，先进技术也可能成为未来新的经济增长点。生态修复技术的研发和生态修复方案的制订，对于城市，尤其是有着悠久历史的城市，更是有着关乎生态城市建设全局的重大意义。因此，城市管理者应该从对生态城市建设的基本认识出发，即生态城市建设就是要按照自组织原理来重建失去的环节，通过对城市系统的自然生态生产能力和降解能力的恢复来增强城市的生态化水平，组织多部门协同攻关，提出符合本市现阶段特点，并将城市生态化改造与建设和管理紧密联系在一起的"嵌入式"生态修复方案。

第三，应通过广泛的社会宣传与动员，让绿色生活理念深入人心，让绿色生活方式成为时尚，真正让绿色生活方式成为公众日常的行为习惯。要做到这一点，社会各方和政府有责任为公众提供绿色生活方式所需的条件。例如，通过大力发展公交并提高自行车道和人行道的通行能力，为公众"低碳出行"创造交通条件。通过研发节能型家电，为公众"低碳生活"创造基本生活条件，还可以开展多姿多彩的绿色生活推广活动，向公众普及绿色生活方式理念，传授绿色生活经验与做法，开展"绿色生活从我做起"、以社区为单位的"绿色社区评选"等活动，扩大绿色生活公众知晓度和参与度，鼓励公众创造出更多的绿色生活方式。

由于生态文明形成的动力机制不同于以往，其形成将较多地依赖于"建设"。"建设"意味着较多的人为干预，而政府的各项推进举措是人为干预的重要内容，城市政府应增强建设生态城市的行动自觉，以制度建设为先导，初步构建起生态文明三大支柱基本架构。

二、以生态城市建设理念为指导，全面提高城市生态化水平

（一）构筑"低碳增长""低碳运行""低碳生活"三位一体的低碳城市建设体系

在经济增长方式上，应通过产业结构的进一步调整，提升城市经济低碳增长的水平和能力。

城市是人口密度高、经济等要素的聚集地，也是有着便利生活服务设施的工作、生活场所。为了适应高密度要素聚集的需要并为之提供良好的生活服务条件，城市应依靠一系列基础设施和社会设施来维持运转。这些设施包括道路交通设施（路网与车辆）、能源供应设施（电力、煤气、热力等输送供应设施）、给排水设施、环境卫生设施、邮电通信设施、医疗和公共卫生设施等。这些设施的正常运转无一例外都是依靠能源驱动维持的。能源利用的减量高效，是实现城市低碳运行的关键。在上述多项基础设施中，道路交通设施和能源供应设施在城市低碳运行方面发挥着更为关键的作用，应予以特别重视。

面向较高收入及高收入阶层宣传和普及"低碳生活"的理念能够助力形成低碳生活氛围。首先，高收入阶层消费了较多的资源来维持相对高水平的生活方式，应向他们重点宣传低碳生活理念，降低他们的碳消耗，这既体现了社会公平，也能够通过改变这一群体高碳生活方式来达到明显的减排效果。其次，高收入阶层的生活方式往往引领着社会生活方式的走向，高收入阶层如果能够自觉地在日常生活中坚持低碳生活方式和适度消费行为，特别是在当基本物质需求得到满足后，自觉将消费内容从物质层面更多地转向精神层面，将对全社会起到良好的示范作用，有利于形成低碳生活的社会氛围。

"低碳增长""低碳运行""低碳生活"涵盖了建设低碳城市的三个基本维度，低碳城市建设应循着这三个维度来展开，三者缺一不可。

（二）将循环利用和资源节约理念植入城市运行的各个环节，全面提高资源利用与再利用效率

在城市运行的多个环节上尚存在资源循环利用的可为空间：如水的循环利用（包括城市雨水资源的收集再利用）、固体废弃物的循环利用、生物质能源的循环利用、生物质废弃物的循环利用、可再生能源的收集和循环利用等。随着生态技术的不断进步，物质循环利用的链条会不断延长，可循环利用的物质种类也会不断增多。同样，在城市运行的多个环节上也存在资源节约利用的可为空间：如城市空间资源的多功能混合开发利用（公建设施与地铁站点共建模式、城市绿地与公共活动空间和防灾避难场所共建模式、城市建筑顶部和立面的绿化等）、城市公建的夏季和冬季及夜间温度控制、学校和写字楼等建筑在非使用时间的供热或中央空调控制、重视小尺度城市空间的步行道路系统规划以节约交通能源、建筑的节能改造等。

在上述诸多环节和更多尚未考虑到的环节实施生态化改造，能够明显提高城市生态化水平。针对建成区面积广、生态化改造任务繁重的大城市，"嵌入式"改造建设方式的实施能够充分体现生态城市建设中的精细化水平。

（三）从加强绿化建设和增强对城市水文生态修复两方面入手，提升城市绿地和水体的生态服务功能

一般来讲，城市建成区，尤其是城市中心区，承载的人口更为密集，承载的城市功能更为多样，生态系统的人工作用痕迹也更为明显。要提升这样地区的生态化水平，应首先注重恢复并增强那些具有维持生态系统平衡功能的生态要素的功能，如加大绿色植物的种植面积、选择那些具有高生态服务功能的植物和乡土植物等。

针对城市中心区建筑物容积率高、硬化地面比例高的特点，应推广垂直绿化和屋顶绿化，并鼓励室内绿化，尤其应重视真正能惠及普通市民的社区绿化。城市各种要素密集，城市中心区的空间更为宝贵。目前我国多数城市，特别是大城市中心区，房地产开发强度都比较大，机动车无序停放挤占道路和公共活动空间现象也较为普遍，这使得中心城区可用于绿化和市民活动的公共空间不断被蚕食和压缩。为了有效提升城市中心区的空间利用效率，同时满足绿化需求和公共活动对空间的需求，应较大幅度地提升社区公园和街头绿地的建设密度标准，使城市绿化与提升市民生活品质更紧密地结合在一起。

城市化建设极大地改变了城市的水文效应，致使城市在应对雨洪等自然灾害时极为脆弱。为了增加城市抗击雨洪灾害的能力，国家已经正式推出"海绵城市"的建设目标和各项举措。城市海绵体既包括河湖、池塘等自然水体，也包括绿地、花园、可渗透路面等人工建设的城市配套设施。建设海绵城市，就是要扩大海绵体的规模和提高海绵体的质量，这样当城市遭遇雨洪灾害时，雨洪水可以通过这些海绵体下渗、滞蓄、净化和回用，剩余部分径流通过管网、泵站外排，从而有效提高城市应对雨洪灾害的能力。建设海绵城市要求要结合城市街区的路面改造工程，通过铺设物改造，增加城市地面的吸水保水性，以减少强降雨时地表水对城市排水管网的压力，减少市区内涝灾害发生的危险。此外，还要求要尊重城市河湖水系的原生状态，做好人工水系与自然水系的连通和衔接。

（四）在城市新区建设中提倡"紧凑型"空间布局和"低冲击"建设方式

"紧凑型"空间布局和"低冲击"建设方式是从规划建设角度加强城市生态建设的重要方法，值得在城市规划和建设中大力提倡和推广。

切实推进"紧凑型"空间布局和"低冲击"建设方式，首先需要在有关的规划建设部门普及生态城市建设的相关知识和要求，然后将这些知识和要求与本地的其他建设要求统筹考虑，这样可以避免那些明显与生态城市建设要求相抵触的规划与建设做法。例如，不能因为土地资源相对丰富，就不重视土地的集约开发和利用；也应该避免郊区城镇建设一味模仿中心城区的倾向和脱离实际地追求"高大上"的倾向，而应视本地的实际需要来确定建设方案；小城市和小城镇或大城市郊区节点都属于小尺度的城市空间，人口和产业规模相对较小，更适宜于按照"步行尺度"，而非"机动尺度"来规划建设，从而促进城市向"紧凑型"发展；也正是由于小规模和从自然生态系统中"脱离"的时间相对较短，程度较轻，所以这类城镇的建设强度，相对于大中城市的中心城区来讲还是属于"低冲击"的，应当继续保持这种"低冲击"的开发建设方式，并在生态城市建设理念指导下，结合自身发展的需要，不断创新城市进行生态建设的方法。

三、以政府倡导、社会各界广泛参与为基本模式，搭建起推进生态城市建设的组织框架

由于基本动力机制不同于以往较多依赖人的"自然发展冲动"而形成的情况，生态文明的形成将更多地依赖于"建设"，生态城市建设是生态文明的区域性建设任务，因此也必将较多地依赖于"建设"。

建设生态城市是一件头绪繁多的复杂任务，需要有一套高效率的组织系统来承担建设资源的配置和建设方略的制定，以及建设项目的推进工作。搭建起以政府倡导、社会各界广泛参与为基本模式的组织框架，能够较好地发挥政府在生态城市建设中的主导作用，也能够较好地动员全社会的力量投入其中，这是一种建设生态城市的有效组织方式。

政府倡导主要体现在以下几方面：①由政府会同社会力量制定并提出生态城市建设的基本方略；②政府组织相关领域力量投入到推进生态城市建设的法律与制度建设的工作中；③运用政府力量调配其可控资源（技术、资金、人才等）流向生态建设领域；④由政府相关职能部门做出一系列的以生态文明为导向的发展与管理思路调整和制度建构；⑤建立起与生态保护相关方面社会组织的有效联系渠道等。社会各界广泛参与首先体现在参与人员的广泛性，其次体现在参与事项的广泛性，再次体现在参与形式的多样性，最后体现在深度介入生态建设的决策环节。

在推进生态城市建设的组织框架中，政府作为倡导和组织者，应把握自身定位，做到既不缺位也不越位，尤其要克服以往仅偏重体制内的机构、单向度的、以行政规制为主的制度与政策设计，应注意加强引导和吸引市场与社会力量参与生态城市建设制度的设计与制定，真正形成"三类促进环境友好型社会建立的机制，即别无选择的强制机制、权衡得失的选择机制和道德约束的自愿机制"。❶

❶魏楚，沈满洪.建设环境友好型社会的政策矩阵[M].北京：中国环境科学出版社，2007:41，转引自刘淑妍.生态文明的政策变革[M]//诸大建.生态文明与绿色发展.上海：上海人民出版社，2008：302-303.

四、以市场与非市场手段的有机结合为基本形式，推进生态城市建设项目的实施与落实

由于生态城市建设的大量任务和项目具有明显的外部性特征，在这些领域市场机制失灵，需要使用非市场手段作为基本手段，这一点已被多年的实践所证明，并已在政府中形成共识，即：许多生态建设项目的实施是需要政府"埋单"的。对于这类项目，政府应有清醒认识，本着不推诿责任和力图有所作为的原则，积极推进相关项目的落实。

同时也应注意到，某些生态环境建设项目的外部性特征是随着项目实施的条件、背景和进展情况等的变化而发生变化的。当市场配置资源的机制尚未形成时，项目实施具有较多的外部性，而当市场机制基本形成后，外部性就逐渐减弱。面对这种情况，政府应从两个方面做出反应：一是对可能形成市场配置资源机制的项目，在发展初期除了积极承担政府责任外，还应着力培育相应的市场机制，为其形成提供制度条件和社会环境条件等。二是当这些项目的市场配置资源机制基本形成后，政府应适时退出该项目（产业或行业）。这样才可以一方面因节约了公共财政支出，使政府有能力投资于新的生态建设项目，有利于形成政府对生态资助项目的滚动支持，提高公共财政支持生态建设的效率；另一方面，因为以市场机制来维系的项目（产业或行业），其发展的动力机制具有自我维系的可持续特征，因此更有利于项目（产业或行业）的持续发展。

城市生活垃圾的资源化回收利用产业，就是这种类型的产业。当其市场配置资源的机制还未形成时，产业的外部性比较突出，政府应运用公共财政支持其发展。生活垃圾资源化回收利用是可获取一定经济效益的产业，国外已有这方面的成功经验可供借鉴。事实上在这方面也已经出现了一些市场化运作的事例，只是仍然存在许多待解决的问题（例如在厨余垃圾回收利用产业化方面等），面对这些问题，应该积极寻找进一步完善的途径和方法，而不能因噎废食，在本来可以由市场运作的领域由政府大包大揽，这样做增大了不可持续的风险。

五、注重公共政策的统筹与协调，形成提升城市生态化水平的合力

建设生态城市是一项极为复杂的系统工程，头绪繁杂，仅仅是作为协调工具和推进保障的公共政策本身，就构成了一个多头绪的政策体系。由于生态城市建设不仅涉及的领域多，很多时候还会形成各领域要求相互掣肘或矛盾的情形，这就要求制定相应公共政策或推出相应措施时，要以统筹兼顾为基本方法，全方位考查生态城市建设的多方要求，以确保所推出的公共政策和措施能够形成全面提升城市生态化水平的合力。

事实上，在这方面确实存在着诸多欠缺，亟待进一步规范和评估各项公共政策及其合理性。

以雾霾治理公共政策为例。近年华北平原雾霾灾害十分严重。2016年12月16日至21日，包括京津在内多个华北地区的城市启动了雾霾红色预警，"环保部介绍，12月以来，京津冀及周边地区共发生了2次重污染天气过程，该区域人口多、工业生产和交通运输集中，进入冬季后整个区域的燃煤采暖污染物排放大幅增加，是12月出现大范围区域性重污染的根本原因"[1]。但是有关采暖季如何减少污染物排放的公共政策却仍存在不容忽视的漏洞。例如，北京的有关公共政策只是对供暖季的室温下限做出要求，规定供暖季室温不得低于18度，如果不达标可以投诉，但对上限并没有要求。这就造成了供暖季北京不少地区或家庭室温偏高的现象，尤其是一些公共场所如影剧院、商场、饭店、写字楼和新建住宅小区等，室温达到22度以上并不是个别现象，这些地方用"燥热"来形容并不为过。像这种公共政策之间缺乏有效衔接、相互掣肘的现象，产生的根源在于在制定公共政策时没有做到统筹兼顾，这也是供暖管理部门与环保部门缺乏有效沟通与协同合作的明显事例。

要杜绝此类问题的发生，需要在城市管理各个部门之间建立起有效的沟通共商机制，就一些涉及多部门的城市环保议题建立定期不定期会商制度，确保各项公共政策能够有效衔接，使其形成提升城市生态化水平的合力。

---

[1] 参见"京津冀三地打响协同治霾攻坚战"[N].北京日报，2016-12-17(3).

第七章

英国的城市化

英国是人类历史上第一个工业化国家，也是第一个发生了大规模城市化社会变迁的国家，这一历史过程所揭示的经济社会发展规律和城市化规律，即使在今天看来，仍然具有深刻意义，是研究城市化问题的重要标本。

第一节　英国工业文明的诞生

一、工业文明的产生及促进城市化的机制

如果说农业文明是"土地依附型"物质文明所建构的文明形式，那么工业文明则是以"机器依附型"物质文明为基础所建构的文明形式。工业文明是在农业文明发展到成熟阶段，粮食生产丰富到可以满足越来越多的人完全脱离农业生产条件下产生的，同时，工业大机器生产又进一步提高了农业的机械化程度，将更多的农业劳动力从土地上解放出来。与大机器生产方式相适应，一系列满足其特有物质文明形式的制度文明和精神文明被创造出来，经绵延数百年的孕育融合，终于诞生了人类历史上新的文明形式——工业文明。

工业生产的集聚性特征和规模化偏好，引发生产组织方式进而导致社会组织方式以及人类空间聚落方式等，都发生了重大和深刻的变化，工厂形式和城市聚落替代家庭（作坊）和乡村，成为主要的物质生产的组织形式和人类聚落形式。工业文明的形成是现代化的起点和标志，人类历史上浩大的城市化进程也由此开启，其城市化本身也成为了工业文明和现代化的重要组成部分。

英国作为工业革命的发祥地，标本和典范意义自不待言。而且，由于先驱者

的独特性，英国的工业化具有明显的"原生"特征，使其更能体现出工业化对农业社会基础一点一滴的"消融"，和逐步建立起工业社会根基并引发了人类历史上首次规模浩大的城市化社会变迁的完整过程。

正是基于工业文明与城市化的这种连带关系和"孪生"效应，以及英国作为世界上第一个进入工业文明时代国度的特点，以下将重点梳理和分析英国工业文明的形成及其与城市化的关联，力图还原一个多因素影响下的城市化社会变迁图景。

二、工业文明的前期酝酿

工业文明的出现经过了数百年的酝酿期，"1500年前后，西欧地区社会结构中有利于制度创新的各种因素通过一系列彼此联贯的历史运动（文艺复兴、地理大发现、宗教制度改革……）而会聚、互动，最终为工业文明的诞生准备了知识基础、制度环境和政治、经济、文化条件。"●

（一）主流认识论从神学与宗教走向科学与理性：工业文明诞生的思想认识基础

中世纪的欧洲，神学和宗教牢牢占据着世界观和方法论的霸主地位。进入16世纪后欧洲出现了一系列著名的思想家和科学家，他们提出的新的认识论和方法以及新的科学发现，彻底颠覆了神学和宗教的世界观。这些新思想、新方法和新的科学发现，极大地解放了人们的思想，拓展了人们的眼界，提升了人们的认识水平，所形成的新思潮会聚成强大的精神力量，为工业文明的诞生奠定了最初的思想基础和知识基础。

新的认识论与方法论。认识论和方法论的革命解放了思想，为科学发现奠定了方法论基础，也为打破神学一统天下提供了理性工具和武器。当时向世界贡献新的认识论和方法论的两位重要思想家是英国哲学家培根与法国哲学家、科学家和数学家笛卡尔。英国哲学家培根（1561—1626年）提出了归纳法，要求用观察到的实际事实来塑造人类思想观念，其代表性著作是《新工具》一书。法国哲

●李宏图,沐涛,王春来,卢海生.世界通史(第二编)工业文明的兴盛:16—19世纪的世界史[M].上海:华东师范大学出版社,2001:前言3.

学家、科学家和数学家笛卡尔（1596—1650年）主张，只有经过自己的怀疑与思考之后所接受的东西才是正确的、真实的，在此认识基础上形成和发展起了理性与怀疑的科学方法论，并著有大量数学、物理学著作。笛卡尔的哲学思想深刻影响了之后的几代欧洲人，开拓了所谓"欧陆理性主义"哲学。另外，法国启蒙思想家伏尔泰（1694—1778年）等一批思想家，通过主张开明的民主制度，强调自由与平等，以捍卫公民自由，特别是信仰自由和司法公正，抨击天主教教会的教条等行动，并公开支持社会改革，为资本主义革命准备了思想基础。

新的科学发现。思想解放引发了一系列重要的科学发现，这些发现重创了神学世界观赖以建立的基础，为工业物质文明的诞生准备了知识基础。其中，波兰天文学家哥白尼（1473—1543年）在1543年发表的《天体运行论》是当代天文学的起点，也被视作现代科学的起点，其后德国天文学家、数学家开普勒（1571—1630年）提出了行星运动三定律（开普勒定律），进一步验证和支持了哥白尼的学说。意大利物理学家伽利略（1564—1642年）在物体运动力学上论证了自由落体运动，为后来牛顿理论体系的建立奠定了基础。英国物理学家、数学家牛顿（1643—1727年）在1687年发表的论文《自然哲学的数学原理》中，对万有引力和三大运动定律进行了描述。这些描述奠定了此后三个世纪里物理世界的科学观点，并成为现代工程学的基础。在化学领域涌现出了英国化学家罗伯特·波义耳（1627—1691年），其在1661年出版的《怀疑派化学家》是近代化学的开山之作。在医学领域著名英国医学家威廉·哈维（1578—1657年）发现了血液循环和心脏功能，他的工作是现代生命科学开始的标志。

自16世纪以来，工业文明的发祥地及周边的西欧地区，就处于这样一个思想巨人和科学伟人辈出的时代。一系列的思想解放论著和科学发现，引起了知识、思维方式以及社会的巨大变革，在世界史上被称为科学革命，它极大地展现了科学方法和科学精神。这是一种完全不同于以往的知识体系、思维模式和科学方法，它标志着科学战胜了神学，宣告了科学的诞生，主流认识论从神学与宗教走向科学与理性。这一切为工业文明的诞生提供了土壤，因为"很难想象在一个严格控制的社会里，会允许自由的人以自由的意志去自由地选择任何变动"。❶

---

❶钱乘旦.变动与适应——对英国现代化过程的再认识[J].史学集刊,2002（2）:1-8.

（二）生产经营活动组织方式创新：工业文明产生的制度保证

进行大工业生产的两大基本条件，一个是大机器生产需要巨额资金投入才能形成生产能力；另一个是一旦形成生产能力，则产量巨大，需要有庞大的市场消费能力才能得以维持。这两个基本条件在自然经济占据主导地位的农业文明中是不可能实现的。因此，在工业文明诞生的前夕和实现过程中，英国等西欧国家进行了众多的社会生产组织方式制度创新，以不断满足工业文明独特的需要。

1. 市场的扩大与普及

17世纪的西欧，市场经济获得了长足的发展，市场形式在两个方向上日益延伸，一个方向是规模不断扩大，已经出现了伦敦勒莱克威尔这样的巨型呢绒制品专营商场，该商场在1666年前后已经有了固定的经纪人和职员以及一整套复杂的组织机构。另一个方向是市场的专业化分工不断细化，在17世纪英国的800个城镇中，至少有300个城镇设有专一的市场，如小麦、蔬菜水果、牲畜、肉禽、奶酪、呢绒、亚麻等，甚至还有专门出售木匙和木旋塞的专业市场。同时商人之间的批发交易也日益增多。英国已经成长为欧洲重要的区域性商品集散地和贸易中心。另外，在地理大发现背景下，英国的远程贸易更是获得突飞猛进的发展。1600年英国成立东印度公司，其后几十年间，英国的对外贸易不断扩张，遍及了世界许多地方。

在市场不断扩大的同时，市场交换的定价规则发生了重大变化，从中世纪按照习俗和惯例来定价，逐渐演变为根据市场供求关系来定价。"这一种转变标志着市场交换突破以往任何约束，以自由自主的内在逻辑进程进行运行，奠定了市场经济运行机制的基础。" ❶

2. 工场制不断发展，为向与大工业生产相适应的工厂化生产组织方式过渡奠定基础

大工业生产方式是一种以巨大天然能源为动力、以机器生产为手段和形式、以满足更多人口消费需求为目的而进行的人造产品的生产活动。生产单位的规模

---

❶ 李宏图,沐涛,王春来,卢海生.世界通史(第二编)工业文明的兴盛:16—19世纪的世界史[M].上海:华东师范大学出版社,2001:34.

越庞大，单位产品的成本就越低，越有利于工业产品的市场扩张。因此，运用机器进行生产活动的工厂化形式，是与之相适应的生产组织形式。工场制则是指已经具有相当规模和精细分工的大型手工作坊，除尚未大规模采用机器进行生产外，其规模和分工等生产组织方式已经十分接近工厂化的生产组织方式，并为最终实现向工厂化过渡奠定了基础。

工业文明来临前夕，英国的手工工场制已经达到了当时欧洲的最高水平。这一时期，英国出现了许多规模在数百人以上，分工极为细致的手工工场。"因此，英国在从工场手工业向机器大工业的过渡中率先迈开步伐，是不足为怪的。"❶

3.资金融通方式制度创新为大工业生产和贸易提供条件和保障

股份公司的出现和现代金融体系的建立等资金融通方式的制度创新，是工业文明诞生的重要条件和保障。

股份公司是指公司资本由股份组成的公司，是把分散资本集中起来经营的一种企业组织形式，现代金融体系则是通过运用一系列金融工具，达到跨时间和跨空间的资本配置与交易目的的一个系统。

市场扩大，特别是国际市场不断拓展，催生了大型的国际贸易公司，大宗远洋贸易既有较大风险，又需要巨额周转资金；工业生产规模越大，所需的周转资金数额也就越加巨大。因此，工业文明的诞生，离不开资金配置体系的建立和金融工具的不断创新。

早在地理大发现时期，由于远洋航行风险大，周期长，单靠个人资金难以独立支持，为了分散风险和筹集巨额资金，出现了一种合股经营的叫做"康梅达"（commenda）的经济组织。康梅达从事海外贸易，负责筹集资本，由专人经营，利润在集资者与经营者之间协商分配，这可以看作是现代公司制度的萌芽。1554年英国成立了第一个以入股形式进行海外贸易的特许公司莫斯科公司，它的成立标志着真正的股份制度的产生。其后英国又出现了许多从事海外贸易的股份制公司，这其中最为著名、资本最为雄厚的是1600年成立的东印度公司。17世纪上

---

❶李宏图,沐涛,王春来,卢海生.世界通史(第二编)工业文明的兴盛:16—19世纪的世界史[M].上海:华东师范大学出版社,2001:97.

半叶，英国确立公司为独立法人，1694 年英国建立了第一家股份制银行——英格兰银行，为现代金融业的发展确立了最基本的组织形式。此后，各资本主义国家的金融业迅速发展，并对加速资本积聚和生产集中起到巨大的推动作用。

（三）农业变革：工业文明诞生的重要基础和条件

工业文明从农业文明演化而来，工业文明的诞生，是建筑在前一个文明形式——农业文明高度发达基础之上的。这是因为只有农业文明高度发达，农业劳动生产率足够高，才能只由一部分劳动人口生产出能够满足全部人口需要的农副产品，另一部分劳动人口才能有条件去从事非农的经济活动。农业劳动生产率的大幅提高，至少从三个方面推进了工业文明的进程：其一，为全社会生产了更多的农副产品，保证了人们的基本生存所需；其二，生产了更多的能够成为工业原料的农产品；其三，提供了更多能够脱离土地的"自由"劳动者。

在工业革命之前两百余年，英国农业经历了技术层面和制度层面的深刻变革。这些变革一方面极大地提高了农业劳动生产率，另一方面破除了封建主义的封闭落后状况，更多地融入了商品经济和市场要素等在当时来讲全新的观念和生产经营方式，这一历史过程被称为"农业革命"。

在英国农业革命期间，农业技术进步显著，农业劳动生产率获得巨大提升，这主要得益于诸如改休耕制为轮作制、新作物的引进与推广、农具改革和农艺的改进等农业生产技术的改进等。轮作制解决了保持土壤肥力和提高生产效率的两难问题；高产新饲料作物的大量种植，使牲畜的饲养数量大为增加，极大地促进了畜牧业的发展，马铃薯的引进种植也使粮食产量明显提高；农具改革提高了农业劳动生产率；沼泽和湿地排水法等农艺技术的应用，使耕地质量得到了保证。

与此同时，农业生产经营制度也发生了一系列深刻变革。改敞田制（openfield system）为大农场制便是其中非常重要的一项生产经营制度变革。敞田制是中世纪欧洲最为基本的土地耕作制度，圈地运动终结了敞田制，代之以大农场制。

土地高度集中，加上同期一系列农业新技术的应用，极大地提高了农业生产效率和农产品产量。与 1700 年相比，1800 年英国平均每英亩谷物产量增加了44%，畜牧业也发生了巨大变化，同期一个农业劳动力能够养活的人数也从 1.7

人提高到了 2.5 人。1710 年时羊的平均重量是 28 磅/只，牛的平均重量是 370 磅/头，1795 年增加到羊 80 磅/只和牛 800 磅/头。"与 17 世纪相比较，18 世纪后半期，羊肉和羊毛的产量提高了 78%，肉类销售量也大为增加。当时的英国农业已经成为欧洲生产力最高的农业。"❶

就制度原因来讲，圈地造成了对农村劳动力的强制性驱离，农业技术和农业工具的进步，进一步强化了对农业劳动力的驱离。由此，形成了大量农村人口被逐出乡村流入城市的局面，这些人成为工业革命发轫后产业工人的主要来源。

三、工业革命的历程

自 18 世纪中叶始，历经约百年，人类发展实现重大突破，工业革命从英国发端，继而是欧洲大陆，19 世纪传至北美。工业化开启了人类新的文明形式，其本质是从以农业和手工生产为主导的经济形态向以工业和机器生产为主导和引领的经济形态转化的过程。

英国的工业革命起步于棉纺织工业。从 1733 年英国机械师约翰·凯伊发明飞梭算起，其间的重大技术发明有：滚轮式纺纱机（惠特，1738 年）、新型手摇纺纱机（珍妮机）（哈格里夫斯，1764 年）、水力纺纱机（理查德·阿克莱特，1769 年，但也有人怀疑阿克莱特实际上是剽窃了托马斯·海斯的发明）、骡机（塞缪尔·克隆普顿，1779 年），至 1785 年牧师卡德莱特发明自动织布机，历经半个世纪，英国的棉纺织工业经过不间断的技术发明，成为第一个实现了机械化生产的工业部门。

由于水力驱动受到诸多自然条件的限制，极为不便，而且当时许多机械的零部件多是由木、石或稀有金属制作，要么庞大笨重，要么造价昂贵，大规模普及均受到限制。所以，英国要真正实现大机器生产，必须解决动力和原材料两大问题。

曾经是苏格兰格拉斯哥大学教具修理师的詹姆斯·瓦特，在 1784 年成功研制出联运式蒸汽机，这种蒸汽机能够将直线运动转变为连续而均匀的圆周运动，真正使蒸汽机可以应用于各种类型工厂的机械化生产中，解决了大机器生产最关

---

❶赵煦.英国城市化的基本前提——农业发展与农村劳动力转移[J].兰州学刊,2007（9）:60-63.

键的动力问题，可称得上是英国工业革命中最伟大的技术发明。与此同时，英国的金属冶炼技术也获得长足进步，1784年英国工程师科尔特发明了采用焦炭炼出熟铁和钢的"搅炼和碾压法"，这一方法具有效率高、成本低的特点，极大地提升了英国的冶金工业水平，在与蒸汽机技术发明结合后，产生了强大的相互促进效应，共同推动工业革命的历史巨轮滚滚向前。

在多项关键与核心技术相继实现突破的同时，产业组织方式也发生了向着与大机器生产相适应的方向不断调整和完善的巨大变化，工厂制的出现是其中最直接、最重要的生产组织方式变革。18世纪晚期，在蒸汽机和自动织布机等机械发明后，工厂制度出现了。至1840年前后，以机器生产为特征的工厂形式的生产组织方式已经确立，并且已经基本上取代了手工工场。英国在世界上率先完成了生产方式的转变，成为第一个工业化国家。工厂制度是大工业生产的基本生产组织形式，它所带来的变化不仅仅局限在生产领域本身，其对社会结构、聚落的空间结构乃至对其后的城市化，都产生了巨大影响，工厂制是工业文明中制度文明的基本构成要素之一。

由以上可见，工业革命实际上是由一系列的技术创新和制度创新构成的，其中机械、能源和钢铁三大核心技术和工厂制度是核心内容。

四、经济社会的全面转型

18世纪中叶工业革命前，英国的工业还没有从农业和农村中完全脱离出来。由于手工业所需的大部分原料来源于农副产品，所以大部分手工工场还分散在农村，很多农民都具有双重身份，他们农忙时务农，农闲时做工。由于绝大多数人口居住在农村，所以当时英国的经济重心仍在农村，还是一个地地道道的农业国。然而这一切在工业革命后发生了翻天覆地的变化，工业革命引发了英国经济社会的全面转型。

（一）经济转型

经济转型突出表现在以下三个方面。

1.工业产品产量大幅增加

到19世纪中叶前后，工业革命完成之时，英国已经成为当时世界上第一个工业化国家和最大的工业品生产国。"1850年，在世界贸易总额中，英国独占23.3%，1870年升至24.5%，超过法德两国的总和，是美国的将近3倍。在英国出口商品中，约85%是工业制成品，原材料极少。而进口商品却主要是原材料，工业成品仅占6%"。[1] "联合王国[2]棉纺织业的产值在1760年只有60万英镑，1815—1817年之间平均年产值3000万英镑，1869—1871年之间，达到10490万英镑"。[3]仅一个世纪，英国棉纺织工业的产值就提高了174倍，这种奇迹只能发生在工业革命过程中，以往任何社会都做不到这一点。工业革命完成后，英国已经成为世界头号工业强国，并在世界工业品生产方面居于垄断地位。

2.产业结构变化显著

"1688年前后，农业收入约占英格兰和威尔士国民收入的40%，从事农业的劳动力大约也占全部就业人口的40%。那时，制造业、采矿业和建筑业加在一起，仅创造国民收入的21%。"[4]在工业革命的进程中，产业结构发生了巨变，农业地位下降，工商业地位大幅提升（见表7-1、7-2）。

表7-1　工业革命中英国工农业就业人口数量变化对比

年份	农业雇用职业人口（万人）	工业雇用职业人口（万人）
1801	170	140
1871	180	530

资料来源：据李宏图，沐涛，王春来，卢海生.世界通史（第二编）工业文明的兴盛：16—19世纪的世界史[M].上海：华东师范大学出版社，2001：107.数据整理得出，该书数据引自米歇尔·博德.资本主义史：1500—1980[M].吴艾美，译.东方出版社，1986：107-108.

---

[1] 齐世荣.人类文明的演进(上卷)[M].北京:中国青年出版社,2001:317.

[2] 1921年爱尔兰南部独立前,指大不列颠和爱尔兰。

[3] 王章辉,黄柯可,周以光,萧辉英.欧美农村劳动力的转移与城市化[M].北京:社会科学文献出版社,1999:5.

[4] P.迪恩和W.A.科尔.英国的经济发展(1688—1957年)[M].剑桥,1964,转引自王章辉,黄柯可,周以光,萧辉英.欧美农村劳动力的转移与城市化[M].北京:社会科学文献出版社,1999:4.

表7-2　工业革命中英国产业结构的变化

年份	农业职业人口比重	工商业职业人口比重	其他职业人口比重
1811	35%	45%	20%
1871	14%	55%	31%

资料来源：同表7-1。

3.经济的空间格局明显改观

工业革命之前，英国的经济地理版图极不平衡，伦敦所在的英格兰东南部地区是英国传统的政治、经济和文化中心。这里地势平坦，气候适宜农业耕种，因此成为英国最重要的粮食种植区，手工业生产也多集中于此，种植业和手工业的发达，使这一地区成为明显的人口集聚区。英格兰北部和西北部以及苏格兰等其他地区，则由于山地地形地貌或气候不宜等原因，种植业欠发达，多以畜牧业为主，这也造成了这些地区人口分布的稀少，是英国当时的落后地区和经济社会发展的边缘地带。工业革命开始后，这一经济地理版图发生了巨变。原本不发达的西北部和北部地区，得益于丰富的煤炭储量，这些地区开挖了许多新的煤矿和煤井。英国的煤炭产量在工业革命时期获得飞速提升，据统计，1700年英国的煤炭产量总计260万吨，到1850年时达到了4900万吨，是同期美国的7倍、德国的8倍、法国的近10倍。[1]短短一个半世纪，英国的煤炭产量增长了近18倍。煤炭作为支撑大机器生产的新能源，其重要性尤如食物对生物生存的意义一样。正是煤炭开采的地理位置和产品用于出口对港口条件的依赖等因素的综合作用，使英国原本属于落后边远的西北部一带，在工业革命过程中迅速崛起，其快速发展的大机器工业为区域发展注入了强大动力，伯明翰、曼彻斯特、谢菲尔德、利物浦、利兹等一大批新兴工业城市随之涌现，并快速发展。其后，这些城市工业的发展又逐渐向苏格兰延伸，并带动苏格兰也开始跨入工业化的"门槛"。西北部这些工业城市的兴起，改变了英国原有的经济地理版图，英国的经济中心出现了向西北地区偏移的趋势。

---

[1]李宏图,沐涛,王春来,卢海生.世界通史(第二编)工业文明的兴盛:16—19世纪的世界史[M].上海:华东师范大学出版社,2001:104.

（二）社会转型

英国牧师、经济学家格雷戈里·金1688年在对英格兰和威尔士家庭人口与财富所作的估计中，至少将其区分出25个社会阶层。对这25个阶层进行归类并别除家庭数过少阶层，结果是当时英国的社会结构主要有社会上层、中上层、中下层和下层四个层次，且居于社会下层的群体最为庞大，向上各阶层家庭数依次递减，呈现出显著的金字塔结构特征（见表7-3）。

表7-3 工业革命前英国的社会结构

社会阶层	家庭年收入（英镑）	家庭数（个）	包括主要群体
上层	2590~400	6585	勋爵贵族、从男爵、骑士、大地主乡绅、海上贸易商
中上层	280~120	40000	中等地主乡绅、国家官员、法官律师、陆上贸易商
中下层	84~50	207000	富裕与中等农民、高级教职人员、自由职业者、军官
下层	少于45	1107000	农民、雇工、低级教职人员、小商人、小手工业者、士兵

资料来源：李宏图，沐涛，王春来，卢海生.世界通史（第二编）工业文明的兴盛：16—19世纪的世界史[M].上海：华东师范大学出版社，2001：111，数据整理，该书数据引自米歇尔·博德.译：资本主义史：1500—1980[M].吴艾美，等，译。东方出版社，1986：24.

工业社会既脱胎于农业社会，又撕裂了农业社会。机器和工厂彻底改造了农业社会，把它变成了一个崭新的工业社会。工业革命在创造了巨大生产力的同时，也深深地搅动和重组了英国的社会和社会结构，其中最突出的表现是，与大机器和工厂化生产方式共生的新社会群体不断壮大，并迅速取代农业社会中农村群体在社会中的主体地位，成为工业社会中的社会构成主体。与农业社会相比，英国工业社会中出现了新的阶级和阶层，其阶级和阶层结构依然呈现出金字塔结构。处于上层的是工业巨头和企业家阶层，这些人处于财富占有的顶端，他们对财富的占有程度甚至已经远远超出了原来处于社会顶端的贵族或大地主乡绅。接下来，由于工业社会高度依赖科学技术作为手段来维持，以及依赖专业人员来进行生产管理和社会管理等，所以工业社会中出现了大量的中间阶层，包括各种专业技术人员、管理人员和小企业主等。再往下，就是大量在工业生产第一线直接从事生产劳动的工人阶级，他们成为工业社会中数量最多而占有财富最少的社会底层群体。

工业社会的另一个重要转型就是开启了规模浩大的城市化征程，这使得社会主流形态从传统的乡村社会形态向现代的城市社会形态转变。

第二节　英国的城市化：首开历史先河的深刻社会变迁

作为人类历史上第一个工业化国家，英国的城市化完全是一场本国农业社会向工业社会演化过程中，在工业化主导和牵引下发生和完成的社会变迁与聚落类型变迁过程，无论是乡城人口流动，还是城市成长及空间格局的形成，都具有明显的"工业化动因"，其城市人口的增加，主要来自于国内农村人口的迁入。

一、城市化历程

（一）城市人口的增加

人口的大量增加和城市化是当年英国工业化带来的两大显著社会效应。

得益于工业化带来的生产力突飞猛进的发展，生存所需物质条件的大幅改善，极大地刺激了人口的增长。1750年英国人口为750万，1780年约为900万，到1850年时达到了2100万，100年间人口增长了1.8倍。

工业化带来的另一个重大社会变迁效应是极大地改变了英国人口的空间分布版图，人类历史上第一次城市化大潮汹涌而至，势不可当。英国在工业革命前的1700年，城市人口占比不到全国总人口的2%，到1800年才达到20%。之后，到1851年英国城市人口已达51%，初步实现了城市化，到1861年达到62.3%，1891年达到72%，1939年达到80.4%，再之后基本稳定在接近80%的水平（见表7-4）。虽然由于缺乏逐年的或相同间隔时段的城市化率统计数据，难以做到对英国工业革命前后这一城市化快速发展时期的城市化率变动情况的准确测度，但从上述已有数据中仍然可以看出不同历史阶段城市化速度的变化，这有助于加深对英国这一时期城市化历程的认识（见表7-5）。

表7-4 英国工业革命前后的城市化率

年份	城市化率
1700	2%
1800	20%
1851	51%
1861	62.3%
1891	72%
1939	80.4%

资料来源：戴维·波普诺.社会学（下册）[M].沈阳：辽宁人民出版社，1987：518；中国经济问题[J].1989（2），转引自高珮义.城市化发展学原理[M].北京：中国财政经济出版社，2009：201.

表7-5 英国工业革命前后不同时段城市化增速变化及阶段划分

时间段	各时间段城市化率提高百分点	城市化增速的阶段划分
1700—1800年	18	缓慢增长期
1800—1851年	31	较快增长期
1851—1861年	11.3	快速增长期
1861—1891年	9.7	较慢增长期
1891—1939年	8.4	缓慢增长期
1939年以后	基本为零增长	稳定期

资料来源：据表7-4数据计算。

就表7-4和表7-5反映的情况看，英国工业革命前后的两个多世纪中，城市化的发展变化大致呈现出从缓慢增长、较快增长、快速增长、较慢增长，又回落到缓慢增长的轨迹，到第二次世界大战爆发那一年，英国的城市化率达到峰值80.4%的水平，之后多年城市化率变化很小，进入了城市化的稳定期。

（二）城市化进程与工业革命和经济社会变革进程的对应分析

以上就英国工业革命前后的经济社会状况、工业革命的历程和城市化时间表分别进行了简要的回顾，下面把这几种情况叠加起来，以时间为轴，串起英国工业革命前后若干世纪的经济社会演变过程和城市化过程，意在还原作为经济社会整体发展和变迁中的社会现象和空间现象的城市化，是如何与经济社会发展互动，并对经济社会发展做出响应的，以便更深刻地理解和洞察城市化的形成动因与形成机制（见表7-6）。

16世纪是英国经济社会发生历史性转折的起点，从这一历史时点开始，英国在生产力发展、生产组织形式、国内外市场和资本配置制度等方面出现了一系列的创新，这些都直接为18世纪中叶至19世纪中叶持续百年的工业革命准备了条件，注入了动力，工业革命与人口增长和城市化高潮的高度历史同期性，在表7-6中表现得十分清晰。

16世纪英国农业技术进步显著，集中式手工工场的出现说明，工业逐步从农业和农村中独立出来，成为在国民经济中重要的、独立的门类。16世纪也是地理大发现如火如荼的世纪，为了适应远洋贸易的筹资需要，股份制这一具有划时代意义的资本配置制度创新，为后来大规模的工业生产以及工厂制准备了资本条件。

17世纪农村的圈地运动进入了高潮期，结合农业生产力的进一步发展，农业和农村为工业革命准备了劳动力和市场条件。这一时期手工工场进一步发展，国内外市场进一步扩大，产品需求量大幅增加，产生了对机械化生产的迫切需要。同时市场经济制度进一步发展，公司制和股份制银行的出现，成为工业革命的重要启动条件。

1550—1750年的200年是英国历史上重要的转型期。这是一个逐渐摆脱中世纪发展路径依赖的重要历史时期，是一个在各个领域为工业革命准备条件的时期。从以上分析可以看出，在这个时期，英国在各个方面都发生了极其深刻的变化。

表7-6 工业革命前后英国经济社会及城市化变迁全景描述

农业与农村		工业		国内外市场	资金配置体系和融金工具创新	人口与城市化	
生产力发展	生产组织形式变迁	生产力发展	生产组织形式变迁			人口	城市化率
16世纪中叶以后，在引进新物种、实行新轮作制、改善灌溉和排水、牧业改良、完善等农业技术系统等方面进步显著，造成农业生产力水平显著提高。 至18世纪，一个农业劳动力能够供养的人口在世纪初到世纪末的100年间从1.7人提高到2.5人。	17—18世纪圈地运动进入高潮，造成对农业劳动力的驱性驱离。之后大农场制逐渐替代敞田制，成为农业的主要生产组织形式。	18世纪中叶—19世纪中叶，第一次工业革命历经近百年。 从1733年发明飞梭至1785年发明自动织布机，历经半个世纪，棉纺织工业成为第一个实现了机械化的生产的工业部门。1784年研制出能够将直线运动转变为连续而均匀的圆周运动的联动式蒸汽机，这种蒸汽机真正可以应用于工厂机械化生产中，同年"搅炼法和硬压法"发明，极大地提升了冶金工业水平，在与蒸汽机技术发明结合后，产生了强大的相互促进效应。 历经约百年，在机械、能源和钢铁三大核心技术领域均出现了重大创新并实现了重大突破。	进入16世纪后期出现了集中的手工工场。 17—18世纪，手工工场在规模和分工方面都发展到很高水平。 18世纪晚期工厂制度出现，至1840年前后，以机器生产为特征的工厂形式的生产组织方式已经确立，并基本取代了手工工场。	1600年英国东印度公司成立，其后几十年间，对外贸易不断扩张，遍及世界许多地方。 17世纪国内出现了大量规模巨大的专业化市场，英国已经成长为欧洲重要的商品集散地和贸易中心。 18世纪中叶，经过多次争夺海上霸权的战争，英国最终取得胜利，确立了全球海上霸主的地位。 19世纪中叶成为世界上第一个工业化国家最大的工业品生产国，1870年，在世界贸易总额中英国占1/4，超过法德两国的总和，是英国的将近3倍。	1554年股份制诞生。 17世纪上半叶，确立公司为独立法人，1694年第一家股份制银行——英格兰银行成立。	1750年：750万人 1780年：900万人 1850年：2100万人	1700年：2% 1800年：20% 1851年：51% 1861年：62.3% 1891年：72% 1939年：80.4%

在上述诸多准备基础上，18世纪伟大的工业革命以一系列的技术创新为先导开始了，机械、能源、钢铁三大核心技术成为工业革命最重要的技术支撑条件，工厂制成为工业革命中最重要的生产组织方式创新，是一种全新的生产领域的社会关系。

在这样的历史背景下，再来看英国的人口变化和城市化情况。英国人口的快速增长期与工业革命几乎同步，在工业革命的百年间，人口增长了1.8倍。

如果以城市化率10%作为城市化的起点，英国的城市化大致起步于18世纪中叶，与工业革命的历史起点同期，而且工业革命基本完成也与基本实现城市化（城市化率达到50%）的时间完全相同。这之后，英国城市化水平继续提升，至第二次世界大战前达到高峰后进入稳定阶段。

这种工业革命（经济发展）、人口增长、城市化三位一体的"全方位"增长，并不是历史的巧合，它深刻地揭示了经济发展与人口增长之间、工业革命与城市化之间的因果关系和耦合机制。另外，对工业革命前生产力、生产关系（生产组织形式），以及内外部市场及经济制度及其变革的分析，也深刻揭示了各因素之间的紧密联系和互动与进化。这些认识和结论，对认识城市化规律有着深刻的启迪意义。

二、城市变迁

城市化大潮中，大量人口的涌入，不仅迅速推高了英国的城市化水平，也使城市本身发生了巨大变化。

在工业革命中担当重要角色的城市获得快速发展。在城市人口迅速增加的同时，城市职能也发生了显著变化。工业城市大量涌现，制造业和矿业城市获得了快速发展，那些承担交通枢纽功能的城市也得到了快速的发展。这些城市在成为工业重镇和交通枢纽的同时，也成为了城市化过程中的主要人口迁入地，如英国北部的格拉斯哥，在18世纪末时还是一个少为人知的小城镇，到1831年时已成长为有20多万人口的重要工业城市；又如棉纺织工业中心城市曼彻斯特，16世纪中叶时人口不过2000人，两个世纪后达到了两万多人，1801年时人口7.5

万，1871年增加到了35.1万，300年间人口增长了175倍；再如工业城市伯明翰，人口在16世纪中期只有500人左右，18世纪中期人口已达到3万人，1801年增加到7.3万人，1844年达到20万，与曼彻斯特的情况相似，在近300年间，城市人口陡增近400倍。另一工业城市谢菲尔德的人口在19世纪初至19世纪中叶，也从4.6万人增加到11万人。然而有些传统老城，由于没有跟上工业革命的步伐，呈现出了衰落的迹象。

城市空间分布格局发生了与经济空间格局相向的变化。工业革命所依赖的重要能源和铁矿石资源的分布格局在很大程度上决定了制造业和矿业城市的分布，进而决定了经济的空间分布格局。由于英国工业革命时的重要资源大多分布在北部和西北部，所以工业革命时期出现了经济重心向北部和西北部转移的现象。许多重要的工业城市也分布在北部和西北部地区。而在农业社会中相对发达的东部和东南部地区，以及原来手工毛纺织业较发达的东南部和西南部地区，则失去了往日的繁荣，其城市发展与北部和西北部快速崛起的工业城市相比，也显得动力不足，步履维艰。典型的如位于伦敦东北的近海城市诺里奇，由于远离蓬勃发展的工业重镇，虽地处适宜农耕的东南部平原，仍避免不了走向衰落。诺里奇在17世纪初期曾是英国的第二大城市，而到19世纪初已降为全国第八大城市，发展势头也明显逊于那些工矿业城市和重要的交通枢纽城市。

快速增长使城市饱受住房紧张、环境污染等问题的困扰。作为世界上第一个实现城市化的国家，英国也成为了第一个显露出"城市病"的国家，诸如住房短缺、环境污染、传染病濒发、治安问题严重等，成为各城市的普遍现象。那个时期英国工人居住区的条件十分恶劣，房屋十分简陋，街道狭窄肮脏，污水横流。根据1840年的调查，曼彻斯特工人的孩子，57%以上不到5岁就死亡。由于工人居住区的条件十分恶劣，城市中多形成了不同阶层分居不同地区的现象，城市内部空间极化现象严重。

三、乡村变迁

当工业革命迅速推进，与新兴工业紧密结合的城市快速发展的同时，英国的农村也经历了深刻的变化。城市化过程中的乡村变迁，也同样是一场深刻的经济社会变迁，在区域重要性和对社会发展发挥主导作用方面，城市化不仅使乡村与城市的天秤迅速向城市倾斜，并最终终结了乡村在英国经济社会中的主导地位，也深刻改变了乡村的内部结构，并重塑了城乡关系。

工业革命前，英国农村人口占总人口大半以上，工业革命开始后，农村和从事农业的人口迅速且大量减少，到1811年从事农业的家庭下降为89.6万户，占全国总户数34.7%，1831年再降为27.7%。[1]在英国城市化高潮期，农村剩余劳动力向城市转移的速度不断加快，农业劳动力显著减少（见表7-7）。

表7-7　英国城市化中农村劳动力转移情况

时段	每10年离开土地的农民（万人）
1751—1780年	2.5
1781—1790年	7.8
1801—1810年	13.8
1811—1820年	21.4
1821—1830年	26.7

资料来源：根据李宏图，沐涛，王春来，卢海生.世界通史（第二编）工业文明的兴盛：16—19世纪的世界史[M].上海：华东师范大学出版社，2001：77，内容整理。

当工业文明接替农业文明成为主导的文明形式之际，农村地区在国民经济与社会发展中的重要性也逐渐减弱。在农业社会中，农村是国家的基础，农业是经济的命脉，当时英国的中央政府虽然在伦敦，但掌握统治权力的贵族的根基却是在农村，他们的主要财富也多分布在农村。工业革命彻底改变了这种情形，工业经济日益成为主导经济，生产要素和社会财富不断向城市集中以满足工业经济发展的需要，城市成为经济重地，农村在区域经济中的重要性不断下降。

农村手工业逐渐衰落。早先英国的手工业大多分散分布在农村地区，并与农业结合在一起。农村中通常以家庭为单位的手工工场等生产组织形式，进一步增

[1]刘祚昌，光仁洪，韩承文.世界史近代史（上）[M].北京：人民出版社，1984：85.

强了农业与手工业的联系。工业革命后，在机器大工业强有力的竞争下，农村中的手工业逐渐走向衰落，原来曾经高度发展的手工毛纺织业，不敌机械化毛纺织工业的竞争而走向萎缩和衰落，粮食加工、制鞋、服装等行业的手工工场，也都不敌大机器生产的竞争，同样也都走向了衰落。而以大机器工业支撑起来的城市经济却日渐强盛，当英国最终成为"世界工厂"的时候，作为工业集聚区的城市自然也就成为了经济重地。

农村生产关系发生深刻变化。在工业革命过程中，农业资本主义生产方式普遍建立起来，原有的大土地所有者（贵族、地主）与佃农加自耕农的农村社会结构及其社会关系日益崩解，代之以大农场主和雇工的资本主义生产关系的农村社会关系。

第三节　快速城市化时期伦敦的扩张

伦敦是英国首都，位于大不列颠岛东南部平原，泰晤士河穿城而过，河面在流经伦敦时大幅展宽，伦敦距河口88公里，海轮可直达。由于地理位置优越，在历史上伦敦就是英国最重要的城市和国家的政治、经济与文化中心。

一、人口扩张

14世纪初，伦敦的人口只有4万人，与前述英国全国情况和城市化进展情况一致，16世纪英国进入重要的经济社会转型期后，伦敦的人口开始大幅快速增长。到工业革命完成后的1890年，已经增至563.8万人，成为当时世界上人口最多的城市。而且，伦敦人口占全国总人口的比重也持续上升，英格兰的总人口14世纪初是375万人，1600年达到450万人，到1750年达到600万人，伦敦人口占英格兰总人口的比重也在不断攀升。以上三个时间点分别从1.07%上升到4.4%再到11.25%（具体见表7-8）。

表7-8　16-19世纪伦敦的人口变化

年份	人口（万人）
1500	5
1570	10
1600	20
1750	67.5
1760	70
1790	86
1801	111.7
1841	223.9
1850	268.5
1860	322.7
1870	389
1880	477
1890	563.8

资料来源：吴铁稳，张亚东.19世纪中叶至一战前夕伦敦工人的住房状况[J].湖南科技大学学报（社会科学版），2007（3）：92-96.

再根据表7-8数据，计算出不同时段伦敦每10年人口的增长情况（见表7-9）。

表7-9　16-19世纪不同时期伦敦每10年人口增长情况

时段	时段特征	平均每10年净增人口（万人）
1500—1600年	前经济社会转型期	1.5
1600—1750年	经济社会转型期前期 （工业革命酝酿期）	3.2
1750—1850年	工业革命时期	20.1
1850—1890年	后工业革命时期	73.8

表7-8和表7-9反映出如下情况：

第一，从17世纪初经济社会进入转型前期起，到工业革命完成后约半个世纪，伦敦人口规模剧烈膨胀，从20万人增加到563.8万人，增加了约27倍。

第二，伦敦人口的增长速度在从16世纪初至19世纪末的近400年间是不均匀的，呈现出增长速度逐渐加快的趋势。特别是进入工业革命时期之后，伦敦人口也进入了快速增长期，相较1500—1600年和1600—1750年两个工业革命之前时期的人口增长情况，工业革命开始后，伦敦的人口增长规模急剧扩大。

第三，以19世纪末期的情况看，伦敦人口扩张最快的时期是工业革命完成后的40年，也是英国基本实现城市化后的40年。这一时段平均每10年净增人口速度是工业革命时期的3.7倍，更是1600—1750年工业革命酝酿期的23倍。尽管伦敦人口的急速增长中有着因面积扩大而带来人口增加的因素，但后来扩大的地域的人口密度早已大大超过了农村的人口密度，所以，这种情况更可以看作是由于人口大规模集聚于伦敦和伦敦城市边缘地带所带来的结果，而不是由于地域扩张囊括了更多人口。

二、伦敦的主要城市功能

作为一个有着悠久历史的古城，伦敦历来都是英国的文化中心和政治中心。伦敦位于大不列颠岛东南部平原，又有泰晤士河可直通入海，与欧洲大陆仅隔狭窄的多弗尔海峡，是英国距离欧洲大陆最近的城市。优越的地理位置使伦敦成为英国的商业贸易中心和手工业中心。英国进入经济社会转型期后，随着新大陆的发现，欧洲远洋贸易日趋活跃。工业革命使英国国力获得极大提升，在工业革命及其后的大约一个半世纪里，英国引领着世界经济，成为世界霸主。伦敦在英国的历史发展进程中发挥了重要的推动作用，英国成为世界最强经济大国是伦敦成为世界级大城市的最大动力来源。

荷兰阿姆斯特丹在17世纪时曾一度成为世界金融、贸易中心，进入18世纪后，随着工业革命的来临，英国经济地位显著上升，伦敦逐渐替代了阿姆斯特丹，成为世界主要的金融和商业中心。根据历史资料显示，这一时期的伦敦城掌控着英国80%的出口贸易、69%的进口贸易和86%的转口贸易，强大的英国商船队几乎航行到了世界的各个角落，来自亚洲和美洲的丝绸、瓷器、茶叶、香料、烟草、可可和蔗糖成为伦敦城内市场上奢侈的舶来品。伦敦城在商业贸易和城市经济的作用上已经逐渐取代了阿姆斯特丹。❶随着19世纪中期工业革命的完成和海外霸主地位的确立，英国在全球建立起庞大的"日不落体系"，伦敦作为英帝国的政治中心、贸易中心、生产中心和金融控制中心，国际影响力如日中天，成为引领世界进入工业社会的世界城市。

另外，伦敦还是英国的手工业中心、消费中心和时尚之都。伦敦手工业种类繁多，为人们提供了从食物、服装到住房、家具以及乐器、珠宝、金属器皿等生活必需品和娱乐用品，以及作为奢侈品的手工产品。为了满足庞大人口规模的生活需求，伦敦成为巨大的消费中心。由于伦敦是英国王室和政府所在地，大量贵族定居伦敦，英国贵族一直有着社交季的传统，伦敦又是国际贸易和金融中心，这使得相关的专业人士和大资本所有者纷纷聚集伦敦。因此，相比其他城市，伦敦有着更为庞大的社会上层群体和中产阶级群体。这些特质不仅使伦敦成为英国的消费中心，还对伦敦成为时尚中心起到重要作用，甚至成为世界时尚之都。

三、城市治理中存在的两大主要问题

由于人口的快速膨胀和城市功能的持续叠加，伦敦在经历着"跳跃"式发展的同时，各种城市问题和"城市病"也接踵而至，使伦敦不仅成为经济和城市发展的先驱，也成为城市问题和"城市病"的典型，在人类城市发展史上，成为具有双重示范效应的先行者。

当时伦敦在城市快速发展中出现的主要问题和"城市病"现象主要集中在两个方面，一是城市贫富差距大导致的一系列社会问题；二是城市基础设施建设跟不上人口和城市规模的扩张速度，造成了严重的城市环境问题。

贫富差距大导致的一系列社会问题，主要表现为贫富差距大、城市空间分异现象严重以及犯罪猖獗等。工业革命前后，正是英国国力的鼎盛时期，伦敦作为世界顶级城市及英国首都和文化古城，既汇集了众多的政商高阶层人士、皇室贵

---

❶刘临安,刘致韵.伦敦:成为世界城市的概要史论[J].北京建筑工程学院学报,2011(1):1-3.

族，也存在大量为这些上流阶层服务的下层从业者，还有众多在机器工业革命中失业的手工业者和数目众多的流浪汉。正是这种贫富差距巨大的社会结构特点，造成了伦敦的各种社会问题。伦敦的城市空间分异现象十分突出，当时的城市西部郊区，成为富有阶层"出逃"的主要目的地，后逐渐形成了包括白金汉宫、威斯敏斯特教堂、大英博物馆、唐宁街十号等国家中枢和著名机构集中的区域；伦敦东部的泰晤士河下游一带，则由于集聚了大量工厂和港口，成为伦敦工人阶级的聚集区；而泰晤士河北岸从圣保罗大教堂西侧至伦敦塔的伦敦古城，则集中了英格兰银行、证券交易所等大量具有世界影响的金融机构及其从业者，他们中的相当一部分人也居住在城市西部地区。另外，当时的伦敦还有不少居无定所的乞丐和流浪汉，这些人多半是在城市化大潮裹携下来到伦敦的失地农民和失业者，他们由于没有经济收入，沦为乞丐和流民。为发放救济的需要，1517 年时伦敦政府对流民进行了人数统计，当时的流民人数为 1000 人，1569 年这一数字达到了 13000 人[1]，仅过了半个世纪，流民的人数就增加了 12 倍。不仅如此，流民占城市人口的比重也明显增加。如果以 1500—1570 年伦敦人口增长为等量增长模式计，则每年增加 714 人，70 年共增加 5 万人（见表 7-8）。以此计算，1517 年流民占伦敦人口的比重是 1.6%，1569 年则高达 13.1%。一个城市需要救济的人口占到了人口总量的 13.1%，凸显了这个城市的贫困人口问题已到了十分严重的地步，其连带效应必会持续显现，给城市带来一系列不良影响和不安定因素。

城市环境恶化导致传染病频发，严重威胁城市居民的健康。城市人口的快速大量增加，使伦敦患上了城市运行"综合失调症"，市政基础设施和住房严重短缺、环境卫生恶化问题突出等。由于城市环境卫生状况极端恶劣，在伦敦人口剧烈膨胀的 19 世纪，1832—1886 年，伦敦曾四次流行霍乱，仅 1849 年一次就死亡14000 人。[2]霍乱肆虐对伦敦产生了两个直接的影响：一是城市中产阶层为了躲

---

[1] 赵涵.论近代早期伦敦的专业犯罪与有组织犯罪———以扒窃犯罪为例[J].学习月刊(下旬刊),2010(4)：134-137

[2] 吴铁稳,张亚东,19 世纪中叶至一战前夕伦敦工人的住房状况[J].湖南科技大学学报(社会科学版),2007(3).

避霍乱，大批向城市西部郊区迁移，使伦敦城市版图向西部扩张；二是为了改善高密度人口居住所带来的环境卫生脏乱差问题，荡涤霍乱滋生的温床，城市下水道系统得以诞生，从此以后，因传染性疾病而死亡的病死率大幅降低，也因此开启了现代城市市政基础设施的建设模式。

第八章

美国的城市化

美国城市及城市人口急速扩张的时期，跨越了19世纪和20世纪，其中快速扩张阶段大致集中在19世纪中前期至20世纪中期的100多年间。美国城市的扩张过程与工业化和农业现代化过程基本同步，在这一多重发展的历史演进中，美国成为世界上最发达的国家。

第一节 美国城市的快速发展与扩张*

到快速城市化时期基本完结，美国的城市发展与扩张经历了酝酿准备期和快速发展期，在这一过程中，美国的经济和社会发生了一系列的深刻变化，正是这些变化推动了美国城市的扩张与快速发展。

一、19世纪前期促进美国城市发展与扩张的时代背景和因素

（一）早期的工业革命

美国的工业革命发端于濒临大西洋的新英格兰地区，是在吸收了英国工业革命技术成果的基础上发展起来的。

与英国一样，美国的工业革命开始于纺织业。早在1790年，来自英国的塞缪尔·施莱特就根据英国的纺织技术与当地资本家阿米尔·布朗在新英格兰地区的罗得岛创办了美国第一家近代棉纺织厂，施莱特也因此得到了"美国制造业之父"的称号。1812年，新英格兰已建立起类似的近代工厂几十家，使那里逐渐

---

* 本节所引数据,除特别注明以外,均来自:刘绪贻,杨生茂.美国通史(第二卷)、(第三卷)、(第四卷)[M].北京:人民出版社,2005.

成为美国的第一个纺织工业基地。19世纪二三十年代，美国纺织工业迎来了迅速发展时期，纺织厂数目增加很快，1831年达到801家，1840年增加到了1240家。

纺织部门的技术革命带动了服装工业和制鞋工业的技术革命，1846年美国的豪取得曲线锁式线迹专利，缝纫速度为300针/分，效率超过5名手工操作的缝纫师，1851年美国机械工人胜家又设计制造出了缝纫速度为600针/分的缝纫机，此后缝纫机开始大量用于制衣业，这为以后美国服装工业的大发展提供了条件。

接着，美国又相继发生了以埃文斯蒸汽机的诞生为标志的动力革命和以煤炭冶炼法炼铁的出现为标志的钢铁工业的现代化。19世纪初期，费城的奥利弗·埃文斯发明了美国式蒸汽机，同瓦特蒸汽机相比，美国式蒸汽机结构简单，容易操作，但燃料消耗大，这适应了美国当时缺少技术力量，而燃料资源丰富的情况，因而更加受到美国工厂主的欢迎。长期以来，美国冶铁业一直采用木炭冶炼法，比英国落后了几十年。直到1819年，宾夕法尼亚州的阿姆斯特朗地方冶炼厂才第一次成功采用烟煤炼铁法，1830年德裔美国人弗雷德里克·W·盖森海曼试验的无烟煤炼铁法才取得成功，并开始推广。

美国早期的工业化在地域上以东北部为主，无论从工厂数、工人数、资本和增加值来说，东北部占比都超过50%。这一时期美国工业占国民经济的比重也迅速上升，1839年约为17%，1849年就上升到30%。❶

这一时期美国在工业上的发展和取得的一系列技术和工艺突破，为日后的工业大发展准备了实实在在的条件，不仅促进了当时的城市发展与扩张，更是为日后美国城市的迅猛发展和扩张准备了条件。

（二）西进运动

始于18世纪末的成千上万移民越过阿巴拉契亚山脉向西部的迁徙，在美国历史上被称为"西进运动"，"这是一个集群众性移民、领土扩张和大规模经济开

---

❶全国干部培训教材编审指导委员会组织编写.世界历史十五讲[M].北京：人民出版社，2006：207-208.

发于一体的运动"。❶西进运动几乎贯穿了整个19世纪，据统计，在1790年以后的最初几十年内，越过阿巴拉契亚山脉西迁的移民，平均每年在10万人以上。而1860年以后的40年内，西部的新垦地就达2.52亿英亩，相当于过去270年垦殖的土地面积。这种垦殖的最大成果，是在西部形成了三大农业专业区：一个是以中西部为中心的"小麦王国"，一个是以墨西哥湾为中心的"棉花王国"，一个是以西部草原为中心的"畜牧王国"。❷

尽管西进运动的性质和主流是农业人口的异地流动，并不是城市化。然而，西部城市的出现和兴起却是西进运动的直接后果。在西进的过程中，移民西迁，需要提供相应的商业服务和生产资料供应，以此为主要功能的城市应运而生，"在中西部，城市的兴起几乎与农业开发同步，这是与东部老区完全不同的道路"。❸

（三）交通革命

钢铁工业技术手段的长足进步为美国交通革命准备了条件，西部拓疆需要交通手段有大的突破，这为美国交通革命提供了条件和发展土壤。而交通革命也确实在西进运动中发挥了重要作用，是西进运动必要的物质条件和技术手段。

19世纪上半叶，在发展航海运输的基础上，美国的公路、运河和铁路运输都有了长足的发展，到1821年4000英里的收费公路将东部沿海城市连接在了一起，1825年伊利运河通航。到19世纪40年代，美国修建了13条大型运河，总长度达3300英里。最大的变化来自铁路，1828年从巴尔地摩到俄亥俄的铁路投入运营，到1840年敷设了3328英里铁路，1850年达9000英里。在运河和铁路迅猛发展的背景下，运输费用明显降低，1830—1860年，铁路运费每吨英里下降了50%，1860年的水上运费只是1815年时的6%。❹

❶何顺果.第八讲:美国的崛起及其动力,强国之鉴[M].北京:人民出版社,2007:200.

❷何顺果.第八讲:美国的崛起及其动力,强国之鉴[M].北京:人民出版社,2007:201-202.

❸王章辉,黄柯可,周以光,萧辉英.欧美农村劳动力的转移与城市化[M].北京:社会科学文献出版社,1999:55.

❹全国干部培训教材编审指导委员会组织编写.世界历史十五讲[M].北京:人民出版社,2006:206.

二、19世纪后期至20世纪初期促进美国城市发展与扩张的时代背景和因素

1861—1865年，美国爆发了南北战争，并最终以北方资本主义的胜利而结束。南北战争后美国进入了经济迅猛发展的轨道，这使得美国在19世纪最后30年经济呈现出罕见的高速增长，同时这一时期也是美国城市发展与扩张的高潮期。

（一）经济实力大幅增长，经济结构实现转型

19世纪60年代初美国经济仍未摆脱对欧洲经济的依附，而到90年代末工业产值已跃居世界首位（见表8-1）。"美国工业产值在世界工业总产值中的比重，已由1860年的第四位上升到1894年的第一位，到第一次世界大战爆发前，美国已取代英国稳居世界头号经济强国的地位"。[1]

表8-1 美、德、英、法工业产值在世界总产值中的份额

国家	1870年	1913年
美国	23%	36%
德国	13%	16%
英国	32%	14%
法国	10%	6%

资料来源：李庆余，周桂银.美国现代化道路[M].北京：人民出版社，1994：74.

美国的经济结构也发生了显著变化。作为一个曾经的农业国家，自南北战争结束后，工业地位大幅上升，农业地位相对下降，"1884年制造业增加值为32.2亿美元（1879年美元值），超过农业增加值（30亿美元），同时制造业在国民经济中的比重超过农业（16.6∶16.1）"[2]。这标志着美国已经从一个农业国转型为一个工业国，并成为世界最大工业国。

---

[1] 何顺果.第八讲：美国的崛起及其动力，强国之鉴[M].北京：人民出版社，2007：205.

[2] 美国商务部：美国统计史（U.S Department of Commerce，The Statistcal History of the U.S.，Washington，1976）.转引自全国干部培训教材编审指导委员会.世界历史十五讲[M].北京：人民出版社，2006：210.

（二）科技领域的关键创新和生产流程与工艺的突破，带来生产力的极大提高

19世纪中后期美国科技发展的重点是在吸收欧洲已有的科研理论基础上，注重其向产品的转化，将重点放在应用研究和工艺研究方面。此种导向和战略极大地挖掘了科研成果的应用价值，是美国快速形成强大生产能力和成为世界工业强国的重要条件。同时，美国注重对生产流程和工艺的革新与不断完善，这方面的突破同样带来了生产力的极大提高，并为现代大工业体系的形成奠定了基础。

19世纪中后期，在主要由大学、企业集团和民间团体直接参与，并由政府给予一定资助和进行协调的多轨科研体制下，科技领域的关键创新和生产流程与工艺的突破，极大地促进了美国的工业发展和生产力水平的提高。如电力技术的应用和远距离通信技术的发明，就在美国这一时期的发展中发挥了重要的作用。1876年亚历山大·贝尔发明电话，1879年托马斯·爱迪生发明白炽灯泡，这是美国电气化时代开始的两个标志性事件。1880年在纽约建立了第一个火力发电厂，到19世纪90年代末，美国的重要城市都建立了发电厂，大企业已普遍以电能为动力。这些发明和创新带动了电话机、电灯泡、电车、电动机等工业部门的飞速发展。至20世纪初，改变美国和世界的科技发明专利见表8-2。

表8-2　至20世纪初，改变美国和世界的科技发明专利

项目	年份	发明家	说明
轧棉机	1794	E.惠特尼	使南方成为棉花王国
缝纫机	1846	E.豪	实现制衣工业化
带刺铁丝	1874	J.格里登	围圈牧场，促进西部开发
电话	1876	A.贝尔	引发通讯革命
电灯泡	1880	T.爱迪生	历史上最大的光源革命
飞机	1906	赖特兄弟	航空工业兴起

资料来源：李庆余，周桂银、等.美国现代化道路[M].北京：人民出版社，1994：89.

　　这一时期的美国，基础工业部门注重在引入最新科技成果的同时，在生产流程和工艺方面不断进行革新与创造，使科技成果能够发挥更大的作用与效能。正是这种科技创新与生产流程和工艺突破的共同作用，使美国的工业特别是重化学工业获得了巨大发展，从而奠定了美国世界工业强国的基础。

　　如起步于19世纪60年代的美国石油工业，70年代以后开始大量采用分馏裂化提炼法，同时大规模铺设石油管道，扩大石油副产品种类，约翰·洛克菲勒统合了上下游部门，建立了标准石油公司，基本控制了炼油业。美国汽车工业始于19世纪末，1903年亨利·福特在底特律创办福特汽车公司，利用内燃机技术，"在1913年建立了世界上第一条固定的汽车生产流水线，第二年又在此基础上建立了一条流动装配线，从而做到了集标准化、流水线和大规模生产于一体，这是美国经济发展模式的第一次大转换"❶，大规模生产组织形式取代了以往小规模的生产组织形式，直接导致汽车生产成本大幅下降，汽车市场迅速扩大，促使美国汽车工业获得超速发展，后来居上，超越欧洲成为世界汽车生产大国。这一事实说明，生产流程和工艺的进步与创新，对生产力的提升同样十分重要，其作用可与科技创新比肩。

（三）工业化深入发展，工业结构趋于重型化，20世纪20年代全面实现工业化

　　在上述科技和生产组织方式的创新和变革推动下，美国的工业化不断发展深化，不仅工业规模迅速扩大，成为世界最大工业国，而且工业结构也发生了重大变化，从原来以轻工业为主向重型化转变。这一时期美国重工业的发展速度明显快于轻工业，1860年美国轻工业比重约占70%以上，1900年降为55%左右，1909年钢铁工业取代纺织工业成为美国第一大工业部门，钢铁、石油、电力和汽车是美国4大重工业部门。至20世纪20年代，美国全面实现了工业化和现代化。

---

❶何顺果.第八讲:美国的崛起及其动力,强国之鉴[M].北京:人民出版社,2007:204.

三、美国城市的增长与扩张

（一）美国城市化历程

从1790年有了最初的统计数据起，到1920年城市人口超过50%初步完成城市化止，美国走过了一条城市急速扩张的道路（见表8-3）。

表8-3　美国1790—1920年间的城市扩张及各种规模城市所占比重

年份	所有城市		2500—24999 人口城市		25000—249999 人口城市		250000 人口以上 城市	
	数量（个）	占总人口比重	数量（个）	占总人口比重	数量（个）	占总人口比重	数量（个）	占总人口比重
1790	24	5.1%	22	3.5%	2	1.6%	—	—
1800	33	6.1%	30	3.7%	3	2.4%	—	—
1810	46	7.3%	42	4.1%	4	3.2%	—	—
1820	61	7.2%	56	3.9%	5	3.2%	—	—
1830	90	8.8%	83	4.7%	7	4.1%	—	—
1840	131	10.8%	119	5.3%	11	3.7%	1	1.8%
1850	236	15.3%	210	6.4%	25	6.7%	1	2.2%
1860	392	19.8%	357	7.9%	32	6.7%	3	5.2%
1870	663	25.7%	611	10.5%	45	7.0%	7	8.2%
1880	939	28.2%	862	11.0%	69	8.4%	8	8.8%
1890	1348	35.1%	1224	12.9%	113	11.2%	11	11.0%
1900	1737	39.7%	1577	13.6%	145	11.6%	15	14.5%
1910	2262	45.7%	2034	14.7%	209	14.2%	19	16.8%
1920	2722	51.2%	2435	15.5%	262	16.0%	25	19.7%

资料来源：王旭.美国城市发展模式：从城市化到大都市区化[M].北京：清华大学出版社，2006：6.

归纳表8-3的信息获得以下几点认识：

第一，1840年是美国城市化进程中重要的标志性年份。这体现在以下三个方面：①这一年是美国城市化的起始年份，以城市化水平达到10%的年份作为城市化起始年为标准来衡量，美国的城市化起始年份应是在这一年；②这一年美国首次出现了人口规模超过25万的城市；③这一年是美国城市化率增速的拐点年，在此之前美国的城市化率增速每10年最快递增2个百分点，一般都在1个百分点以下，从1840年开始，城市化率增速明显加快，至1920年实现城市化率过半的80年间，除1870年至1880年的城市化率增速略低，为2.5个百分点以外，其余每10个年份增速都在4.5个百分点以上。

第二，随着城市扩张和发展进程的加快，规模大的城市快速发展起来，并从1900年开始，成为承载最多城市人口的城市类型。以1920年的一组数据看，不到城市数量1%的25万及以上人口规模城市的人口，就占到全国总人口近20%，而占城市数量近90%的2500—24999人口规模城市的人口，只占到全国总人口15.5%。这清楚说明，美国城市人口规模与城市化率的正相关关系。

第三，按照城市化率10%为城市化起始点，超过50%为初步实现城市化的标准，根据表8-3可以将美国的城市化过程划分为三个阶段（见表8-4）。

表8-4 美国初步实现城市化过程的阶段划分

阶段	酝酿准备期 （1840年前）	快速发展期 （1840—1920年之前）	初步实现城市化 （1920年）
城市化率	10%以下	10%~50%	51.2%

（二）美国城市化的区域差异

19世纪末20世纪初时，美国还处于区域发展非常不平衡的阶段，城市化的区域差异也十分明显。大体看来，东北部的城市化程度最高，中西部次之，南方最低。据1900年数据，这三个区域的城市化率分别为：60%、30%和10%。[1]可以看出，这一区域差异格局与美国工业化水平的区域差异格局相吻合。即，区域

---

❶李庆余，周桂银.美国现代化道路[M].北京:人民出版社,1994:97.

工业化水平与区域城市化水平呈显著正相关关系。

当时全美最重要的大城市基本上都集中在东北部地区，如纽约、波士顿、费城、华盛顿等；19世纪末期，在横贯东北和西部的铁路大动脉建成后，芝加哥开始成为一个巨大的交通枢纽，在芝加哥的带动下，中西部城市带逐渐发展起来；南部地区则工业经济落后，基本上还是一个农业社会。

四、美国城市快速发展与扩张的原因和机制分析

通过上述对美国自18世纪末起到20世纪20年代约130年经济和城市发展视角的历史回顾，可见二者的快速发展期高度重合。这说明二者之间有着高度的关联性，并表现为显著的正相关关联。

这种高度关联性和正相关关联的原因和机制可以从以下几个方面来认识。

（一）疆域拓展需要节点性商业、非农产品供应及交通服务，中西部城市应运而生

工业化之前的城市，就功能来讲，主要是农副产品的集散中心、手工业产品的生产供应中心和人员交通往来的休憩、中转和补给中心等。美国的西进运动，虽然本质上是农业人口的异地流动，但在农业人口向西流动、农业经济活动向西拓展的过程中，必然产生对上述各种功能的需求，这使得中西部城市应运而生。"美国学者埃里克·兰帕德认为，1860年以前美国城市化的开始主要不是工业化的结果，而是地区间商业和交通运输发展的结果。他曾对15个大城市进行调查，发现直至1860年，工业居民在这些城市所占的比例是不大的。"[1]因此，早期美国中西部城市的诞生和发展应该说是西部拓荒的直接产物，这就解释了西进运动迅猛发展时期也恰是美国中西部城市快速形成与发展时期这一历史现象。

（二）工业化水平的不断提高和工业成为国民经济的支柱产业，引发与之相适应的城市聚落形式快速发展与扩张

城市发展与扩张的外在表现主要有两个方面：一方面表现为城市数量的不断

---

[1]刘绪贻,杨生茂.美国通史(第二卷)[M].北京:人民出版社,2005:274.

增加，另一方面表现为城市规模的不断扩大。对美国自18世纪末起至20世纪20年代约130年的经济发展和城市扩张的演进轨迹进行梳理，发现有一条线索是贯穿始终的，这就是：经济发展和工业化的进程与城市发展之间，在速度上、空间上和规模扩展上，存在着高度协同性。

早期中西部城市发展的动力较多地来源于对城市集散功能的基本需求，而东部城市和后期的全美大多数城市，发展的动力则主要来源于工业化的不断深化。工业的大发展催生了城市的大发展，向以工业经济为主体的国民经济结构的转型，使得"城市"这种与大工业生产相适应的空间形态获得了空前的发展动力，进而带动了城市化的快速发展。

（三）移民和农业人口向城市的汇集，为美国工业化提供了丰富的劳动力资源，强力推动了美国城市的大发展

美国是一个移民国家，除原有土著印第安人外，其他美国人都是外来移民，这些移民构成了美国社会的绝对主流群体。"从1815年到1914年有3500万欧洲移民来到美国，尤其是19世纪30年代后，国外移民成为美国人口增长的主要因素"❶，移民中的绝大多数涌入了城市。在1860—1890年间城市增加的人口中，有54%以上是外来移民。1910年，全国的城市居民中约1/4是1880年后由农村流入城市的。20世纪20年代，南方乡村又有60万黑人进入北方城市。因此，美国城市人口规模的扩大，是一般性的农村人口城市化和特殊性的移民城市化双重因素共同作用的结果，这在不同区域的城市中情况也有不同。北部城市人口由农村进城人口和外来移民两部分组成，南部城市人口基本上是本地农村进城人口，而西部城市人口则主要由外来移民构成。

第二节　纽约：经济发展带动人口增长

纽约位于美国东北部海滨，是全美第一大城市，也是公认的世界顶级城市。

---

❶全国干部培训教材编审指导委员会.世界历史十五讲[M].北京:人民出版社,2006:222.

纽约是早期欧洲移民进入美国的几个重要登陆城市之一，后由于连接哈得逊河与伊利湖的伊利运河开通，纽约在美国东海岸城市中具有突出优势，从而使其迅速超越其他东海岸城市，成为全美的经济"心脏"。

19世纪至20世纪前期，是纽约城市地域规模和人口规模迅速扩张的时期，这一时期既伴随着美国的工业化过程，也伴随着美国的城市化过程。作为这两大过程的重要初始策源地，纽约自身的发展既经历了辉煌也经历过坎坷，在世界城市发展史上具有标本意义。回溯美国快速城市化时期纽约的发展过程和在这一过程中所面临的困境，对于理解和构建快速城市化时期的城市特征、城市发展动力机制等理论具有重要意义，也对中国在快速城市化过程中，如何规避大城市"发展负面效应"有重要意义。

一、纽约形成与发展过程的简要回顾

纽约的核心区域曼哈顿原来是印第安人阿尔贡金部落的村庄。16世纪时已有欧洲航海家到过曼哈顿，17世纪初荷兰摆脱了西班牙的控制，努力开展全球贸易。在这样的背景下，当时的荷兰商人开始经由曼哈顿及哈得逊河深入到美国东北部地区与印第安人进行毛皮贸易，并获取丰厚利润，由此吸引了更多的荷兰商人纷纷越过大西洋来到北美从事贸易活动。这些商人在曼哈顿岛、哈得逊河谷和纽约港口一带建立了贸易站，这些贸易站逐渐成为临时居民点。1625年，荷兰人主要集中在曼哈顿岛的南端，并将该地命名为新阿姆斯特丹。1626年，当时的新任总督只用价值60荷兰盾（约24美元）的刀子、串珠等首饰从印第安人手中买下曼哈顿岛。这之后，荷兰人立即着手在曼哈顿建立正式居民点，并陆续建立了教堂、交易市场和手工作坊等，当时的曼哈顿（新阿姆斯特丹）逐渐发展成为一个贸易发达的港口城市。

此后直到独立战争结束，纽约经历了隶属荷兰、英国、美国的不同时期。英国对荷兰在新阿姆斯特丹所有权的获取，是与在工业革命背景下英国取代荷兰成为世界最大殖民国家相一致的。1664年，英国派载有武器的快艇到达北美荷兰殖民地，荷兰守军不战而降。英国将新阿姆斯特丹更名为纽约（New York

City），将荷兰在北美的殖民地新尼德兰更名为纽约州（New York State）。1770年，纽约成为英属北美殖民地最重要的商业中心，人口达到25000人，仅次于费城的28000人，略高于波士顿的16000人。

独立战争期间，纽约遭受到战争的严重破坏，战争结束后城市迅速恢复了生机和活力。1790年城市人口增至33131人，1800年增至60489人，1810年增至96373人，到1820年，纽约人口为123000人，成为美国第一大城市。❶

纽约的市域面积也随着城市发展而扩大。最初的纽约市仅指目前的曼哈顿地区，19世纪末，周边的布朗克斯、布鲁克林、皇后市和斯塔腾岛相继并入纽约，1898年1月1日大纽约正式成立。合并后的纽约面积达320平方英里，1900年人口达到343.7万，是当时芝加哥城市人口的两倍，是世界上仅次于伦敦的第二大城市。

二、城市功能及其演变

纽约的持续繁荣并成为美国的首位城市，关键在于在不同的发展阶段，纽约都是那个站在时代潮流前端，引领国家经济社会发展的中枢型城市。

纽约的主导性城市功能经历了滨海商埠、欧洲移民进入美国的门户城市、水（海洋与内陆水系）陆交通枢纽、工商业中心和国际性金融中心几个阶段。

伊利运河开通之前的19世纪20年代之前，纽约最主要的城市功能是滨海商埠和欧洲移民进入美国的门户城市。当时同为东海岸重要城市的还有南面的费城和北面的波士顿，然而纽约在港口条件和腹地条件方面优于这两个城市。纽约拥有天然良港，港阔水深，海岸线长，毗邻的内陆区域自然条件好，能够生产并向纽约提供所需的农副产品。而且，由于历史原因，纽约具有较强的包容精神和商业"元素"，这些都增加了纽约对经济发展要素的吸引力和对移民的吸引力。费城的港口条件欠佳，船只需要经过很长的内河航运才可抵达；波士顿的主要劣势在于内陆土地贫瘠，向城市提供农副产品的能力有限，这限制了波士顿的人口扩张。

---

❶林广.移民与纽约城市发展研究[M].上海：华东师范大学出版社,2008:18.

真正使纽约从美国东部几大城市中脱颖而出的大事件是伊利运河的开通。19世纪初期，美国从东部港口向西到内陆去的货物运输主要靠马拉牛拽的大篷车队，这种运输形式完全不能适应东部经济对内陆地区的辐射要求，也完全不能满足当时西进开发对物资供应的需要，更与已经在美国东北部开始萌芽的早期工业化对原料与市场的要求相去甚远。为此，经过7年修建，1825年开通了从伊利湖东端至哈得逊河的伊利运河。伊利运河的通航，将纽约与五大湖连通，使由伊利湖到纽约的货运，只需要从前1/10的运费，时间也大为缩短。1850年伊利铁路通车，进一步加强了纽约交通枢纽的能力。伊利运河和伊利铁路极大地延伸了纽约向西的经济辐射力，从而极大地提升了纽约的城市地位，使其成为当时美国的经济核心区东北部地区的核心城市和全国性贸易大港，"到1860年，全国进口贸易的2/3，出口贸易的1/3均由纽约完成"。❶

在美国工业化、西部拓疆和大规模移民浪潮的历史进程中，由于早期形成时所遗传的商业与贸易"基因"和客观上"利商"的地理条件，纽约作为美国内外贸易中心和商业中心的城市功能不断得到强化。与此同时，纽约的工业也取得了飞速发展。"1850年纽约制造业产品的价值居全国首位。1840—1860年，纽约工业投资增长了550%。"❷此时，纽约成为了美国最大的制造业中心。

纽约是美国工业化时代产生的综合性特大城市。一方面，国内外贸易中心的城市功能要求有相应的金融业为之提供服务；另一方面，19世纪后期美国工业的大发展，也要求有更多资本投入和更高效的金融服务体系。纽约作为一个充满经济活力和商机以及资讯活跃的城市，自有其不可替代的优势。在这样的背景下，纽约金融业迅速发展，并在20世纪20年代成长为国际金融中心，金融机构密集的华尔街就是物化为城市景观的承载这一功能的空间载体。

"19世纪50年代欧洲和美国资本家的投资业务大多数是由华尔街经办的。1851—1853年仅两年多的时间里，纽约就新建了27家银行，加上原有的十几家，共有40多家银行。华尔街成了美国财富的象征。所有这些都有利于纽约成长为国际大都市。"❸

❶王旭.美国城市史[M].北京:中国社会科学出版社,2000:35.

❷林广.移民与纽约城市发展研究[M].上海:华东师范大学出版社,2008:25.

❸林广.移民与纽约城市发展研究[M].上海:华东师范大学出版社,2008:25.

三、城市人口扩张与结构变化

（一）人口规模的扩张

持续的繁荣使纽约对移民的吸引力不断增长，大多数外来移民选择纽约作为他们进入美国的第一站。在1880—1991年间，有2300多万移民从欧洲来到美国，其中就有1700多万人（74%）在纽约上岸。大量初次来到美国的移民被纽约的繁荣和发展机会吸引，其中相当一部分人选择留在纽约发展，使纽约的人口规模急速膨胀。纽约城市人口规模的扩张见表8-5。

表8-5 纽约城市人口规模的扩张（1820—1920）

年份	人口（万人）	移民占人口百分比
1820	12.37	11.0%
1830	20.26	9.0%
1840	31.27	—
1850	51.55	45.7%
1860	81.37	47.1%
1870	94.23	44.5%
1880	120.63	39.6%
1890	280.00	42.23%*
1900	343.72	34.0%
1910	480.00	40.8%
1920	562.00	36.1%

资料来源：据林广.移民与纽约城市发展研究[M].上海：华东师范大学出版社，2008.（第25-26页表1.1和第34页表1.2合并整理）

*原表此处数值为81%，口径为移民和第一代子女，与其他年份口径不统一，故本表将此处数据按同口径修正。修正数据取自同源资料第42页表2.1。

对表 8-5 的信息进行分析，在 1820—1920 年的 100 年间，纽约的人口从
12.37 万激增到 562 万，增长了 44.4 倍。如果去除 1898 年城市地域范围扩张带来
的人口规模扩大的影响，纽约人口增长有两个高峰，一个高峰出现在南北战争之
前的 1850—1860 年间，这期间城市人口增加了 30 万人，10 年间增长了 58%；另
一个高峰出现在南北战争结束城市恢复元气后的 1880—1890 年间，这期间城市
人口增加了 160 万人，10 年间增长了 132%。

纽约在国际上的地位迅速上升，就人口规模讲，在 19 世纪 70 年代已达到百
万人口的规模，当时在世界上仅次于伦敦和巴黎。1920 年时人口达到 562 万人，
跻身当时世界最大城市之列。

（二）人口的种族结构与居住分异

纽约是一个移民来源广泛的城市，既有同来自欧洲的"老移民"和"新移
民"，也有犹太人，还有 19 世纪末 20 世纪初主要来自南方农村的黑人群体以及世
界上许多国家和民族的移民。

1870 年以前，纽约移民主要来自西欧和北欧的英格兰、爱尔兰、德国和荷
兰等国家，这部分移民被称为"老移民"。1870 年以后，大批东欧和南欧人来到
纽约，这些来自意大利、俄国和波兰等国家的移民被称为"新移民"。相比老移
民，新移民大多缺乏劳动技能，受教育程度也较低，所以他们较多地在城市中的
低技能、低收入岗位就业。另外，纽约还有不少的犹太人和黑人。

纽约在就业领域确实存在着一定程度的"种族性差异"，在居住空间上，各
族群之间也并不相互渗透，而是呈拼图式共存。城市中不同族群的居住区一定程
度上处于相互隔离状态，这种拼图式的居住区分离状态被称为"种族马赛克"，
著名的贫民窟哈莱姆社区就是这种"种族马赛克"的典型。

四、城市建设

作为工商业中心城市和金融中心城市，纽约进行了一系列的配套设施建设，

以满足城市经济活动的需要；与此同时，纽约的城市建设也进入了高潮期，这一时期的城市建设事项主要包括以下几个方面。

第一，市政交通设施建设。1842年纽约修建了自来水管道，提升了城市居民的生活用水质量，这一市政建设是推动纽约实现当时技术水平条件下城市现代化的重要内容；19世纪80年代前后，电灯、电话在纽约迅速推广普及；为了满足日益膨胀的城市人口对交通的需求，在科学技术与发明大量涌现条件下，纽约在19世纪70年代率先使用有轨电车替代了50年代才开始使用的马车牵引公共交通工具，1904年修建了地铁，这些交通设施的建设极大地提高了城市交通效率，保证了纽约这座经济活动中枢城市数百万人的交通需求。"大纽约市"成立后的20世纪初期，为了满足大纽约市内各区域之间的交通需要，除道路建设之外，还建设了一批连接各区域的桥梁和隧道。经过以上这些市政交通设施建设，至20世纪20年代，纽约成为了当时世界上现代化程度最高的城市之一。

第二，文化设施建设。除了市政交通设施外，这一时期纽约还建设了一批著名的文化设施。1853年纽约在新建的水晶宫内举办了世界博览会，1854年阿斯特图书馆建成，1869年美国自然历史博物馆建成开放，1870年大都会艺术博物馆建成，1883年大都会歌剧院建成，1886年在现今自由岛竖立起自由女神像，1895年建成美国最大的市立公共图书馆—纽约公共图书馆。这些文化设施的修建，为纽约这座金融与工商业城市增添了文化和人文气息，提升了城市品质和市民的生活质量。

第三，生态环境建设。纽约市的规划建设者对于城市的生态环境建设有着前瞻性的认识，在19世纪50年代就开始了中央公园的酝酿与规划设计，该园于1873年全部建成。中央公园坐落在摩天大楼耸立的曼哈顿正中，占地843英亩（约5100多亩），是美国第一个城市公园，在车水马龙的纽约这实在是一处宝贵的市民休闲之所和城市"绿肺"。这之后，1892年纽约植物园建成，并于1900年正式对外开放。1911年布鲁克林植物园建成。

第三节　芝加哥：商品集散与交通枢纽功能带动经济发展及城市扩张和地产增值

　　芝加哥市位于美国伊利诺伊州东北部、美国五大湖之一的密歇根湖西南岸。作为美国快速城市化时期的第二大城市，就发展速度来说，"任何百万以上人口的大都市都无法与19世纪芝加哥的发展比肩"。[1]

　　芝加哥是一个在国家和区域快速工业化和城市化背景下，从无到有迅速发展成为超大城市的典型，其从一个只有50人的默默无闻的小村庄发展到近340万人口的大都市，只历时一个世纪。回顾芝加哥的城市变迁与发展历程，能够带来多方面的启示，而对其进行分析与解读的方法与视角，则在很大程度上决定了能够从中获得怎样的收获。

一、城市变迁与发展历程

　　芝加哥的快速扩张期几乎与美国的快速城市化时期完全重叠。

　　1830年以前芝加哥只是一个印第安人的军事哨所，1832年设镇，1837年设市。1832年的芝加哥还是一个仅有12栋木屋的小镇，那个时期西进的主要路径并不包括这里，其中部分原因是由于当时这一地区仍然存在黑鹰印第安人的势力。然而，1825年伊利运河的通航极大地便利了湖区与发达的东部地区之间的交通运输联系，这使位于大湖区沿岸并临近美国重要农耕地区的芝加哥地理区位的重要性获得了极大的提升。1831年时，走芝加哥航线从纽约到圣路易斯运送货物，比经新奥尔良航线要便宜1/3。[2]因此，芝加哥的发展前景被广泛看好。1832年，斯考特将军率领部队来到芝加哥，终结了黑鹰印第安人的威胁。此

---

[1] 莫金斯·阿尔布瓦克斯.芝加哥年度经济发展(1932.1.31.)[R].1932:10-11,转引自霍默·霍伊特.房地产周期百年史——1830—1933年芝加哥城市发展与土地价值[M].贾祖国,译.北京:经济科学出版社,2011:261.

[2] 霍默·霍伊特.房地产周期百年史——1830—1933年芝加哥城市发展与土地价值[M].贾祖国,译.北京:经济科学出版社,2011:15.

后，大批外来者涌入，芝加哥进入了快速发展期。

为了创造更为便利的交通条件，打通密歇根湖和密西西比河的河道联系，能够将美国东部地区和中部地区紧密地连为一体，而且水运具有运量大、运费低的特点，这对当时处于工业化初期的美国来说，意义重大。沟通两大水道航运的伊利诺伊—密歇根运河的终点就在芝加哥（拉萨尔—芝加哥），虽几经波折，但运河最终于1848年竣工。运河的开通使芝加哥迅速成为伊利诺伊河谷的贸易中心，并倚重伊利诺伊的煤开始发展制铁工业。同年，芝加哥第一条铁路开始修建，至1854年已成为西部地区的铁路枢纽，"1856年芝加哥已经成为有着2933英里轨道的10条铁路干线的中心，可以通往全国各地，……在1857年每天有120辆火车进入芝加哥"。❶自此，芝加哥开始成为连接美国东西部的重要交通枢纽。凭借交通优势，这个时期的芝加哥已经成为重要的谷物和木材交易市场。便捷的水陆运输极大地刺激了工商业的发展，当地的制造业和零售业成为中西部经济的主宰力量，并在很大程度上影响和带动了全国的经济发展。位于湖上贸易、运河和多条全国性铁路的交汇地，这一优越的区位条件推动芝加哥成为了美国中西部的大型贸易中心，是其后发展成为综合性大都市的基础性条件。

贸易中心的地位促进了芝加哥制造业的发展。一方面，连接东部发达地区的便捷交通带来了大量的技术工人和源源不断的劳动力；另一方面，当时正值西部拓荒如火如荼，与西部铁路的联系进一步扩大了芝加哥马车与农具、铁轨和桥梁制造、锅炉制造等制造业的市场。湖上航运带来的东部地区的木材可用于马车生产，苏必利尔湖的铁和伊利诺伊的煤则不仅支持了马车的生产，也支持了整个城市重工业的发展。"美国重工业的绝大部分依赖于三大资源：苏必利尔湖的铁矿、宾夕法尼亚州西部和西弗吉尼亚州阿历根尼山的煤以及横贯五大湖的交通。"❷由此可见，芝加哥在发展重工业的资源和资源利用条件方面是多么的优越。"芝加哥制造业产值从1856年的1500万美元增加到1873年的1.76亿美元，

---

❶霍默·霍伊特.房地产周期百年史——1830—1933年芝加哥城市发展与土地价值[M].贾祖国,译.北京:经济科学出版社,2011:55-56.

❷美国大使馆文化处.An outline of American geography[M].香港印刷,1981:26.

工人数量也从1万人增加到了6万人。"❶

城市的发展，特别是交通枢纽、东西部贸易中心和制造业中心的城市功能，都迫切需要大量资本的支持，芝加哥金融业就在这样的背景下快速发展起来。1848年成立了交易所，这对后来芝加哥成为金融中心起到了决定性的作用。1851年，授权在伊利诺伊州成立银行的新的银行法获得通过，至1854年1月，芝加哥成立了9家新银行，到1856年伊利诺伊州境内所有银行发行的纸币总额已经超过1200万美元。到1865年，芝加哥已经拥有了17家银行。

二、人口及其所反映的城市社会特征

（一）人口增长

芝加哥城市功能的快速壮大，带来了城市的空前繁荣和快速发展。城市的繁荣吸引了众多外来者到此就业和定居，其中包括大量的农村人口和新外国移民。这些在城市定居的人本身的活动、生活需求，又带动了当地的建筑业、城市交通、零售业、居民服务业、娱乐业和城市基础设施、教育和医疗等的"跟进发展"。1840—1930年芝加哥的人口增长情况见表8-6。

表8-6　1840—1930年芝加哥的人口增长

年份	人口（人）
1840	4479
1850	29963
1860	109206
1870	298977
1880	503298
1890	1098570
1900	1698575

❶霍默·霍伊特.房地产周期百年史——1830—1933年芝加哥城市发展与土地价值[M].贾祖国,译.北京:经济科学出版社,2011:81-82.

续表

年份	人口（人）
1910	2185283
1920	2701705
1930	3376438

资料来源：霍默·霍伊特.房地产周期百年史——1830—1933年芝加哥城市发展与土地价值[M].贾祖国，译.北京：经济科学出版社，2011：262.

1840—1890年，芝加哥是美国发展速度最快的城市，之后这一地位被西海岸城市洛杉矶所取代。

芝加哥自1832年设镇到1900年发展成为全美第二大城市，仅仅用了不足70年的时间。芝加哥发展势头和城市规模远远超过美国东海岸除纽约外的其他城市。

认真总结带动芝加哥城市强劲增长的因素及其机制，对认识城市快速扩张规律有诸多帮助。

（二）人口的社会特征

一个城市的就业人口结构既反映了这个城市的产业结构，也反映了这个城市的社会阶层结构。城市就业人口数量及其结构的变化反映了这个城市产业的规模变动和结构变化（见表8-7和表8-8）。

首先，从表8-7和表8-8看就业增长情况。两表显示，在芝加哥百年快速发展期的中后期，就业增长依然强劲，从1910—1930年的20年间就业增长了66.5%，高于同期54.5%的人口增长幅度12个百分点。再将芝加哥是一个只有几十年发展史的"年轻"城市、城市中的绝大多数人口是新移民的情况考虑在内，就业增长高于人口增长说明了当时的芝加哥就业需求旺盛，就业市场活跃，城市人口就业更加充分。芝加哥的城市扩张建立在经济发展对劳动力需求增长的基础之上，说明当时的芝加哥模式是一种比较健康的城市化模式。

其次，从表8-7和表8-8看20世纪初期芝加哥的就业结构。1910年，芝加哥的制造及机械和贸易，是吸纳就业人口较多的两大行业，也是引领美国中部地区实现工业化的两大产业部门。从社会阶层角度对芝加哥的就业群体进行划分，将其按"蓝领"和"白领"来分类的话，可以大致将"专业人士"和"办公室职员"群体划归为"白领"阶层，其余则为"蓝领"阶层。按此分类看，蓝领阶层是那一时期芝加哥的主要就业群体，体力劳动者是城市中的主体劳动群体，所反映的是一个典型的工业社会的城市社会结构。

最后，从表8-7和表8-8看就业结构的变化及其折射出的社会结构的变化趋势。1910—1930年芝加哥就业结构最明显的变化表现在制造和机械行业就业人口比重的明显下降（下降8.3个百分点）与办公室职员比例的明显提高（上升3.3个百分点）。另外，还应注意到的是，就就业人口绝对数量的变化看，这一时期制造及机械行业就业人数增加了14.2万人，而办公室职员就业人数则增加了13.5万人，若再加上这一时期专业人士就业人数的增加数量6.4万人，办公室职员和专业人士二者合计共增加了19.9万人的就业人数，这一增量大大超过了制造及机械行业就业人数的增加量。如此看来，从总体上说，芝加哥的产业结构在当时有趋于技术化和"软化"的迹象，是产业升级在就业结构方面的表现。这说明，芝加哥作为美国中部地区金融与商务服务业中心城市的功能和作为文化发达大城市的功能正在逐渐加强，而且其技术性与"软性"产业同样保持了较高的就业吸纳能力。这样一种城市功能的变迁，在社会结构方面则表现为蓝领阶层比例下降，其在就业人口中占据绝对优势的程度有所减弱，城市社会结构的多元化程度有所增强。

表8-7　1910—1930年芝加哥人口职业分布（10岁以上人口）

就业部门或职业	就业人数（人）			指数（令1910年数据为100）		
	1910年	1920年	1930年	1910年	1920年	1930年
合计	996589	1231434	1658858	100	124	166
其中：制造及机械	421740	489001	563750	100	166	133
交通业	98649	110521	143553	100	112	145
贸易	163124	206975	264817	100	125	163
公共服务	15960	23110	28329	100	145	177
专业人士	51899	71191	115970	100	137	223

续表

就业部门或职业	就业人数（人）			指数（令1910年数据为100）		
	1910年	1920年	1930年	1910年	1920年	1930年
家政个人服务业	119374	116102	191570	100	98	165
办公室职员	120247	210537	255495	100	175	213

资料来源：伊利诺伊的职业统计数字，美国第15次普查（1930年）第6页，图Ⅲ，转引自霍默·霍伊特.房地产周期百年史——1830—1933年芝加哥城市发展与土地价值[M].贾祖国，译.北京：经济科学出版社，2011：187.

表8-8　1910—1930年芝加哥人口就业结构

就业部门或职业	占全部就业人口比例			1930年与1910年相比在全部就业人口中比重变化幅度
	1910年	1920年	1930年	
制造及机械	42.3	39.7	34.0	下降8.3%
交通业	9.9	9.0	8.7	下降1.2%
贸易	16.4	16.8	16.0	下降0.4%
公共服务	1.6	1.9	1.7	上升0.1%
专业人士	5.2	5.8	7.0	上升1.8%
家政个人服务业	12.0	9.4	11.5	下降0.5%
办公室职员	12.1	17.1	15.4	上升3.3%
以上各部门或职业就业人口占全部就业人口百分比	99.5	99.7	94.3	下降5.2%

资料来源：据表8-7就业人口数据计算。

三、土地扩张与地产价值变动

（一）土地扩张

在人口快速向城市集中的过程中，芝加哥的城市空间也在同步快速扩张，人口密度同样也呈现出快速加大的趋势（见表8-9），城市作为高度集约的经济活动载体的功能愈发凸显。

表8-9 1850—1911年芝加哥面积和人口的变化

	1850年	1870年	1890年	1911年
总 面 积（平方公里）	36.3	90.8	467.5	503.6
人口（人）	29963	298977	1098570	2185283*
人口密度（人/平方公里）	825	3293	2350	4339**

资料来源：根据霍默·霍伊特.房地产周期百年史——1830—1933年芝加哥城市发展与土地价值[M].贾祖国，译.北京：经济科学出版社，2011：表33（芝加哥总面积）、第263页表26（芝加哥人口），经换算整理而得。

*为1910年人口数。

**根据1911年城市总面积和1910年人口数计算。

从表8-9可以看到，从1850年到1911年，在半个多世纪的时间里，芝加哥人口规模扩大了近72倍，面积扩大了近13倍，人口密度则提高了4倍多。也应注意到，城市土地面积十几倍的增加，是在城市交通手段不断获得革命性进步技术条件下发生的，这包括了从马车到汽车和高架铁路的城市交通变革。与此同时，在建设高层建筑技术日臻完善的条件下，芝加哥快速成为明显"长高"了的城市，高层建筑鳞次栉比，所构成的城市天际线已成为闻名于世的重要城市景观。

（二）地产价值变动

美国国土广袤，芝加哥所在的中部草原与湖区接壤地区在当时更是地广人稀，土地资源充裕。但是，作为一个空间集聚的地理单元，城市的土地扩张并不是以自然条件的可能性为第一决定性因素的。土地扩张与否取决于城市建设投资，而投资与否又取决于对城市地产增值与否的预期。既然是预期，就存在着发生误判的可能，由此造成了城市土地价值的跌荡起伏，对于一个发展中而非衰落中的城市而言，土地增值是一个长期趋势。芝加哥在城市快速发展百年间地产价值的变化就是一个很好的例证。

在芝加哥自设镇起快速发展的百年间，城市地产就整体状况而言，呈现出长期的增值趋势上叠加着若干次短期剧烈波动的总体态势。

芝加哥设镇以后，1833年年底地产价格开始迅猛攀升，这一个上升期持续到1836年。这期间人们对芝加哥的发展前景充满期待，土地需求强烈，引发越来越多的人投机于地产增值的赌注中，在此背景下土地价值飞速增值。"直至1836年夏季，芝加哥范围内的土地销售总额已经从1830年的16.88万美元增至1050万美元，上涨了60多倍"。❶

1837年纽约银行暂停了硬币兑换，导致货币市场紧缩，芝加哥所在的伊利诺伊州银行也紧接着暂停了硬币兑换，这加剧了地产贷款的困难。接着，1839年秋季爆发了全国性的金融危机，再加上修建运河与铁路计划受挫，对芝加哥发展的预期急剧下降，地产价值开始猛跌，下跌幅度普遍达数倍之多，有的地方甚至下跌了十倍以上。

1843年，立法机关授权州长可以以运河沿线土地及其通行费为担保，为完成运河修建筹措资金。这之后又通过实施一系列金融措施，使信用得到恢复，修建运河的资金筹措进展顺利，打破资金僵局的新贷款也于1845年到位，由此运河工程得以重新开工。运河重新开工，重振了人们的信心，芝加哥的地产价值自1844年开始逐渐回升。这之后，随着1848年运河通航、铁路的修建以及贸易、制造业和城市建设的飞速发展，人们对芝加哥的发展预期再次高歌猛进，这些实际的和预期的发展也再一次将芝加哥地产带入了一个新的快速增值期。"芝加哥城区内的土地总价值已经从1842年的140万美元上升到了1856年年末的1.26亿美元"❷，主要的增长发生在最后的5年中。

1857年，由于东部资金过度用于西部的土地投机和铁路建设，纽约发生了金融紧缩，纽约银行再次中止了硬币兑换，这导致了铁路股票下跌和芝加哥数家银行倒闭。这些也影响到了地产价值，芝加哥地产自1857年的峰值起，到1859年短短2年间，"除市中心的核心地段外，其他的几乎都下跌了一半以上"。❸

❶霍默·霍伊特.房地产周期百年史——1830—1933年芝加哥城市发展与土地价值[M].贾祖国，译.北京:经济科学出版社,2011:30.

❷霍默·霍伊特.房地产周期百年史——1830—1933年芝加哥城市发展与土地价值[M].贾祖国，译.北京:经济科学出版社,2011:67.

❸霍默·霍伊特.房地产周期百年史——1830—1933年芝加哥城市发展与土地价值[M].贾祖国，译.北京:经济科学出版社,2011:73.

南北战争期间，芝加哥的地产不降反升，这得益于战争对军需物资的大量需求对芝加哥制造业的刺激，以及几乎于同时发生的欧洲农作物歉收给作为美国中部农产品集散中心的芝加哥带来的机遇。芝加哥的战时繁荣也吸引了新的人口不断进入。战时的经济繁荣和人口涌入刺激了地产的增值。战后，尽管经历了1871年造成城市中1/3的人无家可归的大火灾，在经济和城市建设的持续繁荣发展中，芝加哥地产仍然维持了持续的增值。新的地产峰值出现在1873年，"与1856年的高峰值相比，土地总销售额增长了20%，芝加哥的土地价值平均上涨了360%"❶。这一时期另一个显著特征是市中心外围地区的土地迅速升值。

1873年后，芝加哥地产又陷入新一轮下跌周期。这一方面是由于前一阶段的地产增值泡沫开始破灭，地产购买者资金短缺，无力进行新的地产投资，导致地产市场萎靡，而股票市场的崩溃、银行又一次暂停硬币兑换、企业大量破产等经济大萧条的力量也逐渐显现，再加上银行系统包括芝加哥最大的储蓄银行哥伦比亚蜂巢银行等20多家银行相继倒闭。这些因素的叠加使芝加哥的总土地价值从1873年的5.75亿美元下降到了1877年的不到2.5亿美元。

随着美国整体经济状况的好转和前一时期一定程度上"挤干"了地产等的泡沫，经济活动的利润开始有所提升，1879年恢复硬币兑换又重振了人们的信心。这些因素刺激了芝加哥一些较好地段的地产价格开始止跌回升，再加上芝加哥的储蓄银行体系还没有从上一轮的倒闭潮中恢复过来，这使人们更愿意选择房地产来实现保值。直到1886年，芝加哥的地产价值一直处于这种相较之前的大幅增长小得多的稳步增长与相对静止相间出现的态势中。

地产价值的进一步增长一直持续到1893年芝加哥举办了世博会前后。这几年间芝加哥在多方面都取得了明显的发展，由此带动了地产的增值。这些发展主要体现在：修建了更多的铁路，这不仅使铁路本身的占地明显增加，刺激了对土地的需求，也提升了铁路沿线的地产价值；"制造业的雇员人数和产值在1884—1890年间几乎增长了一倍"❷，雇员人数和工资的增长，也提升了土地需求；缆

❶霍默·霍伊特.房地产周期百年史——1830—1933年芝加哥城市发展与土地价值[M].贾祖国译.北京:经济科学出版社,2011:105.

❷霍默·霍伊特.房地产周期百年史——1830—1933年芝加哥城市发展与土地价值[M].贾祖国,译.北京:经济科学出版社,2011:136.

车、高架铁路和电车等城市交通新手段的应用，极大地方便了市内交通，使得那些距离市中心较远的市郊区域的地产也开始增值；高层建筑技术的不断改进，使市内涌现了越来越多、越来越高的建筑，高层建筑成为当时的时尚，对地产价值的评估更多地把建筑增高后能够带来的增值考虑进去，使得对地产的价值评估一再增加；为庆祝哥伦布发现美洲大陆400周年的世界博览会将会在美国某地举办，早在1887年人们就对芝加哥成为举办世博会城市寄予了希望，1890年芝加哥得到了国会多数票，正式成为世博会举办城市，这也在很大程度上刺激了芝加哥地产的增值，有些地方甚至"房租一夜间就上涨了25%"，被认为最有可能成为世博会举办地的杰克逊公园附近区域土地的价值"在那年的涨幅高达1000%"❶。

世博会开幕的1893年，芝加哥的地产价值就开始了新的一个下跌周期。世博会对建筑需求的过高预期及对世博会后建筑用途缺乏考虑造成了芝加哥的过度建设，这将芝加哥的地产价值迅速拖入低谷。此后，到1909年，芝加哥土地价值也没有复苏到1890年的水平，"1910—1918年芝加哥平均土地价值上升了50%，但是没出现以往繁荣的现象"❷。

新一轮的地产繁荣始自第一次世界大战结束后，持续到20世纪20年代后期，并最终止于1929年爆发的金融危机。

---

❶霍默·霍伊特.房地产周期百年史——1830—1933年芝加哥城市发展与土地价值[M].贾祖国,译.北京:经济科学出版社,2011:161.

❷霍默·霍伊特.房地产周期百年史——1830—1933年芝加哥城市发展与土地价值[M].贾祖国,译.北京:经济科学出版社,2011:216.

第九章

拉丁美洲的城市化

拉丁美洲是指美国以南的美洲地区，陆地面积2072万平方公里，约占世界陆地面积的14%，人口5.64亿人（2011年）。这一地区历史上基本都是西班牙和葡萄牙的殖民地，因此在近几百年间所走过的发展道路具有一定的相似性。

自15世纪末哥伦布发现美洲大陆以来，同为美洲大陆，以美国为代表的北美和美国以南的拉丁美洲，由于各自原有的人文基础和殖民统治者等因素的不同，两个区域的发展道路呈现出显著差异，迄今所表现出的发展结果也迥然不同。

城市化是现代化的重要内容，拉丁美洲与北美不同的发展道路，也包含了各自城市化道路的不同。作为地理上的地缘近邻和发展异质区，拉丁美洲的发展道路和城市化道路提供了另一个研究城市化和其快速发展时期历史变迁轨迹的鲜活样本。这一研究对于理解城市化与区域发展、城市化与城市发展的互动关系提供了不一样的视角。特别是对理解以下情况有重要启示作用：针对同一历史过程，例如工业化，不同区域的"土壤"条件，生长出的"果实"是有差别的。这也正是选取拉丁美洲作为样本进行分析的原因。

第一节　拉丁美洲经济社会发展及其现代化历程的简要回顾

一、拉丁美洲殖民时期的经济社会特征及其对后续发展的影响

历史上，拉丁美洲曾比北美发达得多。1783年，北美13个州的总输出额还不到500万美元，而拉丁美洲则是它的27倍。矿业、农业、纺织业、制革业、家

具业等，拉美当时都走在北美之前。至于在城市发展方面，北美与南美几乎不可相比。如1791年，当时北美最大的城市费城总共才4万多人，纽约不过3万多人，而且城市建筑简陋，砖石建筑物很少，大部分街道都没有铺路石，车辆稀稀拉拉，卫生条件很差。而拉美的墨西哥城在19世纪初的人口已为13万人，为西半球第一大城市，利马人口近10万人，哈瓦那、基多、加拉加斯等都是拥有数万人口的大城市。❶

但是拉丁美洲相对于北美的这种优势，仅仅经过其后几十年的时间，就完全改观。至19世纪末叶，美国已经成长为世界第一工业强国，而拉丁美洲则完全成为依附于当时发达国家和地区的从属区域，拉美经济上的这种依附性和从属性，是导致其现代化之路走得异常艰难的重要原因。

在走向独立和工业化之前，美洲大陆都经历了欧洲殖民主义者的殖民统治时期。南美洲殖民地的宗主国是西班牙和葡萄牙，两国对南美殖民统治的开始时间早于北美约百年，当西班牙开始征服拉美时，它本身正处在从封建主义向资本主义的过渡之中，是一个封建体制和商业资产阶级结合在一起的国家。正是由于殖民统治者的这种特点，对南美的发展路径和发展模式产生了深刻的影响。

从一开始，西班牙和葡萄牙就把南美大陆当作他们的财富掠夺对象和初级经济作物供应地。他们去南美地区的目的，就是掠夺那里的贵金属和咖啡等热带经济作物，并把所得运回国内供统治者挥霍和享用。与此同时，为了满足咖啡等热带经济作物高度商品性和对集约生产与规模化生产的要求，西班牙和葡萄牙的统治者在拉美建立起了大地主庄园制的封建土地制度，造就了一个长期占据统治地位的大庄园主阶级。封建的土地制度和大庄园主阶级构成了拉美根深蒂固的封建社会经济基础和社会基础，这也是后来拉美长期落后于北美和工业化大大晚于北美国家的重要原因。

拉丁美洲多数国家的独立发生于19世纪初期和第二次世界大战结束后的20世纪60年代至80年代。其中，从1804—1825年在原来西班牙、葡萄牙和法国所属的殖民地上先后建立了17个独立国家，这些国家以南美大陆国家为主，也包

---

❶威廉·福斯特.美洲政治史纲[M].北京:人民出版社,1956:114-147;李春辉.拉丁美洲史稿下册[M].北京:商务印书馆,1973:313.

括了墨西哥等少数非南美大陆国家。这批国家的独立和独特的政治、文化特征，为日后拉美的政治格局奠定了基础并在很大程度上规定了其发展轨迹。第二次世界大战结束后独立的国家则是加勒比地区的13个国家，其中有12个国家曾经是英国的殖民地，但比起南美大陆上早前独立的那些国家，这些后来独立的国家多是面积小、人口少的国家。

拉美独立运动的结果只是以土生白人的统治取代了伊比利亚人的统治，并且基本保留了殖民地的社会经济结构，它既没有完成土地改革也没有发展工业和国内市场（海地例外），因此拉美独立运动不是一场民主资产阶级革命，其仅是一场政治革命而不是一场社会革命，它更像是殖民地精英脱离宗主国统治的"分离主义运动"，这也是理解拉美社会经济落后的关键所在。❶由于拉美的独立革命并没有从根本上触动和改造原来的经济基础和社会结构，大地主、大庄园主的土地所有制也都得以保留，以此为基础形成的思想意识形态和文化形态，也都一并被保留了下来。因此，各国在独立后接受的历史遗产都带有浓厚的封建主义色彩，资本主义因素则普遍较弱。

在这样的历史背景和社会背景下，独立后的拉丁美洲国家在相当长的历史时期内，经济上仍未摆脱从属和依附的地位，大庄园主治下的热带经济作物种植与出口和矿产资源的开采出口，仍然是主要的经济活动。

二、拉丁美洲现代化历程的简要回顾

拉美的现代化从1870年开始，共经历了三个阶段。

第一阶段（1870—1930年）为早期现代化阶段。在经济上表现为仍然以初级产品出口占主导地位，虽然有了一些制造业，但也仅仅是初级产品出口繁荣的副产品，当时的工业化还未具备普遍意义。

第二阶段（1930—1982年）为现代化快速发展阶段。这一时期的工业化无论在程度上还是在范围上，都较前一个阶段有了大的发展，进口替代工业化是这一阶段的主要经济特征。特别是第二次世界大战结束以后，现代化的进程加快，

---

❶韩琦.试探拉美经济发展落后于北美的根源[J].世界历史,1997（3）:51-60.

经常被提及的"拉美奇迹"始于1950年。通过推行进口替代工业化，许多拉美国家建立起了现代工业体系，在国民经济部门结构发生巨大变化的同时，在上世纪50年代至80年代初，经济一直保持着高速增长的态势。1950—1980年，拉美地区经济年均增长5.6%。据美洲开发银行提供的25个拉美国家的统计，1980年拉美人均GDP达2288美元，居发展中国家前列。在1950—1973年间，除德意志联邦共和国、日、韩、泰国和中国台湾外，世界上没有一个国家或地区的经济增长率超过拉美。●在经济发展取得骄人成绩的同时，社会领域的进步也十分显著，"例如，拉美人的预期寿命从1950—1955年的52岁提高到20世纪80年代的65岁，15岁以上人口文盲率从50年代初的44%降到80年代初的23%。"●但是，这一时期在经济领域和社会领域也存在着明显的发展不足。在经济领域，工业化基本上仍处于数量扩张期，发展质量不高，而且许多拉美国家后来越来越依靠负债来支撑本国的经济增长，这为后来拉美经济陷入债务困境埋下了"伏笔"；在社会领域，这一阶段拉美的城市化发展很快，但并不健康，存在着明显的过度城市化现象，同时，贫富差距、两极分化问题也较为突出。

第三阶段（1982年以后）为现代化的挫折与转型期。由于20世纪70年代拉美各国普遍实行"负债增长"模式来拉动经济增长，经过一段时间之后，外债还本付息的数额滚雪球般增大，1982年时外债余额已达3083亿美元。同年，始于墨西哥而后席卷拉美的债务危机全面爆发，直接导致了后来拉美经济上的"失去的10年"。在整个80年代，拉美GDP年均增长率仅为1.17%，大大低于之前保持了30年之久的高增长水平，人均GDP也大幅下降，退回到了70年代初的水平。为了抑制持续的经济衰退，20世纪90年代初开始，拉美国家全面推行新自由主义经济改革，主要内容包括大规模推行国有企业私有化、改革货币制度、放松外资和外贸的管理与限制、推行激进的贸易自由化和一步到位的金融自由化改革等。但是这些改革措施并未将拉美拉出经济衰退的"泥沼"，经济复苏未见明显成效。

相比北美而言，尽管拉美现代化起步晚，经历坎坷，发展程度和水平也与北

---

❶孙鸿志.拉美城镇化及其对我国的启示[J].财贸经济,2007（12）:135–138.

❷孙鸿志.拉美城镇化及其对我国的启示[J].财贸经济,2007（12）:135–138.

美有很大差距，但不可否认的是，经过100多年的曲折发展，拉美地区还是在逐渐地取得进步。拉美全地区工业产值占国内生产总值的比重，2000年达到了25%，100年间提高了15个百分点，人均收入也增长了4倍多。20世纪80年代时，像墨西哥、巴西、阿根廷等拉美发展水平较高的国家，相继跨入了新兴工业化国家的行列。在取得这些进步的同时，拉美也出现了"中等收入陷阱"、社会两极分化加剧、过度城市化和生态环境恶化日益严重等明显问题。"拉美最富有的20%人口所占有的财富相当于最贫困的20%人口的20倍，是世界上收入差距最大的地区。其中，巴西、危地马拉、洪都拉斯和哥伦比亚的贫富差距最为明显。2009年，这些国家的基尼系数都在0.56以上。"[1]

总的来讲，拉美走的是一条依附型发展道路，这是拉美长期不能摆脱在世界政治经济格局中边缘化地位的根本原因。

第二节　拉丁美洲的城市化历程及存在的主要问题

城市化既是现代化的主要内容，也是以区域的现代化特点为背景和规定性的城乡演变过程，拉美的城市化正是在上述区域独特现代化背景下展开的历史过程。

拉美城市化有两大特点：第一，相比工业化水平的提高速度，拉美城市化率呈现出过快的增长势头，"过度城市化"一直是拉美城市化中存在的主要问题之一；第二，拉美城市化是一种典型的"大城市化"，人口在大城市的集聚程度非常高。

一、城市化历程

拉美现代化快速发展前的1920年，城市化率为22%，进入现代化快速发展期后，城市化也随之进入了快速发展期。20世纪40年代至90年代是拉美快速城市化的重要时期，在这个历史时期内，拉美许多国家都经历了从以乡村为主体到以城市为主体的演变过程。1950年拉美城市化率为41.6%，1990年达到71.4%。

❶吴志华.拉美城市化发展教训值得关注[N].人民日报,2012-8-23(3).

之后，随着80年代初拉美经济受债务危机影响陷入困境，城市化的速度也在其几年后有所放缓。据联合国人居署2012年8月在巴西里约热内卢发布的《拉美城市发展报告》称，在拉丁美洲和加勒比地区，居住在城市的人口已达80%，是全球城市化率最高的地区，城市化水平甚至超过了许多发达国家。❶

表9-1反映了1990年时拉美人口超过1000万的9个国家在1950—1990年期间城市化率的变化情况。

表9-1　1990年拉美千万人口以上国家城市化率与1950年的比较

国家	1990年总人口（万人）	1990年城市人口百分比	1950年城市人口百分比	城市化率提高百分点
古巴	1059.8	73.6%	49.4%	24.2
墨西哥	8451.1	72.6%	42.7%	29.9
阿根廷	3254.7	86.5%	65.3%	21.2
巴西	14847.7	74.6%	36.0%	38.7
智利	1315.4	83.3%	58.4%	24.9
哥伦比亚	3230.0	70.0%	37.1%	32.9
厄瓜多尔	1026.4	54.8%	28.3%	26.5
秘鲁	2158.8	69.8%	35.5%	34.3
委内瑞拉	1950.2	90.4%	53.2%	37.2
拉美和加勒比国家	43971.6	71.4%	41.6%	29.8

资料来源：联合国.世界城市化展望·人口分部[Z].纽约，1995，转引自联合国人居中心（生境）.城市化的世界. 全球人类住区报告（1996）[M].北京：中国建筑工业出版社，1999：49.

二、拉丁美洲的过度城市化及其形成原因

城市人口的增长超过城市对这种增长的支撑能力，并引发了对城市发展的不良影响，这种现象被称为"过度城市化"。拉美过度城市化现象十分明显，到20世纪70年代中期，拉美地区城市人口已占地区总人口的60%，但工业人口的比

❶吴志华.拉美城市化发展教训值得关注[N].人民日报，2012-8-23(3).

重却不超过20%—30%。"1950—1980年，拉美总人口增加1倍，劳动力总量增加1.16倍，同期城市人口却增加4倍。"❶

尽管在现代化开始之前，拉美地区的城市建设就已经达到了较高的水平，而且也拥有了人口规模较大的城市，但城市化的真正加速发展期仍然基本与现代化第二阶段（20世纪30年代至80年代初）重合。从时间上看，拉美的快速城市化时期与其以进口替代为主要内容的工业化的快速发展期相重合，但工业在吸纳劳动力方面的表现并不突出，农业劳动力比重大幅降低、服务业劳动力比重显著上升是主要特色（详见表9-2）。

表9-2　20世纪60至80年代拉美国家三次产业就业结构的变化

国家	农业		工业		服务业	
	1960年	1985—1987年	1960年	1985—1987年	1960年	1985—1987年
阿根廷	20%	13%	36%	33.8%	44%	53.1%
玻利维亚	61%	46.5%	18%	19.7%	21%	33.9%
巴西	52%	25.2%	15%	15.8%	33%	59%
哥伦比亚	52%	1.3%	19%	21.1%	29%	77.6%
哥斯达黎加	51%	27.5%	19%	17.4%	30%	55.1%
智利	30%	19.8%	30%	17.4%	40%	63%
厄瓜多尔	58%	38.5%	19%	19.8%	23%	41.6%
萨尔瓦多	62%	43.2%	17%	19.4%	21%	37.5%
墨西哥	55%	25.8%	20%	14.1%	25%	60.1%
秘鲁	53%	35.1%	19%	12.3%	28%	52.6%
乌拉圭	21%	15.3%	29%	18.2%	50%	66.5%
委内瑞拉	35%	13.6%	22%	17.9%	43%	68%
古巴	33%（1965年）	23.8%	25%（1965年）	28.5%	41%（1965年）	47.7%

资料来源：世界银行的《1980年世界发展报告》，联合国开发计划署的《1990年人文发展报告》，转引自韩琦.世界现代化历程·拉美卷[M].南京：江苏人民出版社，2009：22.

---

❶韩琦.世界现代化历程·拉美卷[M].南京：江苏人民出版社，2009：35.

对表9-2数据进行分析发现，工业并不是拉美吸纳农村转移劳动力的主要领域，表中约半数国家20多年间工业就业人口比例略有增加，但另半数国家这一比例下降明显。表中所有国家的农业就业人口比例都明显下降，服务业在吸纳非农劳动力转移方面扮演了重要角色，成为农村劳动力非农转移的主要领域。值得注意的是，按照一般规律，劳动力大规模进入服务业应该是后工业化社会出现的就业现象，拉美发生的这种就业结构的变化，明显与这一规律存在着偏差。

以下两种情况对这种现象有一定的解释力，在一定意义上也可以说是存在着一定的因果关系。

一种情况是由于城市人口大量和快速增加，远超过城市劳动力市场所需，所以拉美城市的失业和不充分就业以及非正规部门就业现象非常突出。20世纪80年代初之前，进入城市化高潮期时，拉美普遍实行的是进口替代工业化，其在生产要素方面的主要特点是更多地倚重资金、技术和设备，对劳动力特别是对低技能劳动力的需求小，这使得大量由农村进入城市的人很难获得稳定的工作和从工作中获得保持城市一般生活水准的收入。"1995年拉美地区公开失业率为7.3%，半失业和从事非正规经济的人约占全部劳动力的50%"❶，正是这种严峻的就业形势及其所"生产"出的大量城市贫困人口，使城市贫困问题和城市贫民窟现象几乎成为与拉美城市化捆绑频率最高的词汇，成为拉美城市化过程呈现出的鲜明特征。

另一种情况是农业通过采取技术革新的路径实现了现代化，这造成了大批农业劳动力向城市转移。拉美原来农业的基本生产组织形态是大地主所有的庄园农业，生产的农业产品也是高度商品化的热带经济作物，这与东亚自给自足式的小农经济模式完全不同，也与美国垦荒式的农业模式完全不同。拉美庄园农业的一大特点是农业劳动力与土地的依存关系远比土地私有制下的东亚和美国模式松散与脆弱得多，一旦作为土地所有者的大地主和庄园主决定采用机械化、化肥化方式实现农业现代化，原本依附于土地的大量农业劳动力就会快速地被"挤出"。拉美多地土地资源丰富，区域经济作物的种植品种又相对单一，适于进行大面积机械化操作，因此拉美农业快速实现了机械化和产业化经

❶韩琦.拉丁美洲的城市发展和城市化问题[J].拉丁美洲研究,1999(2):43-48.

营，大批农业劳动力，包括小土地所有者均被从农业和农村中排挤出来而涌入城市。

因此来看，在一定程度上，拉美的城市化并不主要是工业化带动下的城市化，而主要是农业现代化对劳动力的"挤出"效应带来的社会现象。也就是说，拉美的城市化更多的是由农村和农业对农村人口和农业劳动力的"推力"造成的，而城市中的产业部门就业弹性普通低，导致城市对劳动力的拉力不足。推拉力的严重失衡最终酿成了拉美的过度城市化，并由此衍生出许多严重的社会问题。

三、拉丁美洲的"大城市化"现象

拉美的"大城市化"现象不仅仅指超大城市规模的现象，也指其人口占全国人口的高比例现象，即拉美的"大城市化"是一种人口高度集中于特定的极少数（通常是一个或两个）城市，从而形成超大人口规模城市的现象。

在拉美城市化过程中，普遍存在城市人口高度集中在一个（通常是首都）或少数几个城市的现象。例如秘鲁首都利马集中了全国人口的1/3，蒙得维的亚集中了全国人口的52%，布宜诺斯艾利斯人口占全国45%，墨西哥城占32%，加拉加斯占26%，圣地亚哥占44%，巴拿马城占66%，拉巴斯占44%，太子港占56%，马那瓜占47%，圣多明各占54%，亚松森占44%等。联合国1995年发表的一份报告认为，在全球25个"超大城市"中，拉美占5个，其中圣保罗（人口1640万）居世界第2位，墨西哥城（人口1560万）居世界第4位，布宜诺斯艾利斯（人口1100万）居世界第12位，里约（人口990万）居世界第16位，利马（人口750万）居世界第25位。[1]

在公共基础设施、公共服务水平和就业收入等方面，农村和城市、大城市和中小城市间存在着巨大反差，这是"大城市化"现象产生的重要原因。因此说，全国相当高比例的人口集中于一两个大城市的现象，是一种区域经济社会发展水平极度不平衡的表现，拉美的"大城市化"现象正说明了这一点。

拉美这种"大城市化"现象使城市背负着巨大的压力，其中住房供应不足现

---

[1] 孙鸿志.拉美城镇化及其对我国的启示[J].财贸经济,2007(12):135-138.

象十分普遍，特别是针对潮水般涌入城市，并在城市无就业保障的底层群体的住房供应，更是严重不足。大批农村人口进城后，既没有得到就业机会，又因拿不到住房信贷而不能得到合法住宅。于是，这些城市贫民就在城市边缘的闲置土地上，使用极其简陋的材料自建房屋居住，加上政府多认为这类居住区是非正规居住区，对这些地区的基础设施和公共服务投入极少，最终形成了大面积的贫民窟。在20世纪80年代前期拉美尚未普遍进入经济衰退前，这种贫民窟就已经大量存在，像利马、墨西哥城等城市，非正规住宅占住宅总量均在40%以上。

这种超出城市承受能力的"大城市化"，也使城市管理和城市生态环境建设面临严峻挑战。贫民窟地区的城市基础设施条件极差，城市犯罪、环境污染和生态破坏等现象普遍存在，成为拉美城市化过程中挥之不去的"伴生物"和城市"疤痕"。

四、拉丁美洲城市内部的二元化

由于拉美城市化的人口迁入地多集中在少数几个大城市，造成这些大城市中失业现象较普遍，大量人口在非正规部门就业，这些人普遍收入很低，甚至没有固定和稳定的收入，这些人构成了城市社会中的贫困群体。"1990年拉美城市贫困家庭占家庭总数的36%，比1980年增加了11个百分点"。[1]另一方面，大城市中也存在着大企业家、银行家、高级职员等收入丰厚的群体，这些人所享受的现代城市生活水准和城市文明与发达国家的上层群体几乎无异。拉美这种城市内部的二元化特征不仅体现在城市居住和基础设施与公共服务等物质条件方面（高档住宅区和贫民窟并存），也体现在教育、医疗卫生、社会保障、治安和文化资源配置等多个方面，这些明显的二元化现象和社会不公，正是酿成拉美城市中普遍存在的社会问题的根源。

第三节 巴西的城市化

巴西作为拉美地区国土面积最大、人口最多的国家，系金砖国家之一，在发

---

[1]孙鸿志.拉美城镇化及其对我国的启示[J].财贸经济,2007(12):135-138.

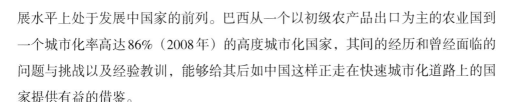

展水平上处于发展中国家的前列。巴西从一个以初级农产品出口为主的农业国到一个城市化率高达86%（2008年）的高度城市化国家，其间的经历和曾经面临的问题与挑战以及经验教训，能够给其后如中国这样正走在快速城市化道路上的国家提供有益的借鉴。

一个国家的城市化既是现代化的应有之义，又是现代化特别是经济现代化背景下的社会变迁和社会适应过程。任何一个国家或区域的发展都不是在一张"白纸"上的发展，历史因素是后来发展轨迹的重要"规定性"因素。巴西的城市化正是这样一种在历史因素的"规定"下，与经济现代化相生相伴的过程。为此，在认识和理解巴西的城市化之前，有必要首先认识和理解巴西在前现代化时期和现代化特别是经济现代化时期国家的基本面貌和发展过程。

一、殖民地时期至现代化开始前的历史过程及对后期发展的影响

（一）殖民地时期至现代化开始前的历史过程

1500年，葡萄牙航海家阿尔瓦雷斯·卡布拉尔率领探险队向西去往印度航行，却在中途意外发现巴西。这支探险队从现今位于巴西海岸中部的巴伊亚州海岸登陆，此后，葡萄牙王室对巴西实行了322年的殖民统治。19世纪初期法国拿破仑军队席卷欧洲，1808年当法国人向葡萄牙首都里斯本挺进时，葡萄牙王室迁到巴西，在里约热内卢进行了14年的统治。拿破仑退位后，葡萄牙王室的地位得到恢复并重返葡萄牙。然而，巴西人却拒绝倒退回原来的殖民地地位，并于1822年宣告独立。巴西有几百年的葡萄牙殖民史，独立后直到19世纪末建立联邦共和制国家之前，又仍由葡萄牙王室成员担任巴西统治者，因此宗主国葡萄牙对巴西的影响深远而广泛。

（二）殖民统治对巴西后期发展的影响

葡萄牙的殖民统治对巴西后来发展产生的影响主要集中在经济、政治、社会和区域格局几个方面。其中经济、社会和区域格局方面的影响主要表现如下。

1.对经济的影响

作为殖民地的宗主国，葡萄牙完全垄断了巴西的经济，并完全按照当时的国际市场需求来决定巴西的生产作物品种和经济活动，这使得巴西成为一个向国际市场提供热带经济作物或稀有矿藏的初级产品生产国和出口国，自给自足型农业的发展受到限制。这种情况在一定程度上规定了巴西后来的发展模式和发展路径。

依据当时国际市场的需求和巴西的资源情况，巴西若干农产品和矿产品都先后经历了各自的生产周期，其大致的周期时间表见表9-3。

表9-3　先后主宰巴西经济的"王牌产品"的生产周期时间表

产品名称	生产周期
巴西红木	1500—1550年
甘蔗	1550—1700年
黄金	1700—1775年
橡胶和咖啡	1850—1930年

资料来源：斯蒂芬·罗博克.巴西经济发展研究[M].唐振彬，金懋昆，沈师光，译.上海：上海译文出版社，1980：26.

表9-3中除橡胶和咖啡周期的时间段已经发生在巴西独立之后外，其余产品的周期均在殖民地时期，而最后的咖啡周期，成为巴西早期工业化的起点。

2.对社会阶层结构的影响

巴西初级农产品的生产出口，具有高度单一性和商品化的特点，这种特点更加适合于采用大规模的种植方式而排斥以家庭为生产单位的小农经济生产方式。另外葡萄牙对巴西进行殖民统治时期的半封建社会制度给巴西带去了浓重的封建大土地所有制，这些因素共同造就了一个实力雄厚、根基深广的大地主-大庄园主阶级。当时葡萄牙在巴西的封地大到惊人的程度，最大的封地相当于英格兰、苏格兰和爱尔兰三处土地的总和。

当时巴西的这种某一时期以某一种农产品的生产出口为主的初级农产品生产出口经济模式，与大地主-大庄园主的土地所有制的结合，将大庄园主和种植园奴隶彼此疏离与隔绝的"二元"烙印深深印在巴西其后几百年的历史中，将其塑造为一个严重疏离的社会。

正是这种土地制度和农业生产关系，使得大多数从事农业生产的劳动者和种植园奴隶与土地之间因为所有权的缺失，并没有形成直接紧密的关联。也正是这一土地所有权的特征，使得后来当工业化来临，城市获得发展动力时，大批农村人口由于对土地没有更多的"牵挂"，而更容易迁往城市。这也是酿成后来巴西过度城市化的重要原因之一。

3.对区域格局的影响

20世纪60年代以首都从里约热内卢迁往巴西利亚为标志，巴西的区域发展不平衡已经有明显改观，尽管如此，区域发展不平衡问题仍然较为严重。

巴西区域发展水平差距大，区域发展不平衡问题突出。葡萄牙对巴西三百多年的殖民史，及其对巴西所奉行的殖民地经济和以出口为目的的单一经济作物的生产与出口，是造成这种状况的初始原因。

为了满足殖民者从巴西掠夺资源的需要，在不同的经济周期内，在巴西境内形成了与之相对应的经济繁荣区域，这些区域主要有：16、17世纪在巴西东北部形成巴西木和食糖交易中心，18世纪在米纳斯吉拉斯等地发现黄金并在当地掀起采金热，19世纪在亚马孙地区形成橡胶中心，20世纪东南部形成咖啡交易中心。其中，除咖啡生产和交易中心后来逐渐发展成为巴西早期的工业发祥地外，其他地区都随着其产品生产的萎缩相继失去了曾经有过的繁荣。由于殖民主义者只把巴西作为殖民地来进行统治和管辖，并未对巴西的发展做长远的考虑与规划，因此这些不同时期的经济中心即使是繁荣时期也仅仅是经济"孤岛"而已，并没有起到带动周边区域共同繁荣发展的作用。

巴西的区域不平衡问题表现为东部沿海区域经济发展水平相对较高，经济要素相对密集，而广大北部地区和中西部地区则经济落后，人烟稀少。这是适应殖民主义者从巴西掠夺资源和农产品的需要，以及殖民地统治者和大批移民自大西洋登陆的需要而形成的区域格局。沿海特别是沿海适宜成为港口的地区，成为葡萄牙殖民者重点活动和经营的地区，这为巴西日后的区域格局奠定了最初的基础。巴西的殖民地首府萨尔瓦多和后来的首都里约热内卢都是这样的滨海城市。

其中，萨尔瓦多是由当年的葡萄牙殖民统治者建立的早期殖民地中的政治、经济和天主教中心，也是制糖业和奴隶贸易的中心。萨尔瓦多18世纪时曾一度成为包括北美的美洲殖民地中最大的城市，然而即便如此，随着后来甘蔗周期的完结和东南部咖啡生产贸易的兴起，萨尔瓦多也与其他曾经繁荣地区的结局一样，也走向了衰落。

二、经济现代化过程及其对城市化的影响

巴西独立后，逐渐走上现代化之路。巴西的现代化共经历了三个阶段，分别是：19世纪中叶到20世纪30年代以咖啡经济为导向的初级产品出口发展战略阶段，20世纪30年代到80年代初的进口替代工业化发展战略阶段和接下来的综合平衡发展战略阶段。

在逐步实现现代化的过程中，巴西的城市化率也快速提升，这种快速提升现象是有明确历史归因和时代归因的，在一定程度上也可以说是历史的必然。

（一）咖啡经济及对巴西城市化的影响

1.巴西的咖啡经济

巴西的现代化是在葡萄牙对其进行了300多年统治后所留下的经济、社会和文化基础上开始起步的，殖民"遗产"在相当程度上规定了巴西现代化的出发点和路径。

巴西独立时继承的"遗产"，其中之一是以生产出口初级农产品为主、以单一品种种植为特色的农业国，另一个遗产是大地主大庄园主为主要土地占有者的封建的土地关系。在这样的基础上，独立后巴西的选择必然是力图通过大力发展有比较优势和较大国际市场需求的农产品出口，来为日后的自主发展奠定经济基础。18世纪后，国际市场对咖啡的需求量不断增大，再加上后来亚洲咖啡因病虫害减产，给了巴西发展咖啡经济的历史机遇。因此，大力发展咖啡种植业与咖啡出口业，成为了独立后巴西采取的第一个经济自主发展的选择，"初级产品出口导向"发展战略由此开启，现代化征程也由此起步。

在此背景下，巴西扩大了咖啡的生产和出口规模，逐渐使咖啡经济在巴西经

济中占据了绝对优势地位，并成为世界最大咖啡生产国，咖啡成为巴西最主要的出口产品。在咖啡出口的带动下，1833—1889年间巴西的外贸总额增加了六七倍。20世纪第一个10年，巴西的咖啡产量已占世界总产量的77%，1924—1929年咖啡出口收入占巴西全国出口收入的73%。

咖啡经济带动了巴西的经济繁荣和资本积累，并产生了对咖啡加工工业的需求和由咖啡运输引起的对铁路运输的需求，这又进一步促进了巴西早期工业和早期金融业的发展。为了满足咖啡生产和出口的需要，1854年巴西修筑了第一条铁路，到1920年时，铁路长度已经达到2.7万多公里，同时港口条件也大大改善，这些不仅有力地推动了咖啡的生产和出口，也有助于开辟新的市场和在更大范围配置资源，以形成新的生产和出口能力。

在咖啡经济带动下，巴西的食品加工业、服装制造业、木材加工业等轻工业也相继发展起来。巴西的工业企业在1881年时只有200家左右，到1920年时已达到13336家了，并已经建立起了自己的非耐用消费品工业体系，这些都为后来耐用消费品工业的发展和工业化的进一步深化准备了条件，积蓄了实力。

2.咖啡经济对巴西城市化的影响

咖啡经济对当时及日后巴西城市化的影响主要体现在以下两个方面。

第一，早期工业化引领巴西进入城市化快速发展的轨道。巴西早期的城市出现于16世纪，是在巴西成为葡萄牙的殖民地之后，在各种出口经济作物交易中心基础上逐渐形成的。这类城市多随着所依托经济作物生产和出口的萎缩而衰落，在咖啡经济中崛起的城市则避免了这种命运，并最终成为启动巴西城市化的初始动力和引擎。巴西在1930年以前就已出现了城市化趋势，圣保罗、里约热内卢等城市已初具规模，1920年时巴西的城市化率已达到了22%。

第二，咖啡经济集中在东南沿海的区域格局深刻而长久地影响着巴西城市的空间分布格局和城市体系与结构。巴西最初的咖啡生产集中在北部的沿海州马拉尼昂，后随着需求量和产量的大幅增加，种植区域逐渐向南、向西扩展，最终，东南部三州圣保罗、米纳斯吉拉斯和里约热内卢成为了最主要的咖啡种植区域和咖啡贸易的中心。这造就了巴西东南部维持至今的全国经济和人口中心的地位，其中圣保罗市和里约热内卢市不仅是区域的经济和人口中心，也是全国的经济中心城市。圣保罗市和里约热内卢市作为巴西最大的两个城市，长期以来保持着对农村人口的强大吸引力，特别是圣保罗市，在巴西的城市化中一直扮演着重要的角色。在1980年时，其人口曾占到全国人口的10.6%。❶

（二）工业化和经济发展的过程与特点及其对城市化的影响

1.工业化和经济发展的过程与特点

由于20世纪30年代世界经济大危机，咖啡出口急剧下降，相应的出口收入大幅减少，使得独立后所选择的以咖啡经济为代表的初级产品出口导向型的经济发展战略难以为继，现实逼迫巴西必须进行经济发展转型。

在依靠咖啡经济兴起的早期工业化基础上，20世纪30年代，巴西开始实施面向国内市场的"进口替代工业化"战略，有意识地推进产品的进口替代，由此推动巴西经济进入现代化的第二个发展阶段。20世纪30年代至50年代中期，巴西大量投资于原材料生产，重视能源建设，兴建交通等基础设施，并借助国家资本创办国营企业，迈开了发展重工业的步伐。这期间制造业获得较快发展，1947—1960年，巴西国内生产总值年平均增长率为7.3%（详见表9-4）。

表9-4　1921—1974年巴西年均实际经济增长率

年份	国民生产总值	部门			
		农业	工业	商业	交通运输业
1921—1930	3.7%	3.4%	3.3%	3.4%	8.1%
1931—1940	4.6%	4.3%	5.2%	4.6%	5.1%
1941—1947	5.1%	3.9%	6.5%	4.7%	8.5%
1948—1956	6.4%	3.9%	8.8%	4.9%	8.8%
1957—1961	8.3%	5.8%	10.7%	7.8%	8.7%
1962—1967	3.7%	3.9%	3.7%	3.4%	5.6%
1968—1974	10.1%	5.9%	11.9%	11.0%	11.7%

资料来源：斯蒂芬·罗博克.巴西经济发展研究[M].唐振彬，金懋昆，沈师光，译.上海：上海译文出版社，1980：33.

---

❶联合国人居中心(生境)：城市化的世界·全球人类住区报告1996[M].北京:中国建筑工业出版社,1999:52.

从20世纪50年代后期开始，巴西走上了依靠大规模举借外债和依靠国外技术提升工业化水平的道路，外国资本和技术成为巴西工业化的主要推动力。工业结构也逐步从以非耐用消费品为主过渡到以生产资料工业和制造业为主，强调发展资本密集型和技术密集型工业，积极拓展海外市场。1974年，巴西轻工业与重工业所占比重分别为40.3%和59.7%，重工业已远超轻工业。20世纪六七十年代是巴西经济发展和工业化的黄金时代，1965—1980年间，巴西的国内生产总值以年均9%的速度增长，被世人誉为"巴西奇迹"。

从20世纪80年代初开始，巴西陷入了因债务危机引发的经济危机，整个80年代成为"失去的10年"。低经济增长率、低投资率、高通胀率、高失业率、外资流入下降是整个80年代的普遍现象。1981年和1982年的国内生产总值增长率仅为1.9%和1.2%，与先前的高增长率形成鲜明对照，1981—1990年，有5年人均国内生产总值呈负增长。

这之后，巴西总结经验教训，提出综合平衡发展战略，由此巴西进入了现代化的第三个发展阶段。通过经济政策、经济结构和经济体制三个层面的调整，将出口导向与进口替代综合起来运用，逐渐引导巴西经济走出低谷。1993年后巴西经济开始复苏，至21世纪，逐渐进入了一个稳步增长的新周期。2003年巴西已经基本上实现了工业化、城市化和农业现代化。从三大产业产值占GDP的比重看，第一产业占5.8%，第二产业占19.1%，第三产业占75.1%，综合国力已经排到了世界前列[1]，2007年的人均GDP已经达到了6938美元[2]。

在20世纪创造了"巴西奇迹"的同时，巴西经济发展水平差异的地区格局并没有发生大的改观，经济的区域极化现象仍然十分突出（见表9-5）。

表9-5显示，巴西东南部是全国的经济发展重心，20年来占全国的人口和经济份额变化很小。这一地区的面积只占全国的1/10，但人口和国民总收入在全国的比重却占到42%以上和65%左右，人均收入也远高于全国平均水平。这种经济的极化现象和极化的区域格局，与先前咖啡经济时期所遗留的区域遗产相吻合。

[1]翟雪玲,赵长保.巴西工业化:城市化与农业现代化的关系[J].世界农业,2007(5).

[2]韩琦:世界现代化历程·拉美卷[M]南京:江苏人民出版社,2009:83.

表9-5　1950年和1973年巴西人口与国民总收入地区分布

行政区*	占全国面积百分比	分布百分比				每人平均收入占全国平均数的百分比	
		人口		国民总收入			
		1950年	1970年	1949年	1970年	1949年	1970年
北部	42.0%	3.6%	3.9%	1.7%	2.0%	47%	51%
东北部	18.2%	34.6%	30.2%	14.1%	12.2%	41%	40%
东南部	10.9%	43.4%	42.8%	66.5%	64.5%	153%	151%
南部	6.8%	15.1%	17.7%	15.9%	17.5%	105%	99%
中西部	22.1%	3.3%	5.4%	1.8%	3.8%	54%	70%
全国	100.0%	100.0%	100.0%	100.0%	100.0%	—	—

资料来源：巴西地理统计局编写的《巴西统计年鉴（1973年）》，热图利奥·瓦加斯基金会编写的《国民核算体系，1974年9月》表10-2，转引自斯蒂芬·罗博克.巴西经济发展研究[M].唐振彬，金懋昆，沈师光，译.上海：上海译文出版社，1980：113.

*各行政区所包括的州如下所列。

北部：阿克里地区、亚马孙州、帕拉州、阿马帕地区、朗多尼亚地区、罗赖马地区；

东北部：马拉尼昂州、皮奥伊州、塞阿拉州、北里奥格兰德州、帕拉伊巴州、伯南布哥州、阿拉戈斯州、塞尔希培州、巴伊亚州、费尔南多—迪诺罗尼亚地区；

东南部：米纳斯吉拉斯州、圣埃斯皮里图州、里约热内卢州、圣保罗州；

南部：巴拉那州、圣卡塔琳娜州、南里奥格兰德州；

中西部：马托格罗索州、戈亚斯州、联邦区（巴西利亚）。

2.对城市化的主要影响

工业和其他非农经济的发展与扩张，及其所带来的城市繁荣，吸引着人口向城市集聚。20世纪30年代巴西开始实施"进口替代工业化"直至80年代初陷入债务危机前，这一时期是巴西经济发展最快的时期，而巴西城市化的快速推进期大致与之相吻合，1940年时巴西的城市化率为36.2%，到1980年时达到了67.6%。

经济的高速发展和城市的繁荣，吸引了大批农村人口涌入城市。但是，20世纪50年代以后，巴西工业逐渐走上资本密集型和技术密集型发展道路，对劳动力尤其是低技能劳动力的需求减缓，再加上80年代开始的债务危机导致的经济停滞，给城市就业造成持续压力，过度城市化现象渐趋严重。

另外，巴西经济发展水平的区域不平衡与城市体系的区域格局互为因果，圣保罗和里约热内卢作为全国的经济中心，同时也是全国第一和第二大城市。

（三）农村土地占有形式和农业现代化的特点及其对城市化的影响

1.农村土地占有形式和农业现代化的特点

巴西虽然是一个依靠农产品出口走入现代化的国家，但在现代化过程中走的仍然是与多数国家相同的重工抑农的发展道路。长期以来将由农产品出口换回的大量外汇用于工业投资，对农业的投资则十分不足。

与拉美的整体情况相似，巴西农村的土地占有不平等现象也极为明显，大部分土地一直为少数大地主所控制，土地所有权的高度集中造就了大量无地或少地的贫困群体。"1950年，估计有60%以农业为生的人是无地的农业工人，如果把那些只占有经济上无效用土地的人计算在内，实际上的无地农业工人达到81%。再加之巴西政府一直重视出口农业，忽视面向国内市场的小农，对农业的优惠政策大都落在大中型农业企业手中。农村中小农户和无地农民处境艰难，贫富差距日益扩大。"[1]这种情况到70年代也没有发生大的改观，在巴西东北部农村，1975年时地产规模在100公顷以上的土地所有者所拥有的土地，占土地总面积的比例高达72.3%，其中拥有1000公顷以上的大土地所有者，所拥有的土地占到土地总面积的比例超过30%。[2]2003年的情况也没有丝毫改变（见表9-6）。

表9-6　2003年巴西农村的土地占有结构

农户所占土地面积（公顷）	占农户总数比例	占全部土地面积比例	平均每户所占土地面积（公顷）
低于10	31.6%	1.8%	5.7
10~25	26.0%	4.5%	17.2
25~50	16.1%	5.7%	35.3
50~100	11.5%	8.0%	69.3

[1]翟雪玲,赵长保.巴西工业化:城市化与农业现代化的关系[J].世界农业,2007,(5)23-26.

[2]韩琦.世界现代化历程·拉美卷[M].南京:江苏人民出版社,2009:24.

续表

农户所占土地面积 （公顷）	占农户总数比例	占全部土地面积比例	平均每户所占土地面积 （公顷）
100~500	11.4%	23.8%	207.6
500~1000	1.8%	12.4%	694.4
1000~2000	0.9%	12.1%	1381.8
超过2000	0.8%	31.6%	4110.8
总 / 平均	100%	100%	99.2

资料来源：韩俊，崔传义，赵阳.巴西城市化过程中贫民窟问题及对我国的启示[J].中国发展观察，2005（6）：4-6.

巴西人口众多，工业化之前大量人口都在农村从事农业生产。然而，巴西的农业现代化却采取了资本密集型的规模经营和机械作业方式。当然，这是与大土地所有制密切联系在一起的。因此，在农业现代化过程中，农业对劳动力的需求不断降低，造成大量无地农民失去就业机会，中小农户在激烈的竞争过程中破产。

2.对城市化的影响

在国家重工抑农的宏观政策下、在土地高度集中于大种植园主和大庄园主等大土地所有者手中的土地制度下、在排斥劳动力的资本密集型农业现代化模式下，大量农民从农业生产中被排挤出来，被迫流入城市。农村人口无序地涌入城市，造成诸如就业、住房、医疗、教育、社会治安等一系列问题，广为诟病的过度城市化问题由此而生。

三、巴西城市化的特点及存在的主要问题

上述对巴西经济发展、区域格局形成历史过程的回顾，尤其是对这一历史过程对城市化影响的分析，为理解巴西城市化的过程和特点提供了广域的和有历史纵深的视角。事实上，巴西的城市化之路已经"被规定"和"被主导"了，而这个规定着和主导着巴西城市化之路的力量，就是巴西所走过的工业和农业的现代化道路。也就是说，巴西的城市化，包括广为诟病的过度城市化、城市贫困及贫民窟问题，其实都是在工农业发展过程中逐步形成的。

（一）巴西城市化的特点

巴西城市化的主要特点有如下三个。

第一，城市化速度快。一般认为城市化率达到30%以后即进入快速城市化阶段，以此标准来看，巴西的快速城市化大致始于20世纪30年代，即与现代化第二个阶段的开始期相吻合。从1940年到1980年，巴西的城市化率从36.2%升至67.6%，2004年达到83.6%，2008年更达到86%，当年排名世界第22位。由此基本上可以认为，进入21世纪后，巴西的城市化率基本上与发达国家的水平相当。

第二，城市化速度快于经济发展速度。巴西城市人口的增长速度大大超过工业化的发展速度。20世纪70年代中期，巴西制造业就业人口占就业总人口的20%，而城市人口却已占总人口的61%。美国曾用近100年的时间使城市人口的比重从30%提高到70%，而巴西达到同等程度仅用了40年。[1]"从1940年到1980年，巴西的城市化率从36.2%升至67.6%，同样的城市化率增幅在发达国家则多用了20年时间才实现。另外，在实现同等城市化率增幅的同时，发达国家的人均GDP增加了2.5倍，而巴西只增加了60%。这说明，巴西的城市化进程与经济发展水平之间存在脱节现象。"[2]

第三，城市化人口在地域上高度集中。巴西的城市化人口在地域上的分布极不平衡，全国经济最发达的东南部地区，也是城市人口最集中的地区，全国第一大城市圣保罗和第二大城市里约热内卢都集中于这一地区（见表9-7）。

表9-7 巴西两大城市人口占全国人口百分比的变化

城市	占全国人口百分比							
	1900年	1920年	1940年	1950年	1960年	1970年	1980年	1991年
圣保罗	0.3%	0.3%	0.6%	5.0%	6.6%	8.8%	10.6%	10.5%
里约热内卢	5.5%	4.7%	5.6%	6.3%	7.2%	7.7%	7.4%	6.5%

资料来源：联合国人居中心（生境）.城市化的世界·全球人类住区报告1996[M].北京：中国建筑工业出版社，1999：52.

---

[1]万瑜.以城市可持续发展理论为基点的巴西城市化问题探讨[J].拉丁美洲研究,2008(2).

[2]周志伟.巴西城市化问题及城市治理[J].中国金融,2010(4):39-40.

（二）存在的主要问题

由于巴西的人口基数大，每提高一个城市化率百分点城市化人口数就要比人口基数小的国家多出许多，而且巴西的区域发展不平衡现象比较突出，这对主要的人口进入城市造成冲击效应。由这种人口冲击效应所引起的城市"不适应症"（即"城市病"），一直广为诟病。

巴西快速城市化过程中出现的"城市病"十分严重，如就业问题、城市贫困、贫民窟问题、公共服务匮乏、教育医疗和社会保障不完善，以及城市犯罪频发等。

其中，就业问题是众多问题之首。城市就业不足，导致失业和非正规部门就业现象普遍，由此产生了城市贫困问题，城市贫困又直接导致了贫困人群无力购买或租住正规住房，只得在城市边缘地区自建简陋住所，贫民窟问题由此而生，这些贫民窟内基本没有正规的城市基础设施，导致居住环境恶劣等一系列问题。而教育问题、社会保障问题等也都与城市贫困问题有密切关系。最后，由于城市贫困问题严重，贫富两极分化、住区两极分化等问题长期得不到解决，致使城市犯罪高发。

在以上诸多问题中，与城市建设本身关系最为密切的是贫民窟问题和提升贫民窟中的城市基础设施建设水平问题。

联合国人类居住规划署将贫民窟定义为"以低标准和贫穷为基本特征的高密度人口聚居区"。巴西地理统计局则进一步将界定标准细化为："贫民窟是指50户以上的人家汇住一起，房屋建筑无序，占用他人或公共土地、缺乏主要卫生等服务设施的生活区。1987年，巴西全国约有2500万人居住在贫民窟。1991年，贫民窟有3188个，2000年增加到3905个，分布遍及巴西所有的大城市，现在已发展到中等城市"❶。贫民窟中不仅住房条件极差，而且基本的城市基础设施，如卫生设施、污水排放设施等也极度缺乏和落后，这使得大批城市贫民的生活与

---

❶李瑞林,李正升.巴西城市化模式的分析及启示[J].城市问题,2006(4):93-98.

城市中产及以上阶层有天壤之别。尽管后期巴西政府通过采取多项措施，逐渐改善了贫民窟居民的住房和基础设施状况，但是巴西城市化所走过的曲折道路应引起全面和深刻的反思，这对后来快速城市化国家，包括中国在内，有重要的启示作用和借鉴意义。

第 ⑩ 章

韩国的城市化

1910年朝鲜半岛沦为日本殖民地，第二次世界大战后朝鲜半岛以北纬38°线为界，分裂为南北两部分，1948年韩国成立。韩国地处朝鲜半岛南半部，面积99222平方公里，约占朝鲜半岛总面积的45%，山地占国土总面积60%。1955年朝鲜战争结束后韩国人口为2150万，2000年达到近4600万，2010年超过了5000万。

韩国作为东亚国家和中国的近邻，其发展历史和文化都与中国有着悠久的渊源和颇多相似之处，了解和研究韩国的城市化过程有助于更好地认识和理解中国的城市化问题。

由于韩国的快速城市化发生在20世纪60年代至90年代，所以本章数据采集和分析集中于这一时期，并且基于对历史是现实的基础、现实在相当程度上是历史的逻辑结果的认识，也对这之前的韩国历史作一简要回顾。

第一节 步入工业化之前的发展状况及工业化与现代化的历程

一、步入工业化之前的国家发展状况

历史上朝鲜半岛经历了长期的封建统治，最后一个封建王朝的统治持续到1910年。1910年日本吞并朝鲜，第二次世界大战之后，在20世纪40年代末期，半岛南北分别各自成立政府，朝鲜半岛分裂为两个国家。1950年爆发朝鲜战争，1953签订停战协定，北纬38°线为南北分界线。

资源禀赋、历史因素的影响造成了朝鲜半岛南北产业结构的显著差异。从工业看，重工业中的化学工业和金属工业主要分布在北纬38°线以北地区，机器工业主要分布在38°线以南，轻工业70%的产值都出自38°线以南地区（见表10-1）。

表 10-1   1940 年朝鲜工业产值在南北区域的分布

产业部门	北纬 38°线以南	北纬 38°线以北
重工业	20%	80%
化学	18%	82%
金属	10%	90%
机器	69%	31%
轻工业	70%	30%
纺织	85%	15%
食品加工	65%	35%
其他	65%	35%

资料来源：黄义珏.朝韩经济启示录[M].北京：中国发展出版社，1996：12.

20 世纪 50 年代的朝鲜战争给韩国经济造成了极大的打击，"韩国 1953 年的生产水平可能仅为 1940 年的 1/3"。[●]战争结束后的 1953 年到经济起飞前的 1961 年，韩国经济仍然在很大程度上维持了传统农业经济的基本特征，2/3 的劳动人口仍然集中在初级产业。这一时期经济发展速度缓慢，人均国民生产总值维持在低水平，并存在巨额贸易逆差。1954—1961 年韩国主要经济指标和产业结构见表 10-2。

表 10-2   1954—1961 年韩国主要经济指标和产业结构

		1954年	1955年	1956年	1957年	1958年	1959年	1960年	1961年	1954—1961年
国民生产总值增长率		5.1%	4.5%	-1.4%	7.6%	5.5%	3.8%	1.1%	5.6%	4.0%
人均GNP（美元）		70	65	66	74	80	81	79	82	—
产业结构	农、林、渔业	40.3%	44.8%	47.2%	45.2%	41.2%	34.7%	36.8%	40.2%	—
	矿业与制造业	12.4%	12.2%	12.5%	12.5%	14.1%	15.8%	15.7%	15.2%	—
	其中制造业	11.5%	11.2%	11.3%	11.0%	12.6%	14.0%	13.6%	13.4%	—
	社会服务业与其他	47.3%	43.0%	40.3%	42.3%	44.7%	49.5%	47.5%	44.6%	—

---

❶黄义珏.朝韩经济启示录[M].北京:中国发展出版社,1996:59.

续表

	1954年	1955年	1956年	1957年	1958年	1959年	1960年	1961年	1954—1961年
出口（百万美元）	24	18	25	22	17	20	33	41	200
进口（百万美元）	243	341	386	442	378	304	344	316	2754

资料来源：经济企划院编写的《韩国经济手册》（1977），第2-5页，韩国银行编写的《1945-1988年主要经济和社会指标》，转引自黄义珏.朝韩经济启示录[M].北京：中国发展出版社，1996：67.

第二次世界大战后至1961年韩国开始实施第一个"五年计划"前，尽管战争结束给韩国发展经济带来了和平的外部环境并有大量外援进入（1954—1961年韩国共获得近21亿美元的外援[1]），经济也在一定程度上得以恢复，但总体来看，韩国经济依然在低水平上徘徊，以小农经济为主的落后农业国的状况并没有改变，大规模的工业化尚未真正起步。

二、工业化与现代化的历程

韩国经济起飞是从朴正熙集团上台后通过的第一个"五年计划"（1962—1966年）开始的，就韩国整个国家的发展来讲，这是一个里程碑式的新起点。韩国从1962年开始实施"进口替代"经济战略，这一战略的实施取得了一定成效，经济增长速度较前有了明显提高，工业的国产化比率也有所提高。但同时也产生了一些新的问题，生产进口替代产品的企业，实际上还是依靠外资及外国原材料和中间产品来支撑，结果使国际贸易逆差进一步扩大，经济对外国的依赖不但没有减弱，反而以新的形式增强了。从1964年开始，韩国改变经济发展战略，开始实行"出口导向型"经济发展战略，并取得了明显效果，经济增长速度加速提高，在进入20世纪80年代末期时，甚至一度达到两位数的增长速度。1962年开始实施第一个5年计划时人均国民收入只有87美元，1992年增加到2945美元，1995年更是突破了10000美元。[2]详见表10-3。

表10-3清晰勾勒出韩国经济从起飞到达到较高水平所经历的大致轮廓，这

---

[1]黄义珏.朝韩经济启示录[M].北京:中国发展出版社,1996:(67).

[2]李辉.韩国工业化过程中人口城市化进程的研究[J].东北亚论坛,2005(2):54-58.

一历史过程基本上就是韩国实现工业化和现代化的过程。30年间韩国产业结构发生了巨大变化，最明显的变化是初级产业占比显著缩小，从占比34.8%减少到7.3%，初级产业成为整个国民经济中的从属部门，表中虽未显示出来，但仍可据表推测的第三产业则从44.7%上升到62.1%，提高了17.4个百分点，第二产业则提高了10.1个百分点。商品进出口大量增加，第一个"五年计划"时期的商品出口额与第七个"五年计划"时期相比，数额小到几乎可以忽略不计，商品进口额的增长情况也大致相同。同时，储蓄率和投资率也都有明显增长，失业率的显著下降也是引人关注的经济发展成果，说明在工业化和现代化过程中，韩国较好地完成了劳动力从初级产业向第二产业和第三产业的转移。因此，可据此推断出，韩国的城市化在同期存在着一个显著的快速发展阶段。

表10-3　韩国历次五年计划期间的主要经济数据

		1962—1966年	1967—1971年	1972—1976年	1977—1981年	1982—1986年	1987—1991年	1992—1996年
GNP年增长率		7.8%	9.6%	9.7%	5.8%	8.6%	10.0%	7.5%
产业结构	初级产业	34.8%	26.8%	23.5%	15.8%	12.8%	9.1%	7.3%
	第二产业	20.5%	22.2%	28.9%	30.7%	30.1%	29.7%	30.6%
商品出口（亿美元）		2.5	11.0	178.0	207.0	336.0	614.0	1063.0
商品进口（亿美元）		6.8	22.0	84.0	243.0	293.0	611.0	1114.0
国内储蓄率		11.8%	14.6%	23.9%	20.5%	32.5%	34.0%	35.5%
总投资率		21.6%	25.1%	25.6%	30.3%	29.5%	36.3%	36.4%
失业率		7.1%	4.5%	3.9%	4.5%	3.8%	2.6%	2.5%

资料来源：黄义珏.朝韩经济启示录[M].北京：中国发展出版社，1996：72.

自实施"五年计划"以来，韩国经历了3次产业结构的升级调整（见表10-4）：第一次产业结构调整发生在1962—1971年，主要是实施了轻纺工业出口导向战略为中心的产业结构升级调整，这期间轻纺工业是韩国经济发展的重点，成为出口导向型产业中最主要的生产部门；第二次产业结构调整基本贯穿于整个20世纪70年代，这期间进行了以重化工业为中心的产业结构升级调整。随着投资少、见效快的轻工业原有价格优势逐步丧失，产业重心及时向重化工业调整，钢铁、造船、石油化工、建筑和重型机械制造等产业，成为70年代的战略性产业；80年代后面对激烈的国际竞争形势，韩国进行了第三次产业结构调整，实施了以技术立国和经济稳定增长战略为中心的产业结构升级调整，推行高新技术产业发展战略，大力发展技术密集型产业。至此，韩国在发展阶段上完成了从农业国向工业国的转变、在工业结构方面完成了由以轻工业为中心向以重工业为中心的转变、在要素集聚类型上完成了由劳动密集型产业向知识和技术密集型产业的转变。总体来说，韩国在这30年间完成了工业化，并实现了现代化。

表 10-4　韩国工业结构的变化

年份	轻工业	重工业
1960	76.6%	23.4%
1965	68.6%	31.4%
1970	60.8%	39.2%
1975	52.1%	47.9%
1980	46.4%	53.6%
1985	41.5%	58.6%
1990	34.1%	65.9%
1995	27.1%	72.9%

资料来源：李东华.韩国的产业集聚与城市化进程[J].当代韩国2003（春夏合刊）.

在推行出口导向型工业化的过程中，韩国的区域经济格局也逐渐成形，并影响至今。首先，工业化促成了韩国一北（首尔）一南（釜山）两大城市的高速发展，并成为现代化过程中南北两地的增长极。韩国还先后开发建设了9个重工业区和24个地方工业区。第一个"国土资源综合开发计划"（1972—1981年）实施的显著成就之一，就是在东南沿海以釜山为中心，建立起了由一系列工业基地组成的制造业产业带，像蔚山的汽车工业、浦项和光阳的钢铁工业等都是其中重要的组成部分。另外，北部的仁川石化工业基地也颇具规模。20世纪80年代以后，随着高科技产业的兴起和产业结构进一步向技术密集型转型，新兴的高科技企业布局进一步向首尔聚集，其在全国产业空间布局上的聚集度进一步增强。

第二节　韩国城市化的历史过程与特点及影响因素分析

一、城市化的历史过程

本章第一节韩国产业结构和失业率30年变化的情况表明，韩国实现人口城市化的进程大致与经济发展及产业结构重大调整的进程在速度与时间上是一致的。因此，提出"韩国的城市化是同步型城市化"这一观点，是有依据的。

20世纪60年代初期，韩国农业就业人口仍超过就业总人口的50%，而制造业就业人口还不到就业总人口的10%。韩国的快速城市化与工业化同步，城市化水平从1955年的24.5%上升到2000年的79.7%，45年间提高了55.2个百分点，其中从1966年到1985年的19年间，城市化率提高了31.5个百分点，从33.9%提高到了65.4%，而1965—1984年，韩国的工业增长率是农业增长率的6.3倍。[1] 1955—2000年韩国城市化水平见表10-5。

表10-5　1955—2000年韩国城市化水平的变化

	1955年	1960年	1966年	1970年	1975年	1980年	1985年	1990年	1995年	2000年
城市数（个）	—	27	31	32	35	40	62	73	73	79*
城市人口（万人）	526	700	988	1293	1677	2141	2642	3229	3500	3664
全国人口（万人）	2150	2499	2916	3144	3468	3741	4052	4339	4455	4599
城市化率	24.5%	28.0%	33.9%	41.1%	48.4%	57.2%	65.2%	74.4%	78.6%	79.7%

资料来源：韩国统计局（人口住宅总调查），http://www.nso.go.kr，转引自金钟范.韩国城市发展政策[M].上海：上海财经大学出版社，2002：4.

*为1999年数据。

---

[1]李辉.韩国工业化过程中人口城市化进程的研究[J].东北亚论坛,2005(2):54-58.

韩国的城市化过程经历了三个阶段。

第一阶段是自20世纪40年代末韩国成立至经济起飞开始前。这一阶段韩国的城市化率从刚刚超过2位数的水平在1960年上升到28%。这一阶段推动韩国城市化水平提高的主要原因是大量的战争移民进入城市。第二次世界大战结束后，战争期间大批流亡到中国、日本的韩国人回到韩国，另外朝鲜战争所产生的大批难民从朝鲜半岛中部迁往南部，这些人多数在城市及其周边地区定居下来，推高了韩国的城市化水平。

第二阶段是韩国进入经济起飞后经济快速发展的30年间（20世纪60年代初期至80年代末、90年代初）。20世纪60年代初期，韩国开始了工业化进程，这个时间点的城市化率也基本上达到了美国城市学者诺瑟姆（Ray.M.Northam）所说的进入城市化加速阶段时的城市化水平，韩国的城市化率从1960年的28%上升到1990年的74%和2000年的80%。这一阶段的城市化动因完全符合诺瑟姆的理论观点，属于由于工业化加快发展而推动人口大量进入城市的阶段，即城市人口快速增加，城市规模扩大，数量增多，韩国成为了一个高度城市化的国家。

在这个阶段内，与工业发展及其布局相匹配，韩国的城市率先在工业及为工业发展提供生产性服务的地区发展壮大起来。从城市分布看，韩国的六大城市主要分布在以首尔为中心的京仁工业区和以釜山为中心的东南沿海工业区及其连接两地的高速公路沿线。1990年韩国城市化率达74.4%，当年位于全国前6位的大城市及其人口的情况分别是：首尔（1061.3万人）、釜山（379.8万人）、大邱（222.9万人）、仁川（181.8万人）、光州（113.9万人）和大田（105万人），6大城市的人口合计为2064.7万人，占当年全国城市人口的64%和全国人口的48%。其中首都首尔是韩国的政治、经济、科技和文化中心，也是全国最大的城市，首位度极高。虽然首尔的面积只占全国的0.6%，但人口已经占到全国人口的近1/4和全国城市人口的近1/3，超过全国六大城市中后5位城市人口的总和。

这之后，韩国城市化进入了第三阶段，即稳定发展阶段。

二、快速城市化时期农村的土地制度改革

自从日本殖民统治结束和朝鲜战争后，韩国的土地制度随着经济的飞速发展和城市化的进展，经历了三次具有明显特征的变革阶段，每一次变革都是围绕促进经济发展以及解决某些土地利用中的主要矛盾进行的。20世纪五六十年代的土地制度和法规主要是为了保证农业经济的快速发展和解决粮食自给问题，七八十年代的土地制度和法规则主要是为工业经济的超常发展和城市化服务，90年代又调整为以土地资源保护和环境建设为核心目标的持续土地管理。❶

土地制度变革的第一阶段。第二次世界大战刚结束时韩国的土地所有权具有显著的半封建土地所有权特征。拥有自有自营土地的农户数量不足14%，半自有自营土地的农户数量约占35%，佃户占比高达49%。按面积来看，总可耕地的约36.6%为自有自营者的土地，其余皆由佃农耕种。1947—1952年，在美国的支持指导下，韩国进行了和平渐进式的土地改革。政府规定了私人拥有土地的上限（不超过3公顷），并将没收的曾为日本人占有的土地和赎买的地主土地出售给农民，法律禁止土地的租赁转让。这次的土地改革工作一直延续到了1969年。这一时期的土地利用形式是一家一户的小农场。尽管这次土地改革在有些方面并没有完全按有关规定实施，土地的过多占用和租佃现象也没有完全杜绝，但总体看来，经过土地改革，农村的土地产权制度还是得到了根本的改变，半封建的土地关系转变为产权明晰的现代家庭农业经营制度。新的土地所有权制度的建立，在一定程度上缓和了农村的社会矛盾，促进了农业的发展。而且，由于朝鲜战争期间通货膨胀严重，致使当时政府用于从地主手中赎买土地所支付的土地价券（凭此领取现金收入）大幅贬值，地主阶层的经济实力被大大削弱。由土地结构的重大变化所带来的社会结构的重大变化，彻底改变了农村原有的封建土地关系和社会关系。

土地制度变革的第二阶段。20世纪60年代以后，韩国进入了快速推进工业

---

❶刘黎明.韩国的土地利用制度及城市化问题[J].中国土地科学,2000(5):45-47.

化的发展阶段，工业化和城市化产生了大量的土地需求。1969年完成土地改革之后，到1986年韩国政府出台《农地租赁法》和1990年正式颁布《农地法》，系统地规范农地的征用、转让和保护等一系列活动之前，整个70年代到80年代中期，在城市化快速发展的"牵引效应"下，韩国的农村土地处于剧烈的产权重组和价格飚升的动荡中。由于当时韩国城市的快速发展提供了大量就业机会，所以有大量农民放弃土地进城务工，农民放弃土地的方式就是将农地出租或转让。虽然法律仍然禁止农地自由出租转让，但实际上并没有相应的惩罚措施，以至这一现象愈来愈普遍，并大大改变了经过土地改革所形成的一家一户的小农场式的农业生产结构。"1970年80%以上的农场仍为独立拥有产权（约占总面积的83%），而到1983年下降至40.2%，其他56.9%属于部分拥有产权，接近3%则为完全租赁农场。这样一来，原来一家一户的小农场经营模式逐渐被一些租赁农场所取代。"●同时，大量人口进入城市，导致房地产价格飞涨，大量农地流失。

土地制度变革的第三阶段。为了扭转土地市场的无序状况，韩国政府在相继出台了《农地租赁法》和《农地法》基础上，1996年又出台了对《农地法》的修正案，进一步规范了土地市场。这一时期土地政策法案的导向是严格控制占用耕地的行为，并将过去以建设部门和行政管理部门为主的土地利用审批模式，代之以由地方行政长官、部门代表以及土地拥有者共同组成的"农地管理委员会"进行审批的模式。这批法案的制定和实施，将土地管理正式从原来以开发、建设为主转到了以保持和严格控制为主的方向上来。

三、韩国城市化的动力机制分析

通过对韩国城市化历程的梳理发现，其城市化的历史逻辑和动力机制清晰可见。

第一，韩国城市化最直接和最初的动因是国家工业化水平的快速提高。

韩国不仅工业化速度快，而且在工业化初期采取了优先发展劳动密集型工业

● 刘黎明. 韩国的土地利用制度及城市化问题[J]. 中国土地科学, 2000(5):45-47.

部门的产业发展政策，生产规模的扩大和优先发展劳动密集型产业双重效应的叠加，使对劳动力的需求大幅增加，韩国工业化过程中的失业率不断降低（见前文表10-3）就证明了这一点。

第二，20世纪70年代中期以后，韩国城市化动力发生了从工业拉动向第三产业拉动的转变。

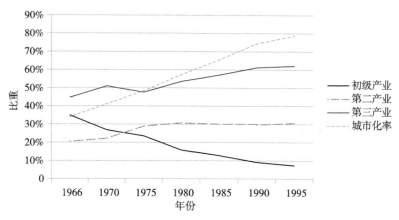

图10-1　韩国快速城市化时期的产业结构和城市化率变化

数据来源：产业结构数据来源于表10-3，城市化率数据来源于表10-5。

图10-1产业结构变化走势曲线和城市化率变化走势曲线的对比说明了以下两点：①韩国城市化水平提高的趋势与初级产业的萎缩趋势反向高度吻合；②第二产业和第三产业在产业结构中比重的增加，其叠加效应是城市化水平得以提高的重要原因。在20世纪70年代中期以前，城市化率的提高主要源自于第二产业的贡献，这一阶段工业化的主要内容是大力发展轻纺工业等劳动密集型产业，大量农民在这一时期离开农村进入城市中的第二产业。这之后，当第二产业比重达到30%左右，城市化率接近50%（初步实现城市化）之后，在产业结构中，第二产业在30%的水平上保持了长期的基本稳定，第三产业比重则持续上升，从70年代中期的接近50%上升到90年代初的60%左右，而城市化率仍保持了与之前几乎相同的提高速度，在这个时间点城市化率达到了74%（1990年）。这说明70年代中期至1990年这一时间段内，城市化的动力机制发生了很大变化，拉动城

市化率继续提高的主要动力由第二产业转向第三产业；③进入20世纪90年代之后，第三产业在产业结构中比重增速趋缓，第二产业比重基本保持不变，第一产业比重持续下降但较之前下降速度有所减慢，这些因素的综合作用，导致了城市化率的提升速度也较前几十年放缓，到90年代中期达到近80%的水平之后，韩国的城市化进入了稳定发展期。

第三，城市优于农村的工作生活条件，是吸引农村人口进入城市的重要原因。

表 10-6　　1965—1988 年韩国城乡居民户收支及剩余比较

（W）

年份	城市居户			乡村居户		
	月收入	消费支出	结余	月收入	消费支出	结余
1965	9380	——	——	9350	——	——
1970	29810	——	——	21317	——	——
1975	65540	58350	7190	72744	——	——
1980	234086	180531	53555	224426	178193	46233
1985	431183	322558	108625	478021	390904	87117
1988	646672	467639	179033	677468	502554	174914

资料来源：根据黄义珏.朝韩经济启示录[M].北京：中国发展出版社，1996：127（表3.13）整理计算，该书数据引自经济企划院编写的《家庭收入与支出概览》、农林渔业部、《农户经济概览》（历年）。

*原文如此，似应为韩元，简称w。——作者注

相较非农就业和农业机械化的生产方式，小农经济的劳作形式基本上仍主要依靠人的体力，并且需要长年在室外辛勤劳作，而在城市就业，无论是第二产业还是第三产业，都彻底摆脱了这种"面朝黄土背朝天"的艰苦劳作形式。劳动强度的降低、劳动条件的改善，是农民进城的重要动力之一。再有，相比工业化初期时的农村，城市中的基础设施建设、生活和文化娱乐等条件，也比农村要好很多，所以，城市的生活方式也对农民产生了巨大的吸引力。这也就解释了为什么在韩国快速城市化的20世纪60年代至90年代，虽然城乡居民的收入差距并不明

显，但是仍有大量农民离开农村进入城市的现象。

事实说明，追求更美好的生活是人类永恒的目标，而在发生大规模城市化这一重大社会变迁的特定历史时期，在农村和城市工作生活条件的对比中，城市明显优于农村。因此，进入城市正是实现人类追求美好生活目标的途径，这也构成了韩国当年快速城市化的动因之一。

第四，农村土地制度的两次变革为助推城市化健康发展提供了推力方向的制度支持。

农业生产是依附于土地的经济活动，农民与土地的关系在一定程度上影响到农民进城意愿的强烈与否。第二世界大战后韩国前两次的土地制度变革，在助推本国城市化发展方面发挥了积极作用。

第一次土地制度变革基本实现了耕者有其田。当第二产业和第三产业迅速发展、规模扩大、城市就业需求大量增加的时候，由于农民拥有自有产权的农地，所以保证了农民在做出进城决定时，其在城里的工作和生活条件是优于农村的，这种机制抑制了大量农民无序涌入城市，避免了城市中贫民和贫民窟的大量出现。某种程度上说，"耕者有其田"的土地制度，使土地所有者能够站在一个保证正常生活所需的高度来面对是否进城的问题，做出相对科学和理性的决断。因此，这一土地制度在城市化过程中发挥着控制城市化非理性发展的"阀门"作用，也是韩国在城市化过程中保持极低失业率的主要制度保证。这一点与巴西城市化过程中失业严重、城市贫民大量涌现，以及巴西农村的土地制度情况，形成了鲜明对照。

在快速城市化阶段后期，大量农民已经在城市获得稳定的工作和生活保障后，转让土地成为进城农民的普遍意愿。转让土地合法化，可以使进城农民获得有法律保障的进城附加红利，这进一步增强了农民的进城意愿，特别是有利于进城农民做出长久定居城市的决策。另外，通过土地转让，也可以使农村的土地经营规模扩大，机械化的农业生产方式更加适应这时农业劳动力大量减少的农村特点。20世纪80年代中期以后相继出台的《农地租赁法》和《农地法》，在城市化过程中所发挥的积极作用在于再次运用了土地所有权转移所产生的影响力，巩固了城市化的既有成果，强化了城市化的"拉力"，同时也为保持城市化进入高位稳定期后农村的持续发展能力，从土地所有权方面提供了制度保障。

当城市化从快速发展期进入稳定发展期后，20世纪90年代后期，韩国政府的土地政策导向发生变化，土地管理从原来强调配合开发和经济建设为主转到了以保持和严格控制土地使用为主的方向上来。

第三节　快速城市化过程中的首尔：从高度集聚走向疏解的历史轨迹

作为国家首都和全国的首位城市，首尔从20世纪60年代韩国进入经济起飞阶段开始，就成为全国最大的城市化人口目的地，在足足30年期间内，承受了巨大的人口压力，在20世纪80年代末达到人口高峰后，进入90年代人口开始出现了负增长。

首尔的快速发展和迅速膨胀，是在韩国经济起飞、城市化进入快车道的背景下发生的区域经济社会变迁现象，它既是韩国城市化的必然结果，也是促进韩国城市化的区域动力。寻着首尔城市发展变迁的历史轨迹，厘清其中的现象及其现象背后的形成机制与规律，对更好把握快速城市化历史时期特大城市的发展演变规律，有着重大的理论意义和实践意义。

在首尔成为一个千万人口规模特大城市背景下，"大城市病"同样困扰着首尔，使首尔在韩国快速城市化的30年间承受了巨大的发展压力。其在城市运行中遭遇的困境、走过的城市建设路径，以及从困境中"突围"所选择的路径与措施，都对今天我国的城市化，特别是我国同样在快速城市化中承受巨大人口压力的特大城市，有着多方面的启示。

一、首尔人口规模变化的历史轨迹

1960年经济起飞前韩国的城市化水平是28%，1990年上升到74%，30年时间提高了46个百分点。这期间，首尔也从一个200多万人口的城市，成长为一个千万级人口规模的巨型城市。到2000年，韩国的人口城市化率已经达到80%，但首尔的人口规模在1990年后的10年间却变化不大，甚至略有下降。

1960年首尔的人口规模是244.5万人，之后20年首尔的人口规模快速膨胀，1980年达到836.4万人，平均每年增加人口29.6万人。进入20世纪80年代，人口增速开始减缓，除1988年因举办奥运会的缘故人口增速有一个短暂的反弹，达到净增人口18.8万人外，其余年份人口增速较80年代之前有明显回落，1986年甚至出现净减5823人的情况。到1990年，首尔人口达1061.3万人，10年净增224.9万人，平均每年增加约22.5万人。1990年首尔人口出现了明显的负增长，减少了9.1万人。与此同时，首尔周边首都圈的其他地区，则出现了显著的人口增长，自此，首尔进入了人口外溢期。

在首尔人口快速膨胀的同时，地域面积也大幅扩张，20世纪80年代，与首尔江北地区几乎相当面积的江南新城区全面建成，从人口数量来看，汉江南部新城也已基本占到全市的一半左右。

由首尔和周边的仁川及京畿道地区组成了首都圈，该圈面积虽然只占全国的11%，却集中了全国超过45%的人口。因此，总体来看，在韩国的城市化过程中，超大城市化和城市极化现象非常突出，其在国土面积较小且快速实现工业化的国家中，非常具有代表性和典型意义。

二、首尔的经济发展与转型

首尔的快速发展以及人口和地域规模的大幅扩张，最根本的动力来自于经济发展和资本大量进入所带来的就业需求的强劲增长。首尔快速扩张期与韩国经济快速发展期在时间上的高度重合是这一论点最有力的证明。

20世纪六七十年代，首尔的经济发展以劳动密集型产业为主，到八九十年代，经济结构开始朝重化工、都市型工业和金融贸易服务业转型，经济总量和人均GDP也获得进一步迅速增长（见表10-7）。

表10-7显示出首尔自20世纪80年代后近20年产业转型的明显走势，从中可以看出以下两点。

第一，就业人员总量的变化。18年间，首尔就业人员总量变化幅度很大，说明此期间首尔处于一个剧烈的变动期。首尔就业人员数量变动趋势与城市人口规模变动趋势是吻合的，就业人数的高点与人口规模的高点相比，之间有着约5年的滞后期，这可以用居住外迁先于就业岗位外迁来解释。1990—1995年的就业增长幅度与之前的1985—1990年相比，已大幅下降，只及之前增幅的30%。1995年后更是出现质变，就业人口总量出现负增长，而且减幅较大，达到年均14.2万人（见表10-8）。

第二，从就业结构看产业结构的剧烈变化。虽然在韩国经济起飞的20世纪60年代，首尔是作为国家重要的工业基地开始发展起来的，但经过20年的发展，在80年代初期，首尔的经济结构已经呈现出了第三产业化的特征，1980年时社会基础和服务业从业人员数量在就业结构中就已经占到60%以上，制造业只占30%。进入90年代以后，首尔进一步加快了从"生产型"向"服务型"转型的产业结构调整步伐，短短8年，社会基础和服务业从业人员数量在就业结构中的比重就从1990年的60.49%提高到1998年73.27%，提高了近13个百分点，相应的，制造业从业人员的比例则下降了11个百分点。金融业因其对资本的配置功能而成为生产性服务业的核心和基础性产业，首尔1989年存款额占到全国的58%，贷款额更是占到全国的62%，虽然这一口径数据到1999年时分别都有所下降（存款占52.4%，贷款占45.2%）❶，但其在全国绝对的金融中心地位是确定无疑的，而且，虽然比重有所下降，但存贷额实际上已增长数倍。

表10-7　1980—1998年首尔的就业分布及构成

年份	从业人员数（千人）					从业人员构成			
	农业渔	矿/制造	建设	社会基础和服务	以上各项总计	农业渔	矿/制造	建设	社会基础和服务
1980	21	4/718	202	1447	2392	0.88%	0.17%/30.02%	8.44%	60.49%
1985	27	5/835	272	1787	2926	0.92%	0.17%/28.57%	9.3%	61.07%

❶赵丛霞,金广君,周鹏光.首尔的扩张与韩国的城市发展政策[J].城市问题,2007(1):90-96.

年份	从业人员数（千人）					从业人员构成			
	农业渔	矿/制造	建设	社会基础和服务	以上各项总计	农业渔	矿/制造	建设	社会基础和服务
1990	21	5/1320	402	2676	4424	0.47%	0.11%/29.84%	9.09%	60.49%
1995	21	2/1126	437	3293	4879	0.43%	0.04%/23.08%	9.0%	67.47%
1998	14	1/834	341	3262	4452	0.31%	0.02%/18.73%	7.66%	73.27%

资料来源：各产业从业人员数来自于 Seoul Statistical Yearbook 1999（Labour-Industry），转引自袁志刚，李哲圭.上海与汉城就业结构的比较研究[J].世界经济文汇，2001（3）：62-67，从业人员总计和从业人员结构据各产业从业人员数值计算。

表10-8　1980—1998年首尔从业人员数量年均变化

年份	就业增长总量（千人）	年均增减（千人）
1980—1985	534	106.8
1985—1990	1498*	299.6
1990—1995	455	91.0
1995—1998	−427	−142.3

资料来源：据表10-7数据计算。

*此数据的奇高现象不排除受到江南新城建成后所带来的城市人口规模扩大的影响。但即使去除这一影响因素，按首尔人口规模扩大了一倍计，此口径数据压缩50%也仍远大于前后时段的数据。

三、快速城市化时期首尔城市发展面临的困境

城市迅速膨胀，多种经济社会活动密集开展，作为承载人口和经济社会活动的空间载体，首尔的城市运行遭遇了极大的挑战，如诸多城市构成要素极度短缺，各城市构成要素之间极度失衡，城市的可持续发展遭遇了前所未有的瓶颈制约。其中，住房短缺、交通拥堵和环境污染是当时首尔城市发展建设中面临的三大主要问题。

住房短缺是首尔面临的首要问题。20世纪50年代朝鲜战争结束后，大量难民涌入首尔，在城市边缘的山区和沿江地带搭建了大量简易住房，形成了众多棚

户区。韩国进入经济起飞阶段后，尽管首尔经济发展很快，但对棚户区的改造却远落后于城市其他方面的发展。"1970年时，首尔仍有1/5的房屋是这种棚户区的简易房屋。据统计，1990年汉城（首尔）缺房108.1万套，比1970年增加2.2倍，汉城（首尔）的房屋费用也在不断提高，一般单元房屋费用相当于其他地区城市的2倍"。❶

交通拥堵是首尔另一个曾久治不愈的顽疾。20世纪60年代首尔刚刚进入快速发展期的时候只有几万辆汽车，进入70年代以后，汽车拥有量提升了一个数量级，从几万辆增加到几十万辆，再到90年代，进入了百万辆时代。虽经数次拓展道路，但修路的速度始终赶不上汽车增长的速度，交通设施仍然只及车辆通行合理比例的1/5。汽车保有量的快速、大幅增加，以及远超城市交通设施承受能力的状况，带来了一连串问题：如汽车平均行驶速度不断下降，地铁和公交车拥挤不堪，上下班路途耗时不断增加，停车难、违章停车现象随处可见等。

千万级的人口规模及其所拥有的大量汽车以及20世纪60年代开始大规模发展起来的制造业，使首尔的生态环境不断恶化，其一度成为世界主要城市中环境最为恶劣的城市之一。在当时世界主要城市中，首尔空气中的二氧化硫含量最高，67%的降水含有对人类有害的酸性成分，20世纪七八十年代时，首尔只有极少量的城市污水经过处理，其余超过90%的污水其中包括垃圾和排泄物，都直接倾泄进了汉江。

四、控制首尔过度膨胀的措施

由于首尔距离北纬38°线非常近，出于国家安全和地区间平衡发展两个方面的考虑，经济起飞后不久的韩国政府就开始了对首尔城市规模的"限制政策"，历时20多年，到90年代才开始显露成效，过于集中在首尔的资本、产业和人口，逐渐向周边地区扩散，首尔的城市发展压力得以渐趋减轻。

"20世纪60年代至90年代是韩国城市发展的'量化成长时代'，也可以说是城

---

❶项鼎.汉城都市区的发展与问题初探[J].城市研究,1999(6):51-54.

市的'硬件成长时代"。❶作为首都和韩国实行出口导向型加工工业的重点地区,首尔也在这一时期步入了"量化成长时代",由此带来的城市过度膨胀及其所引发的一系列问题,迫使韩国和首尔政府不断出台抑制城市膨胀的措施和法规。

20世纪60年代至90年代韩国政府对抑制首尔过度膨胀所采取的措施和制定的政策法规,主要集中在如下几个方面。

(一)加大郊区住宅建设及在周边地区建设新城,推动首尔郊区化和首尔大都市区建设

尽管为了向源源不断涌入的新增人口提供住房,首尔建造了大批房屋,但仍然不能有效解决中心城区的住房短缺问题。为了缓解住房紧张状况,20世纪90年代后,首尔加快了在郊区建设住宅的速度,这一举措吸引了部分家庭开始向郊区搬迁,城市开始出现分散迹象。同时,政府也进一步加快了首尔周边的新城建设。到90年代末期,首尔都市区新建了13个新城,郊区化和大都市区化对人口分散的作用逐渐显现。1990—2000年,首尔的人口从1061万人减少到985万人,而同期,作为首尔大都市区的重要组成城市仁川,人口则从181.6万人增加到246.63万人。❷1995年韩国首都圈数据见表10-9。

表10-9　1995年韩国首都圈基本数据*

项目	首都圈数据	首都圈占全国比例
面积	11726(平方公里)	11.8%
人口	2019(万人)	45.3%
区域生产总值	141(万亿韩国元)	46.2%
企业总数	9.70(万个)	57.9%
制造业总数	5.08(万个)	55.6%
储蓄额	99.8(万亿韩国元)	64.8%
贷款额	90.4(万亿韩国元)	59.3%
本科大学	55(所)	41.9%
公共机关	419(所)	81.7%

❶金度年.首尔:转变飞速量化的成长模式,培育新价值观的城市进化[J].上海城市规划,2012(5):102-109.
❷郭宁,李新.试述国外人口政策对中国的启示——以首尔为例[J].国土与自然资源研究,2008(2):21-22.

续表

项目	首都圈数据	首都圈占全国比例
研究机关	1540（所）	68.5%
大企业总部	100（家）	88%

资料来源：国土开发研究院.第二次首都圈整备计划构想（1997—2011）[R].1997：17，转引自金钟范.韩国控制首都圈规模膨胀之经验与启示[J].城市规划，2002（5）：72-75.

*其中区域总产值、企业总数、制造业总数为1994年数据。

（二）运用法律法规手段引导城市功能向外分散，带动就业岗位外迁

韩国政府通过制定相关法律政策鼓励引导工业企业和政府行政机构等迁出首尔，并严格限制新建和扩建学校。早在首尔快速发展初期，1964年韩国政府就制定了《控制快速城市增长的国务决策》，其中提出了"不鼓励首尔的新工业开发"，以及"二级政府机构在地方城市的重新分布"等旨在引导首尔城市功能分散的主张；1967年颁布了《地方工业促进法》，鼓励生产设施向人口较少的地区转移；1972年出台的《首尔土地利用控制》，提出了"减少首尔居住和工业用地的计划"和"在首尔外重新安排政府机构"的主张；1977年制定了《工业分散法》，规定与城市土地利用规划相违背的工厂必须进行搬迁；同年还颁布了环境保护法，依据此法首尔的污染企业被迁出。韩国政府还曾四次拟订过向首都圈外分散公共机关的计划，但总体来讲这些计划实施的效果和力度有限。

另外，韩国政府较为成功的一项措施是，早在1971年首尔就建立了第一条绿化隔离带，绿化隔离带的建立划定了城市边界，有效遏制了城市边缘区不断被蚕食的趋势，限制了城市空间的盲目扩张。

（三）采取经济手段提高市域经营生活成本，引导资本外溢和人口外迁

为了让更多企业迁出首尔，韩国政府还运用经济手段，通过制定不同的税收政策，引导企业向外迁移。例如，通过采取一方面对迁出首都圈的企业实行减免税，另一方面对在首都圈新建或扩建的企业课以3—5倍重税的经济手段，提高了限制区范围内的生产经营成本。在市场供求关系左右下，首尔的房价远高于其他地区，为了能够运用市场力量限制人口规模的进一步扩张，政府取消了对住房价格的控制。通过多管齐下的经济和市场化手段，来提高企业和人口在首尔经营

和居住的"门槛",达到增大"外推力"的效果,这也是首尔抑制城市过度膨胀的重要方法和有效途径。

(四) 运用差别化区域政策和规划重构市区平衡

1984年韩国建设部制定了首都圈整治规划,把首都圈划分为5个区域,并在各区域实行不同的区域发展政策。这些区域和不同的区域发展政策分别是:限制开发地区——分散和疏散、控制开发地区——防止城市扩张、环境保护地区——保护汉江、鼓励开发地区——扩展土地利用、特殊开发地区——保留将来使用。地处核心地区的首尔和城南两市属于限制开发地区,紧邻限制开发地区西南部的是控制开发区,主要包括了安养、水原和仁川三市,土地使用政策收紧是这两个地区共同的土地政策导向。通过鼓励安城、平泽两个开发地区城市的发展,吸纳那些从限制和控制地区分散出来的企业和人口。

1993年,韩国政府又对首都圈整治规划进行了修改,将这5个地区合并为拥挤限制区、增长管理区和自然保护区3个地区。其中,首尔及其郊区属于拥挤限制区,未来发展以分散人口和工业为主,工厂、办公室和其他设施的建立都必须符合一定的规定才被允许;增长管理区允许一定程度的发展,除大型工厂外,其他发展项目在符合规定条件下才可以建立,包括大学、公共办公楼、研究机构等;汉江上游的自然保护区则保持原状不开发。相比1984年的首都圈规划,这一次的修改版在政策上出现了一定程度的松动,一些限制放松甚至取消了,代之以间接手段进行限制和管理。

间接管理主要包括了两项内容,一项内容是建立发展费用体系,运用经济手段,如罚金形式,让有发展需求的机构或企业通过交纳发展费用(即拥塞费),来获取土地使用权。拥塞费是指对拥塞抑制区内的人口诱发设施如写字楼、商业用建筑、公共楼房、复合用途型建筑等的新建、扩建或变更用途所征收的负担费。另一项内容是建立总量管理体系。总量管理是指诸如大学、工厂等具有较强人口聚集能力机构的增员或新建扩建总量的计划,都须经由建设交通部长官上报给首都圈整备委员会审议后,才能按有关规定进行相应的审批与管理的制度。这一管理制度将首都圈土地利用纳入了统一管理范畴,并取得了较好的效果。

参考文献

[1] 安德罗·林克雷特.世界土地所有制变迁史[M].启蒙编译所,译.上海:上海社会科学院出版社,2016.

[2] 艾伦·比蒂.美国不是故意的[M].闫佳,译.北京:中国人民大学出版社,2010.

[3] 爱德华·格莱泽.城市的胜利[M].刘润泉,译.上海:上海社会科学院出版社,2012.

[4] 鲍世行,张在元,徐东华.城市规划新概念新方法[M].北京:商务印书馆,1993.

[5] 布赖恩·贝利.比较城市化20世纪的不同道路[M].顾朝林,汪侠,俞金国,等,译.北京:商务印书馆,2008.

[6] 蔡昉.中国流动人口问题研究[M].北京:社会科学文献出版社,2007.

[7] 陈波翀,王家庭.韩国城市化快速发展的动力机制研究[J].宁夏党校学报,2004(5).

[8] 陈飞,诸大建.低碳城市研究的理论方法与上海实证分析[J].城市发展研究,2009(10).

[9] 陈锡文,韩俊.中国特色"三农"发展道路研究[M].北京:清华大学出版社,2014.

[10] 仇保兴.复杂科学与城市规划变革[J].城市发展研究,2009(4).

[11] 仇保兴.紧凑度和多样性—我国城市可持续发展的核心理念[J].城市规划,2006(11).

[12] 戴星翼.走向绿色的发展[M].上海:复旦大学出版社,1998.

[13] 丁健.现代城市经济[M].上海:同济大学出版社,2001.

[14] 丁燕,彭希哲.汉城城市发展的人口轨迹及对上海的启示[J].西北人口,2006(6).

[15] 董正华.世界现代化历程·东亚卷[M].南京:江苏人民出版社,2010.

[16] 杜悦.巴西治理贫民窟的基本做法[J].拉丁美洲研究,2008(1).

[17] 樊纲,武良成.城市化:一系列公共政策的集合[M].北京:中国经济出版社,2009.

[18] 樊纲,余晖.长江和珠江三角洲城市化质量研究[M].北京:中国经济出版社,2010.

[19] 冯之浚,周荣,张倩.低碳经济的若干思考[J].中国软科学,2009(12).

[20] 高岱.第三讲:英国崛起的历程,强国之鉴[M].北京:人民出版社,2007.

[21] 高珮义.城市化发展学原理[M].北京:中国财政经济出版社,2009.

[22] 高强.巴西农村城市化的进程、特点和经验及其启示[J].世界农业,2006(4).

[23] 戈兰·坦纳菲尔德,佩尔·卢詹克.发展城市 减少贫困——城市发展与管理导论[M].刘超,陈亮,译.北京:科学出版社,2008.

[24] 谷维.汉城的污染与反污染措施[J].国际问题资料,1985(16).

[25] 郭宁,李新.试述国外人口政策对中国的启示——以首尔为例[J].国土与自然资源研究,2008(2).

[26] 国家新型城镇化规划(2014—2020年)[N].光明日报,2014-3-17(5-8).

[27] 韩刚,王海光,等.中国当代史研究(二)[M].北京:九州出版社,2011.

[28] 韩国经济企划院人口调查.汉城人口密度居世界第二[J].国外社会科学,1989(10).

[29] 韩俊,崔传义,赵阳.巴西城市化过程中贫民窟问题及对我国的启示[J].中国发展观察,2005(6).

[30] 韩琦.拉丁美洲的城市发展和城市化问题.拉丁美洲研究[J].1999(2).

[31] 韩琦.世界现代化历程·拉美卷[M].南京:江苏人民出版社,2009.

[32] 韩琦.试探拉美经济发展落后于北美的根源[J].世界历史,1997(3).

[33] 何理.中华人民共和国史[M].北京:档案出版社,1989.

[34] 何念如,吴煜.中国当代城市化理论研究[M].上海:上海世纪出版集团,上海人民出版社,2007.

[35] 何圣,王菊芬.改革开放后北京、上海、广州对流动人口的经济拉力因素的分析[J].西北人口,2007(3).

[36] 何顺果.第八讲:美国的崛起及其动力,强国之鉴[M].北京:人民出版社,2007.

[37] 贺鹭.维多利亚时期的伦敦地铁[J].史林,2013(5).

[38] 胡细银.英国城市发展的理论与实践及对深圳的借鉴[M].北京:北京大学出版社,2004.

[39] 胡玉萍.当代北京人口(下)[M].北京:中国人民大学出版社,2014.

[40] 黄匡时.改革开放以来北京市流动人口研究回顾与展望[J].北京社会科学,2008(5).

[41] 黄怡.城市社会分层与居住隔离[M].上海:同济大学出版社,2006.

[42] 黄义珏.朝韩经济启示录[M].北京:中国发展出版社,1996.

[43] 霍默·霍伊特.房地产周期百年史——1830—1933年芝加哥城市发展与土地价值[M].贾祖国,译.北京:经济科学出版社,2011.

[44] 简·雅各布斯.城市与国家财富:经济生活的基本原则[M].金洁,译.北京:中信出版社,2008.

[45] 蒋高明.生态农场纪实[M].北京:中国科学技术出版社,2013.

[46] 杰里·本特利,赫伯特·齐格勒.新全球史(第三版)[M].魏凤莲,张颖,白玉广,译.北京:北京大学出版社,2007.

[47] 金度年.首尔:转变飞速量化的成长模式,培育新价值观的城市进化[J].上海城市规划,2012(5).

[48] 金钟范.韩国城市发展政策[M].上海:上海财经大学出版社,2002.

[49] 金钟范.韩国控制首都圈规模膨胀之经验与启示[J].城市规划,2002(5).

[50] 经济合作与发展组织.新农村范式:政策与治理[M].陈强,徐瑞祥,等,译.上海:同济大学出版社,2011.

[51] 鞠美庭.生态城市建设的理论与实践[M].北京:化学工业出版社,2007.

[52] K.J.巴顿.城市经济学——理论和政策[M].上海社会科学院部门经济研究所城市经济研究室,译.北京:商务印书馆,1984.

[53] 来安方.An Outline introduction to Britain and America[M].郑州:大象出版社,2004.

[54] 李春辉.拉丁美洲史稿下册[M].北京:商务印书馆,1973.

[55] 李东华.韩国的产业集聚与城市化进程[J].当代韩国,2003年春夏合刊.

[56] 李宏图,沐涛,王春来,卢海生.世界通史(第二编)工业文明的兴盛:16—19世纪的世界史[M].上海:华东师范大学出版社,2001.

[57] 李辉,刘春艳.日本与韩国城市化及发展模式分析[J].现代日本经济,2008(4).

[58] 李辉.韩国工业化过程中人口城市化进程的研究[J].东北亚论坛,2005(2).

[59] 李健,屠启宇.农村人口结构变迁与新型城镇化道路选择[J].江海学,2015(4).

[60] 李庆余,周桂银.美国现代化道路[M].北京:人民出版社,1994.

[61] 李瑞林,李正升.巴西城市化模式的分析及启示[J].城市问题,2006(4).

[62] 李瑞林,王春艳.巴西城市化的问题及其对中国的启示——兼与中国城市化相比较[J].延边大学学报(社会科学版),2006(2).

[63] 李铁.新型城镇化路径选择[M].北京:中国发展出版社,2016.

[64] 李郇,洪国志,黄亮雄.中国土地财政增长之谜——分税制改革、土地财政增长的策略性[J].经济学,2013(4):1141-1160.

[65] 李毅弘.生态文明建设中的四个转变[J].学术界,2009(4).

[66] 理查德·E.苏里文,丹尼斯·谢尔曼,约翰·B.哈里森.西方文明史[M].赵宇烽,赵伯炜,译.海口:海南出版社,2009.

[67] 理查德·瑞吉斯特.生态城市:建设与自然平衡的人居环境[M].王如松,胡聃,译.社会科学

文献出版社,2002.

[68] 联合国人居中心(生境).城市化的世界:全球人类住区报告1996[M].沈建国,译.北京:中国建筑工业出版社,1999.

[69] 林广.移民与纽约城市发展研究[M].上海:华东师范大学出版社,2008.

[70] 林玲.城市化与经济发展[M].湖北:湖北人民出版社,1995.

[71] 林远,赵超,安娜.我国加速推进农地三权分置改革[N].经济参考报,2016-6-8(3).

[72] 刘成斌.义乌:市场变迁中的分化与整合[M].北京:人民出版社,2015.

[73] 刘传江.当代中国乡城人口流动的中间障碍因素分析[M]//魏津生,盛朗,陶鹰.中国流动人口研究.北京:人民出版社,2002.

[74] 刘佳.借鉴义乌经验推进沂蒙老区国贸物流基地建设[J].山东工商学院学报,2013(1).

[75] 刘黎明.韩国的土地利用制度及城市化问题[J].中国土地科学,2000(5).

[76] 刘临安,刘致韵.伦敦:成为世界城市的概要史论[J].北京建筑工程学院学报,2011(1).

[77] 刘绪贻,杨生茂.美国通史(第二卷)、(第三卷)、(第四卷)[M].北京:人民出版社,2005.

[78] 刘易斯·芒福.城市发展史—起源、演变和前景[M].宋俊岭,倪文彦,译.北京:中国建筑工业出版社,2005.

[79] 刘祚昌,光仁洪,韩承文.世界史近代史(上)[M].北京:人民出版社,1984.

[80] 陆大道.中国城镇化应循序渐进[N].北京科技报,2007-12-3(5).

[81] 陆化普.解析城市交通[M].北京:中国水利水电出版社,2001.

[82] 罗晓芳.义乌小商品市场的发展[J].当代经济,2008(3).

[83] 罗月领.城市治理创新研究[M].北京:清华大学出版社,2014.

[84] 马里奥·波利斯.富城市,穷城市:城市繁荣与衰落的秘密[M].万青,译.北京:新华出版社,2010.

[85] 马小红,君德挺.当代北京人口(上)[M].北京:中国人民大学出版社,2014.

[86] 马彦琳,刘建平.现代城市管理学[M].北京:科学出版社,2003.

[87] 美国大使馆文化处.An outline of American geography[M].香港印刷,1981.

[88] 诺南·帕迪森.城市研究手册[M].郭爱军,王贻志,等,译校.上海:格致出版社,2009.

[89] 欧阳萍.伦敦对18世纪英国消费革命的促进作用[J].湖南科技大学学报(社会科学版),2008(1).

[90] 欧阳萍.论18—19世纪伦敦的郊区化———兼评近代郊区的起源[J].当代教育理论与实践,2013(5).

[91] 欧阳日辉.所有制改革的历程、基本经验和未来[J].党政干部学刊,2008(11):8-10.

[92] 庞松.毛泽东时代的中国(1949—1976)第一卷[M].北京:中共党史出版社,2003.

[93] 齐桂珍.改革开放30年我国所有制改革评述[J].经济研究参考,2008(49):11-23.

[94] 齐鹏飞,杨凤城.当代中国编年史(1949.10—2004.10)[M].北京:人民出版社,2007.

[95] 齐世荣.人类文明的演进(上卷)[M].北京:中国青年出版社,2001.

[96] 钱乘旦.变动与适应—对英国现代化过程的再认识[J].史学集刊,2002(2).

[97] 邱国盛.中国城市的双行线:二十世纪北京、上海发展比较研究[M].成都:巴蜀书社,2010.

[98] 全国干部培训教材编审指导委员会.世界历史十五讲[M].北京:人民出版社,2006.

[99] R·罗伯特·布鲁格曼著.城市蔓延简史[M].吕晓惠,许明修,孙晶,译.北京:中国电力出版社,2009.

[100] 上海财经大学课题组.中国经济发展史(1949—2005)[M].上海:上海财经大学出版社,2007.

[101] 世界银行.2009年世界发展报告:重塑世界城市地理[M].胡光宇,等,译.北京:清华大学出版社,2009.

[102] 世界银行.气候变化适应型城市入门指南[M].北京:中国金融出版社,2009.

[103] 斯蒂芬·罗博克.巴西经济发展研究[M].唐振彬,金懋昆,沈师光,译.上海:上海译文出版社,1980.

[104] 宋健,何蕾.中国城市流动人口管理的困境与探索——基于北京市管理实践的讨论[J].人口研究,2008(5):41-47.

[105] 宋健,侯佳伟.流动人口管理:北京市相关政策法规的演变[J].市场与人口分析,2007(3).

[106] 宋亚平.积极稳妥推进城镇化建设[J].理论探索,2015(1).

[107] 孙鸿志.拉美城镇化及其对我国的启示[J].财贸经济,2007(12):135-138.

[108] 孙立田.中古英国敞田制的运作及经济社会效应[J].天津师范大学学报(社会科学版),2011(1).

[109] 孙秀林,周飞舟.土地财政与分税制:一个实证解释[J].中国社会科学,2013(4).

[110] 谭崇台,马颖,叶初升.发达国家发展初期与当今发展中国家经济发展比较研究[M].武汉:武汉大学出版社,2008.

[111] 万瑜.以城市可持续发展理论为基点的巴西城市化问题探讨[J].拉丁美洲研究,2008(2).

[112] 王海光.从政治控制到社会控制:中国城乡二元户籍制度的建立——对中国当代户籍制度的历史渊源和形成建立过程的考察[M]//王海光.中国当代史研究(二).北京:九州出版社,

2011.

[113] 王景新.中国农村土地制度变迁30年:回眸与瞻望[J].现代经济探讨,2008(6).

[114] 王伟强.和谐城市的塑造——关于城市空间形态演变的政治经济学实证分析[M].北京:中国建筑工业出版社,2005.

[115] 王旭.美国城市发展模式:从城市化到大都市区化[M].北京:清华大学出版社,2006.

[116] 王旭.美国城市史[M].北京:中国社会科学出版社,2000.

[117] 王亚菲,陈长.北京市生态足迹的投入产出分析[J].城市发展研究,2009(4).

[118] 王玉贵,朱蓉蓉.中国当代史教程[M].北京:群言出版社,2007.

[119] 王郁.城市管理创新:世界城市东京的发展战略[M].上海:同济大学出版社,2004.

[120] 王章辉,黄柯可,周以光,萧辉英.欧美农村劳动力的转移与城市化[M].北京:社会科学文献出版社,1999.

[121] 威廉·福斯特.美洲政治史纲[M].北京:人民出版社,1956.

[122] 吴群,李永乐.财政分权、地方政府竞争与土地财政[J].财贸经济,2010(7).

[123] 吴铁稳,张亚东.19世纪中叶至一战前夕伦敦工人的住房状况[J].湖南科技大学学报(社会科学版),2007(3).

[124] 吴志华.拉美城市化发展教训值得关注[N].人民日报,2012-8-23(3).

[125] 武廷海,张能,徐斌.空间共享:新马克思主义与中国城镇化[M].北京:商务印书馆,2014.

[126] 项鼎.汉城都市区的发展与问题初探[J].城市研究,1999(6).

[127] 谢芳.回眸纽约[M].北京:中国城市出版社,2002.

[128] 谢文惠,邓卫.城市经济学[M].北京:清华大学出版社,1996.

[129] 徐剑锋.城市化:义乌模式及其启示[J].浙江社会科学,2002(6).

[130] 严耕,杨志华.生态文明的理论与系统建构[M].北京:中央编译出版社,2009.

[131] 杨士弘等.城市生态环境学[M].北京:科学出版社,1996.

[132] 杨云彦,蔡昉,陈金永,王德文.城市就业与劳动力市场转型[M].北京:中国统计出版社,2004.

[133] 姚永玲.北京市城乡结合部管理研究[M].北京:中国人民大学出版社,2010.

[134] 尹德挺.美国城市群人口协作经验的启示[N].北京日报,2016-11-28(22).

[135] 余东华.制度变迁中的所有制改革与产业组织演进[J].山东大学学报,2006(1):110-114.

[136] 袁志刚,李哲圭.上海与汉城就业结构的比较研究[J].世界经济文汇,2001(3).

[137] 翟雪玲,赵长保.巴西工业化、城市化与农业现代化的关系[J].世界农业,2007(5).

[138] 张宝宇.巴西城市化进程及其特点[J].拉丁美洲研究,1989（3）.

[139] 张东明.韩国产业政策研究[M].北京:经济日报出版社,2002.

[140] 张广胜.美国农业[M].北京:中国农业出版社,2015.

[141] 张锦芳.汉城交通拥挤[J].瞭望,1990（26）.

[142] 张京祥,殷洁,何建颐.全球化世纪的城市密集地区发展与规划[M].北京:中国建筑工业出版社,2008.

[143] 赵丛霞,金广君,周鹏光.首尔的扩张与韩国的城市发展政策[J].城市问题,2007（1）.

[144] 赵德馨.中华人民共和国经济史（1949—1966）[M].郑州:河南人民出版社,1988.

[145] 赵德馨.中华人民共和国经济史（1967—1984）[M].郑州:河南人民出版社,1989.

[146] 赵涵.论近代早期伦敦的专业犯罪与有组织犯罪———以扒窃犯罪为例[J].学习月刊,2010（4）下旬刊.

[147] 赵晓飞.我国现代农产品供应链体系构建研究[J].农业经济问题,2012（1）.

[148] 赵煦,刘洁.试析1550-1750年伦敦人口迁入过程、特征及其原因[J].宁德师专学报（哲学社会科学版）,2005（2）.

[149] 赵煦.英国城市化的基本前提—农业发展与农村劳动力转移[J].兰州学刊,2007（9）.

[150] 中国（海南）改革发展研究院.人的城镇化——40余位经济学家把脉新型城镇化[M].北京:中国经济出版社,2013.

[151] 周鸿.人类生态学[M].北京:高等教育出版社,2001.

[152] 周生贤.积极建设生态文明[J].环境保护,2009（11B）.

[153] 周志伟.巴西城市化问题及城市治理[J].中国金融,2010（4）.

[154] 诸大建.生态文明与绿色发展[M].上海:上海人民出版社,2008.

[155] 宗刚.世界海事中心伦敦[J].中国港口,2009（8）.

[156] 邹兰春.北京的流动人口[M].北京:中国人口出版社,1996.

[157] ALAN W. E. Urban Economics : an introduction[M]. Basil Blackwell Ltd,1985.

[158] RAY M Northam. Urban Geography[M].John Wiley & Sons,1975.